Operator	Schwierigkeit	Beschreibung
entwickeln	■■■	Vorschläge und Maßnahmen vorstellen, die zu einer weiterführenden oder anderen Betrachtung eines Sachverhalts beitragen.
erarbeiten	■■	Aus Texten und Bildern Sachverhalte herausfinden, die nicht klar benannt sind, und Zusammenhänge zwischen ihnen herstellen.
erklären	■■	Ursachen und Folgen bestimmter Sachverhalte in einen Zusammenhang bringen und deuten.
erläutern	■■	Sachverhalte auf der Grundlage verschiedener Informationen verdeutlichen.
erörtern	■■■	Einen Sachverhalt unter Abwägen von Pro- und Kontra-Argumenten klären und abschließend eine eigene begründete Meinung entwickeln.
interpretieren	■■■	Materialien (Texte, Karten, Bilder) auswerten, Zusammenhänge verdeutlichen, den Sinn erfassen und Schlussfolgerungen ziehen.
lokalisieren	■	Finden eines Raumbeispiels (Stadt, Staat) auf einer Karte und Beschreibung der Lage (z. B. Himmelsrichtung auf einem Kontinent, in der Nähe großer Flüsse oder Gebirge).
nennen, benennen	■	Sachverhalte oder Informationen ohne Erklärung wiedergeben.
(über)prüfen	■■■	Aussagen auf der Grundlage eigener Kenntnisse oder mithilfe zusätzlicher Materialien auf ihre Angemessenheit und Richtigkeit hin untersuchen.
Stellung nehmen	■■■	Auf der Grundlage von Fachkenntnissen und der Analyse von Materialien einen Sachverhalt einschätzen und eine sachlich begründete eigene Meinung darlegen.
vergleichen	■■	Gemeinsamkeiten und Unterschiede zwischen zwei oder mehreren Sachverhalten oder Räumen erfassen und verdeutlichen.

Heimat und Welt

Mecklenburg-Vorpommern
Klassen 9/10

Moderator:
Wolfgang Gerber

Autorinnen:
Marita Graupner
Katrin Hahlbeck
Kerstin Strack
Kerstin Stutzkowski

Unter Mitwirkung der
Verlagsredaktion

westermann

© 2018 Bildungshaus Schulbuchverlage Westermann Schroedel Diesterweg Schöningh Winklers GmbH, Georg-Westermann-Allee 66, 38104 Braunschweig
www.westermann.de

Das Werk und seine Teile sind urheberrechtlich geschützt. Jede Nutzung in anderen als den gesetzlich zugelassenen bzw. vertraglich zugestandenen Fällen bedarf der vorherigen schriftlichen Einwilligung des Verlages. Nähere Informationen zur vertraglich gestatteten Anzahl von Kopien finden Sie auf www.schulbuchkopie.de.

Für Verweise (Links) auf Internet-Adressen gilt folgender Haftungshinweis: Trotz sorgfältiger inhaltlicher Kontrolle wird die Haftung für die Inhalte der externen Seiten ausgeschlossen. Für den Inhalt dieser externen Seiten sind ausschließlich deren Betreiber verantwortlich. Sollten Sie daher auf kostenpflichtige, illegale oder anstößige Inhalte treffen, so bedauern wir dies ausdrücklich und bitten Sie, uns umgehend per E-Mail davon in Kenntnis zu setzen, damit beim Nachdruck der Verweis gelöscht wird.

Druck A^6 / Jahr 2024
Alle Drucke der Serie A sind im Unterricht parallel verwendbar.

Redaktion: Monique Wanner (Lektoratsbüro Eck, Berlin)
Umschlaggestaltung: Thomas Schröder
Druck und Bindung: Westermann Druck GmbH, Georg-Westermann-Allee 66, 38104 Braunschweig

ISBN 978-3-14-**140439**-5

Das ist dein Geographiebuch

Die folgenden Hinweise helfen dir bei deiner Arbeit mit dem Geographiebuch.

Hier erhältst du Hinweise, wie du schrittweise Erkenntnisse gewinnen kannst.

Hier kannst du dein Wissen und deine Kompetenzen überprüfen.

Hier kannst du dein topografisches Wissen überprüfen.

Hier erhältst du Zusatzinformationen und Begriffserläuterungen.

M So sind alle Materialien (Fotos, Grafiken, Übersichten usw.) benannt. Die Nummerierung erfolgt doppelseitenweise.

Fachbegriff Fachbegriffe sind im Text blau hervorgehoben. Sie werden im Minilexikon erklärt.

Durch Eingabe des Web-Codes unter der Adresse www.heimat-undwelt.de gelangst du auf die passende Doppelseite im aktuellen Atlas „Heimat und Welt". Dort erhältst du Hinweise zu ergänzenden Atlaskarten mit Informationen zu den Karten sowie weiterführende Materialien.

Hier wirst du auf fächerübergreifendes Arbeiten hingewiesen. Auf die folgenden Fächer wird verwiesen: Biologie (Bio), Geschichte (Ge), Chemie (Che), Physik (Ph), Kunst (Ku) und Sozialkunde (Sk).

Inhaltsverzeichnis

Deutschland und Europa 6

- Europa im Überblick 8
- Landschaftliche Vielfalt 10
- Mit der geologischen Zeittafel arbeiten 12
- Ausgewählte Großlandschaften und ihre Genese 14
- Europas Gewässernetz 16
- Europas Klima........................ 18
- Klima in Deutschland 22
- Gewusst – gekonnt 24

Wirtschaftlicher Strukturwandel und Globalisierung 26

- Modell der Wirtschaftssektoren 28
- Zentrale und periphere Räume in Europa 30
- Wertwandel von Standortfaktoren und seine Folgen...... 32
- Raumbeispiele dynamischer Wirtschaftsgebiete 34
- EU-Entwicklungstendenzen 38
- Landwirtschaft in Europa 40
-  Lernen an Stationen.................... 41
- Lernstation 1: Landwirtschaftliche Gunsträume 42
- Lernstation 2: Landwirtschaftliche Ungunsträume 44
- Lernstation 3: Europäischer Agrarmarkt.......... 46
- Lernstation 4: Biologischer Landbau 48
- Migration 50
- Migrationsprozesse innerhalb Europas 52
- Migration in Mecklenburg-Vorpommern........... 54
- Die Stadt......................... 56
- Die Stadt – Beispiel Berlin 58
- Probleme der Stadt Berlin 60
- Europäische Verkehrsachsen............... 62
-  Analyse des Heimatraumes 64
- Gewusst – gekonnt 66

Globale Probleme der Welt 68

- Bevölkerungsverteilung auf der Erde 70
- Das Modell des demografisches Übergangs 72
- Bevölkerungsentwicklung in Deutschland 74
- Bevölkerungspolitik in unterschiedlichen Räumen 76
- Verstädterung 80
- Metropolisierung 82
- Ernährungssituation weltweit 84
- Bevölkerungsentwicklung und Ernährungssicherung 86
- Tragfähigkeit der Erde 88
- Wir leben in einer Welt 90
- Gewusst – gekonnt 92

Die Geosphäre – Nutzung, Gefährdung und Schutz 94

Die Geosphäre – Wetter und Klima
Geosphäre als Lebensgrundlage 96
Atmosphäre/Troposphäre, Wetter und Klima 98
Klimaelemente und Klimafaktoren 100
Die atmosphärische Zirkulation 102
Wolken, Niederschläge, Hauptluftmassen 104
Zyklone 106
Globale Klimaveränderungen 108
Mögliche Ursachen für den Klimawandel 110
„Gradwanderung" um die Erde 114

Die Geosphäre – Wasser ist Leben
Ressource Wasser 116
Tätigkeiten des fließenden Wassers 120
Das Weltmeer 124
Nutzung des Weltmeeres 126
Gefährdung des Weltmeeres 130
Gefährdung und Schutz der Gewässer 132

Die Geosphäre – vom Gestein zum Boden
Gesteine 134
Entstehung und Verwendung von Gesteinen 136
Verwitterung als Voraussetzung für Bodenbildung 138
Bodentypen 140
Ein Bodenpraktikum durchführen 142
Bodennutzung 144
Bodengefährdung und -schutz 146
Gewusst – gekonnt 148

Anhang 150

Minilexikon 150
Klimadaten 153
Arbeitsmethoden Klasse 5/6 154
Arbeitsmethoden Klasse 7/8 158
Bildquellenverzeichnis 160

Buchinnendeckel vorne: Operatoren
Buchinnendeckel hinten: geologische Zeittafel

Deutschland und Europa

Europas Vielfalt

Europa im Überblick

M1 Grenzpunkte Europas

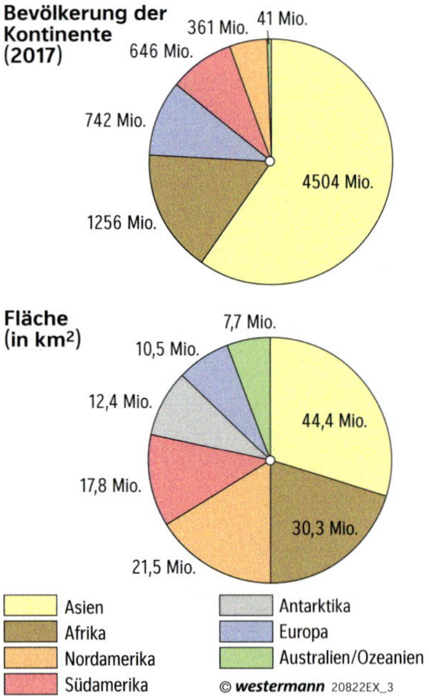

M2 Europa im Vergleich

Lage und Grenzen

Ein Blick auf die Europakarte wirft schnell die Frage nach der genauen Ausdehnung dieses Kontinents auf. Der deutsche Geograph Alexander von Humboldt bezeichnete ihn im 19. Jahrhundert sogar als „zerfranste Halbinsel Asiens".

Der Name Europa war bereits den antiken Seefahrern Phöniziens als westlich gelegenes „Land der untergehenden Sonne" (ereb) bekannt. Später nannte man es deshalb auch Abendland. Die Griechen erklärten sich die Herkunft Europas mit der Sage von der phönizischen Königstochter Europa, die von Zeus entführt und auf Kreta festgehalten wurde. Sie gab dem Kontinent ihren Namen.

Von seiner rund zehn Millionen Quadratkilometer Fläche befindet sich fast die Hälfte auf Inseln und Halbinseln. Durch die Rand- und Nebenmeere des Atlantiks weist Europa eine starke Küstengliederung mit einer fast doppelt so langen Küstenlänge wie Russland auf. Auch landschaftlich ist der zweitkleinste Kontinent der Erde sehr vielseitig. Gebirge und Tiefländer wechseln vor allem im Westen sehr kleinräumig. Durch das Uralgebirge ist Europa mit Asien verbunden. Eine willkürlich verlaufende Grenze bildet die Linie Uralgebirge – Uralfluss – Nordufer des Kaspischen Meeres – Manytschniederung – Schwarzes Meer – Bosporus und Ägäis.

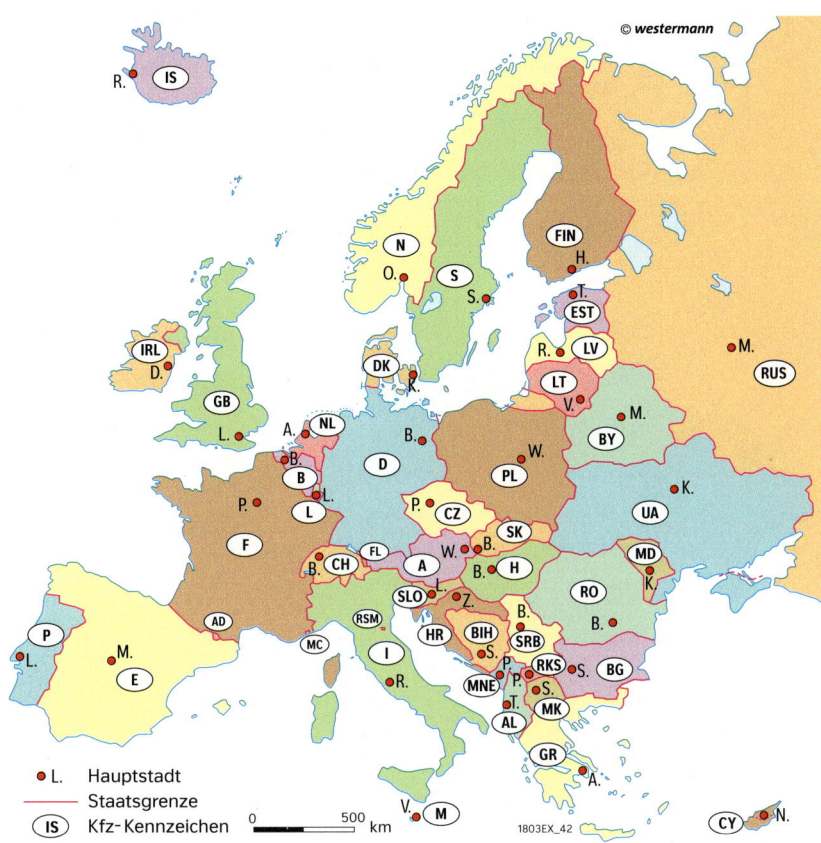

M3 Europas Staaten

M4 Politische Gliederung Deutschlands

Vielfalt und Einheit in der Kultur

Auch die Suche nach dem typisch Europäischen gestaltet sich nicht einfach. In den über 40 Staaten leben über 740 Millionen Menschen. Sie sprechen ca. 80 Sprachen mit sprachlichen Verwandtschaften, die meistens auf indogermanische Wurzeln zurückgehen. Die Weltsprache Englisch wird heute ebenso an vielen Schulen Europas gelehrt wie auch Französisch und Spanisch. Das lateinische Alphabet ist in den meisten europäischen Ländern Grundlage der Schriftsprache. Latein galt im Mittelalter als Sprache der europäischen Gelehrten und der Kirche.
Was Europa außerdem verbindet, ist die Religion. Das Christentum wurde ab dem 4. Jahrhundert von Rom aus über den gesamten Kontinent verbreitet. Durch die wachsende Verweltlichung gehen jedoch christliche europäische Traditionen immer mehr verloren. Gemeinsamkeiten zeigen sich außerdem in Kunst und Architektur. Kirchen und Schlösser mit europäischer Prägung ziehen heute viele Touristen aus der ganzen Welt an. Auch in Malerei und Musik finden sich wiederholende Stilmerkmale.
Das moderne Europa besticht durch gemeinsame Wertvorstellungen von Freiheit und Menschenwürde sowie durch die Staatsform Demokratie, die bereits im antiken Griechenland entstand.

Aufgaben

1 Vergleiche Größe und Bevölkerungzahl Europas mit denen der anderen Kontinente (M2).
2 Fertige eine Faustskizze zu Europa an (M1, Atlas).
3 Nimm Stellung zur Ansicht Humboldts.
4 a) Benenne die europäischen Staaten und ihre Hauptstädte (M3, Atlas).
   b) Benenne die Bundesländer Deutschlands (M4, Atlas).
5 Diskutiert, ob Europa eine kulturelle Einheit darstellt.
6 Recherchiere deine Möglichkeiten als EU-Bürger im Rahmen des Erasmus- bzw. Comenius-Programms (Internet).

Landschaftliche Vielfalt

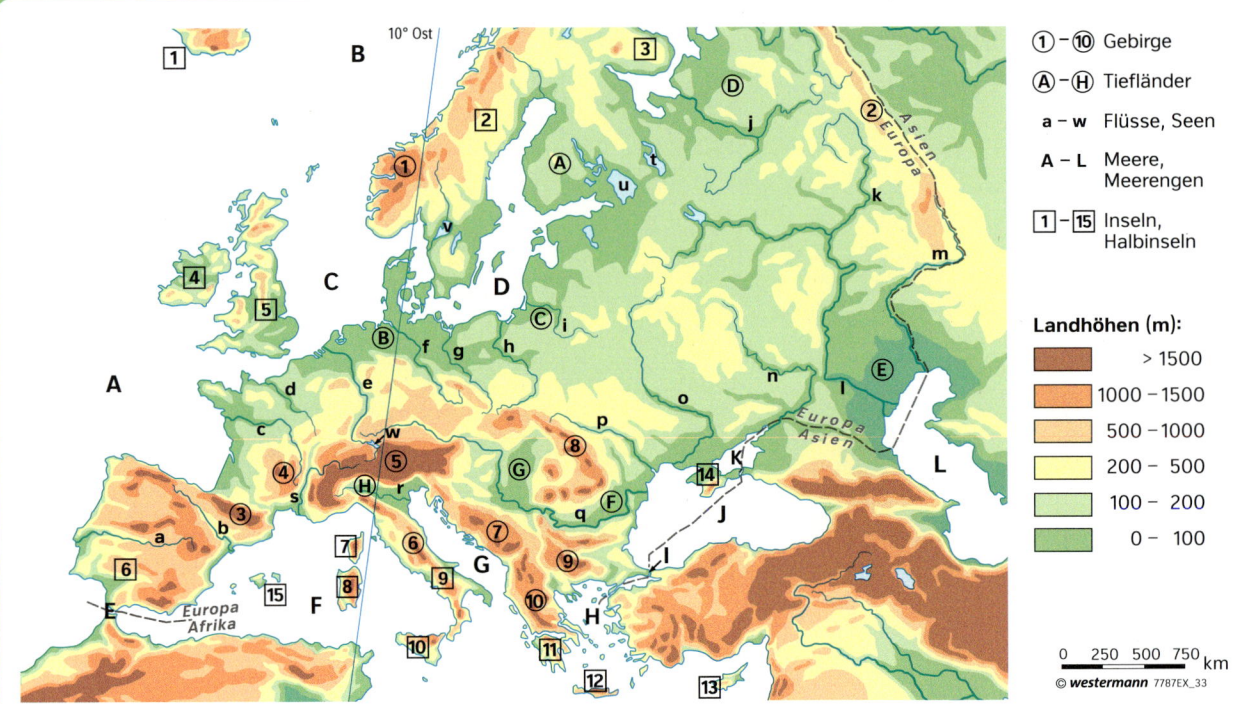

M1 Physische Karte Europas

Ein wechselvoller Kontinent

Eine Flugreise entlang des 10. Längenkreises Ost in Nord-Süd-richtung bietet einen besonderen Eindruck vom landschaftlichen Bild Europas. Während weniger Flugminuten wechseln Hochgebirgsgipfel mit Mittelgebirgen und Tiefländern. Die vielen Inseln und Halbinseln erschweren einen geographischen Überblick. Deutschland hingegen hat eine strukturierte Nord-Süd-Gliederung von vier Großlandschaften. Europa besteht zu rund 60 Prozent aus Tiefländern, zu 34 Prozent aus Mittelgebirgen und nur zu sechs Prozent aus Hochgebirgen. Letztere liegen im Süden des Kontinents und bilden unter anderem mit den Pyrenäen, Alpen und Karpaten eine Gebirgskette mit vergletscherten Gipfeln. Der größte Anteil des europäischen Tieflandes erstreckt sich vor allem an den Küsten von Nord- und Ostsee und im Osten Europas. Die Tiefländer werden von großen Flussläufen, wie beispielsweise in der Ungarischen Tiefebene und im Rheinland, durchzogen.

Die europäischen Mittelgebirge, wie zum Beispiel der Schwarzwald und das Zentralmassiv, finden sich eher im Zentrum des Festlandes. Auch sie erstrecken sich wie ein breiter Gürtel südlich des Tieflandes von West- nach Osteuropa.

Trotz des Hochgebirgsgipfels des Mont Blanc (4 810 m) weisen europäische Hochgebirge im Vergleich zu den anderen Kontinenten geringere Höhenlagen auf. Unser Kontinent bietet durch sein Naturraumpotenzial jedoch sehr günstige Bedingungen für die Besiedelung, für eine landwirtschaftliche Bewirtschaftung und die Anlage von Industrien.

Rekorde	Europa	Erde
höchster Berg	Mont Blanc (4810 m)	Mount Everest (8848 m)
größter Ballungsraum	Moskau (15,1 Mio. Einwohner)	Tokio (35,7 Mio. Einwohner)
größter See	Ladogasee (17 703 km²)	Kaspisches Meer (386 500 km²)
längster Fluss	Wolga (3531 km)	Nil (6671 km)
tiefster Punkt an Land	Kaspische Senke (-26 m)	Ufer des Toten Meeres (-418 m)

M2 Rekorde

M3 Übungskarte Deutschland

Aufgaben

1 Bearbeitet in Partnerarbeit die Karte M1 (Atlas).

2 Verortet die Rekorde Europas und der Erde (M2, Atlas).

3 a) Verfolge im Atlas die beschriebene Flugroute auf dem 10. Längenkreis Ost.
b) Zeichne ein Höhenprofil entlang des Längenkreises. Wähle einen angemessenen Maßstab (Atlas).

4 Beschreibe einem Lernpartner die landschaftliche Großgliederung Deutschlands (M3, Atlas).

5 Bearbeitet in Partnerarbeit die Übungskarte M3 (Atlas).

www.heimatundwelt.de
HW-30

11

Mit der geologischen Zeittafel arbeiten

Ära	Periode/Epoche (Beginn vor ... Mio. Jahren)	Entwicklung der Lebewesen	Klima und Biosphäre	endogene und exogene Vorgänge, Lagerstätten in Mitteleuropa
Erdneuzeit (Känozoikum)	Neogen (Quartär)	Urmensch, wollhaariges Mammut	- Entwicklung der heutigen Tier- und Pflanzenwelt Klima: zunehmende Erwärmung - Auftreten des Menschen - Anpassung der Tier- und Pflanzenwelt an die Kalt- und Warmzeiten Klima: wiederholter Wechsel von Kalt- und Warmzeiten infolge von Temperaturschwankungen	- Erdoberfläche nimmt allmählich heutiges Aussehen an - großräumige Landhebung nach Eisschmelze und damit Verlagerung der Nord- und Ostseeküste in heutige Bereiche Lagerstätten: Torf, Lehm, Sand, Kies, Mineral- und Thermalwässer, Raseneisenerze - Bildung umfangreicher Inlandeismassen - Reliefformung durch Gletschervorstöße, Schmelzwasserströme und Winde Lagerstätten: Löss, Lehm, Sand, Kies
	2,6			
	Paläogen (Tertiär)	Riesenlaufvogel, Urpferd	- starke Entwicklung und Verbreitung von Säugetieren (Elefanten, Mammuts, Affen, Raubtiere) und Auftreten erster menschlichen Lebens - reiche Vegetation: Blütenpflanzen (Palmen, Kastanien, Sumpfzypressen, Mammutbäume) Klima: subtropisch mit zunehmender Abkühlung	- Heraushebung der alpidischen Faltengebirge - Entstehung der Bruchschollengebirge und Einbruch des Oberrheingrabens - sehr starker Vulkanismus im Bereich der Bruchzonen (Rhön, Vogelsberg, Rheinisches Schiefergebirge) - wiederholte Meeresüberflutung in Senken Lagerstätten: Braunkohle (z. B. sächsischer Raum), Salze, Erdöl
	66			

M1 Ausschnitt aus der geologischen Zeittafel (Gesamttafel siehe Buchinnendeckel hinten)

M2 Die Entstehung eines Fossils

Arbeiten mit der geologischen Zeittafel

Um geologische Entwicklungen zeitlich übersichtlich einzuordnen, wurde die geologische Zeittafel entwickelt.

Diese Zeittafel ist in der Regel in Tabellenform angelegt. Die einzelnen Erdzeitalter (Ära) sind in weitere Epochen untergliedert. Diese können wiederum in kleinere Zeitabschnitte unterteilt werden, um wesentliche geologische Ereignisse und Entstehungsprozesse von Landschaften oder Bodenschätzen eindeutig einzuordnen.

Die Zeittafel muss von unten nach oben gelesen werden, denn zeitlich jüngere Abschnitte stehen über älteren. Dies entspricht einer ungestörten Lagerung von Gesteinen, da ältere Schichten von jüngeren überlagert werden. Die geologische Zeittafel in unserem Lehrbuch beginnt vor 541 Millionen Jahren. Der Beginn der Erdgeschichte liegt jedoch noch weiter zurück. Wichtige Prozesse zur Entwicklung des Kontinents Europa in seiner heutigen Ausprägung vollzogen sich bereits vor etwa 4,7 Milliarden Jahren.

Info

Fossilien

Fossilien sind erhaltene Überreste vorzeitlicher Pflanzen und Tiere, die in Gesteinsschichten eingebettet sind.

Leitfossilien

Leitfossilien sind tierische oder pflanzliche Überreste, die kurzlebigen Arten und Gattungen angehörten und in möglichst weiter und überregionaler Verbreitung vorkommen. Sind diese Bedingungen erfüllt, ist ein solches Fossil für einen bestimmten Abschnitt der Erdgeschichte „leitend" und der Entstehungszeitraum der jeweiligen Schicht kann genau datiert werden.

M3 „Monte Kali" – Abraumhalde des Kalibergwerks in Heringen

M5 Ehemaliger Schieferbruch in Thüringen

So gehst du vor

Eine geologische Zeittafel lesen

1. Verschaffe dir einen Überblick über den Aufbau der geologischen Zeittafel (siehe Buchinnendeckel hinten).
2. Beachte die Leserichtung von unten nach oben (ältere Schichten lagern unter jüngeren Schichten).
3. Stelle fest, welche Lebensformen im jeweiligen Zeitabschnitt existierten.
4. Informiere dich mittels der geologischen Zeittafel zu endogenen und exogenen Vorgängen in den jeweiligen Erdzeitaltern.
5. Verschaffe dir einen Überblick zu den klimatischen Veränderungen in den einzelnen Epochen.

Name der Periode	Namensherkunft
Tertiär	„Montes tertiarii" in Norditalien
Kreide	Schreibkreide, ein mürber Kalkstein
Jura	Kalk des Juragebirges in der Schweiz
Trias	„Dreiheit" von Buntsandstein, Muschelkalk und Keuper
Perm	Landschaft westlich des Ural
Karbon	lat. Carbo = Kohle
Devon	Devonshire im Süden Englands
Silur	Silurer – keltischer Volksstamm
Ordovizium	Ordovicier – keltischer Volksstamm
Kambrium	Cambria – altrömische Bezeichnung von Wales

M4 Herkunft der Namen geologischer Epochen

Aufgaben

1 Erkläre den Umgang mit einer geologischen Zeittafel (M1, Buchinnendeckel hinten).
2 Beschreibe die erdgeschichtlichen Vorgänge im Paläogen (M1).
3 Nenne Bodenschätze in Deutschland. Ordne ihre Entstehung erdgeschichtlichen Zeitabschnitten zu (M1, Buchinnendeckel).
4 Ordne die landschaftlichen Merkmale in M3 und M5 erdgeschichtlich ein (Atlas).
5 „Fossilien sind Zeugen der Erdgeschichte." Erkläre diese Aussage.

Ausgewählte Großlandschaften und ihre Genese

Entstehung der Landschaften Europas

Die wechselvolle Landschaftsgeschichte Europas begann vor vielen Millionen Jahren. Noch heute kann man die Spuren von mehreren Gebirgsbildungen, plattentektonischen Vorgängen, Eiszeiten und Überflutungen am geologischen Bau, den Oberflächenformen und den Gewässern erkennen. Die geologische Zeittafel ermöglicht einen Einblick in diese erdgeschichtlichen Prozesse.

Europas Urgestein

Der Baltische Schild, ein 2,8 Milliarden Jahre alter Gebirgsrumpf, driftete in der Erdaltzeit mit dem Grönländischen Schild zusammen. Dabei wurden an den Plattengrenzen Gesteinsmassen gefaltet, übereinander geschoben und gehoben. So entstanden vor ungefähr 450 Millionen Jahren durch die kaledonische Gebirgsbildung die ältesten Gebirge Europas. Die Gebirge in Wales, Schottland und Skandinavien zeugen noch heute davon. Ihre ursprünglich schroffen Hochgebirgsformen sind durch Verwitterung und Abtragung nach und nach abgerundet worden.

M1 Schottisches Hochland

Europas Mittelgebirge

Die Mittelgebirge West- und Mitteleuropas haben ihren Ursprung im Karbon.
Das vor 300 – 350 Millionen Jahren durch die variskische Gebirgsbildung gefaltete und gehobene variskische Gebirge wurde jedoch am Ende der Erdaltzeit abgetragen (Erosion), in der Erdmittelzeit mehrfach vom Meer überflutet und von Sedimenten überlagert.
Die heutigen Mittelgebirgsformen entstanden erst im Paläogen, als der variskische Gebirgsrumpf durch die Entstehung der Alpen in große Gesteinsschollen zerbrach. Die Bruchschollen wurden gehoben, gesenkt oder gekippt. Sie bilden erkennbare Horste, Pultschollen, Becken und Grabenbrüche, die typischen Formen unserer heutigen Mittelgebirge. Noch lange tätige Vulkane und Thermalquellen an den Bruchstellen der Schollen sind das Erbe dieser erdgeschichtlichen Phase.

M2 Harz

M3 Alpen

Europas Hochgebirge

Die schneebedeckten, zerklüfteten Gipfel der Alpen und anderer Hochgebirge Südeuropas sind das Ergebnis der alpidischen Gebirgsbildung. Diese begann in der Kreidezeit vor 145 Millionen Jahren. Dabei entstand durch die Kollision von Lithosphärenplatten der Eurasische Faltengebirgsgürtel. Im Bereich der heutigen Alpen kollidierten die Eurasische und Afrikanische Platte. In der Kollisionszone wurde das Gestein gefaltet und gehoben. Erdbeben und Vulkanausbrüche im Mittelmeer sind Belege für den andauernden Prozess der alpidischen Gebirgsbildung.

14

www.heimatundwelt.de
HW-56, 57, 87

Deutschland und Europa

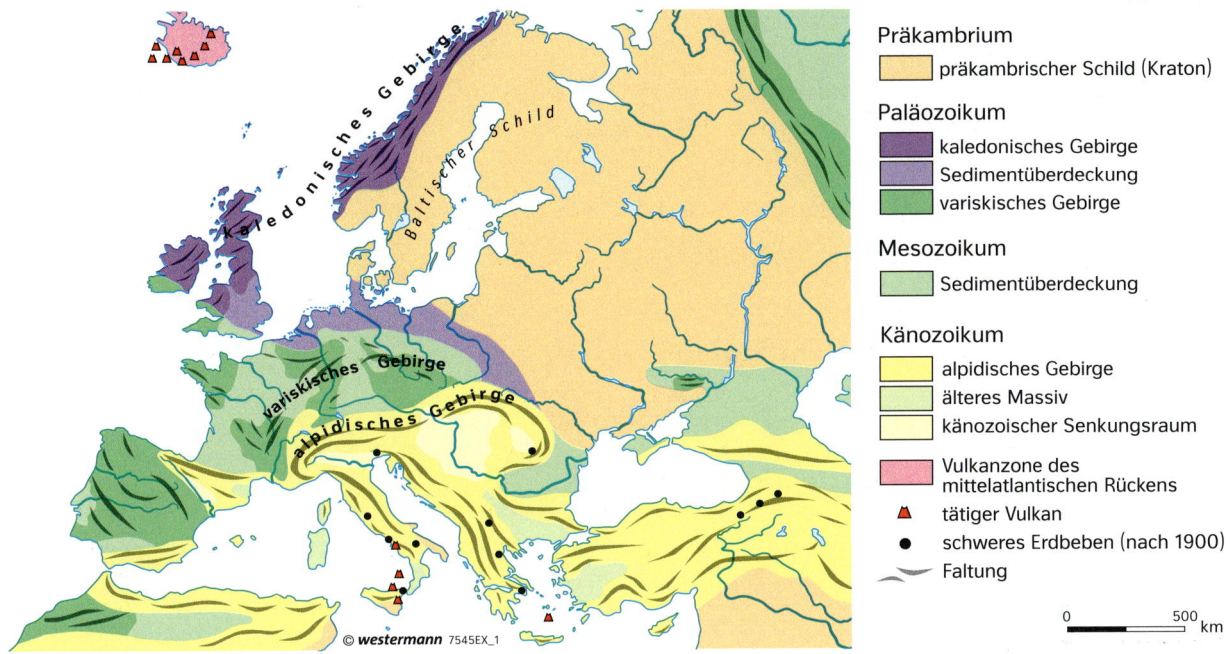

M4 Gebirgsbildungen in Europa

Präkambrium
- präkambrischer Schild (Kraton)

Paläozoikum
- kaledonisches Gebirge
- Sedimentüberdeckung
- variskisches Gebirge

Mesozoikum
- Sedimentüberdeckung

Känozoikum
- alpidisches Gebirge
- älteres Massiv
- känozoischer Senkungsraum
- Vulkanzone des mittelatlantischen Rückens
- tätiger Vulkan
- schweres Erdbeben (nach 1900)
- Faltung

Spuren der Eiszeit in Europa

Auffällig im Landschaftsbild Europas ist das zentral liegende, sich nach Osten verbreiternde Tiefland mit seinen großen Strömen und zahlreichen Seen. Jedem Touristen bleiben die ausgedehnten Täler und glasklaren Bergseen der Alpen ebenso in Erinnerung wie die gigantischen Fjorde und felsigen Schären der skandinavischen Küsten. So gegensätzlich diese Landschaften auch sind, entstanden sie doch alle durch Gletscher.

Im Tiefland schuf während der letzten Eiszeit das aus Skandinavien stammende Inlandeis bis zum Mittelgebirgsrand in mehreren Vorstößen ein wiederkehrendes Relief. Grundmoräne, Endmoräne, Sander und Urstromtal bilden zusammen die glaziale Serie. Das nach dem Abtauen der Gletscher abfließende Schmelzwasser ließ Ebenen aus Kies und Sand sowie Flüsse und Seen zurück. In den Alpen schufen Gebirgsgletscher glaziale Formen.

Grundbegriffe
- kaledonische Gebirgsbildung
- variskische Gebirgsbildung
- Erosion
- alpidische Gebirgsbildung

Aufgaben

1. Ordne den drei Gebirgsbildungsphasen je zwei Gebirge Europas zu (M1 – M4, Atlas).
2. Benenne die Gebirge des europäisch-asiatischen Hochgebirgsgürtels (M4, Atlas).
3. Ordne die Fotos M5 und M6 den Abtragungs- oder Ablagerungsräumen der Eiszeit zu.
4. Recherchiere Lage und Herkunft der Feuersteinfelder auf Rügen und bekannter großer Findlinge in deiner Heimat (Internet).

M5 Schärenküste in Schweden

M6 Boitiner Steintanz (Findlinge)

Europas Gewässernetz

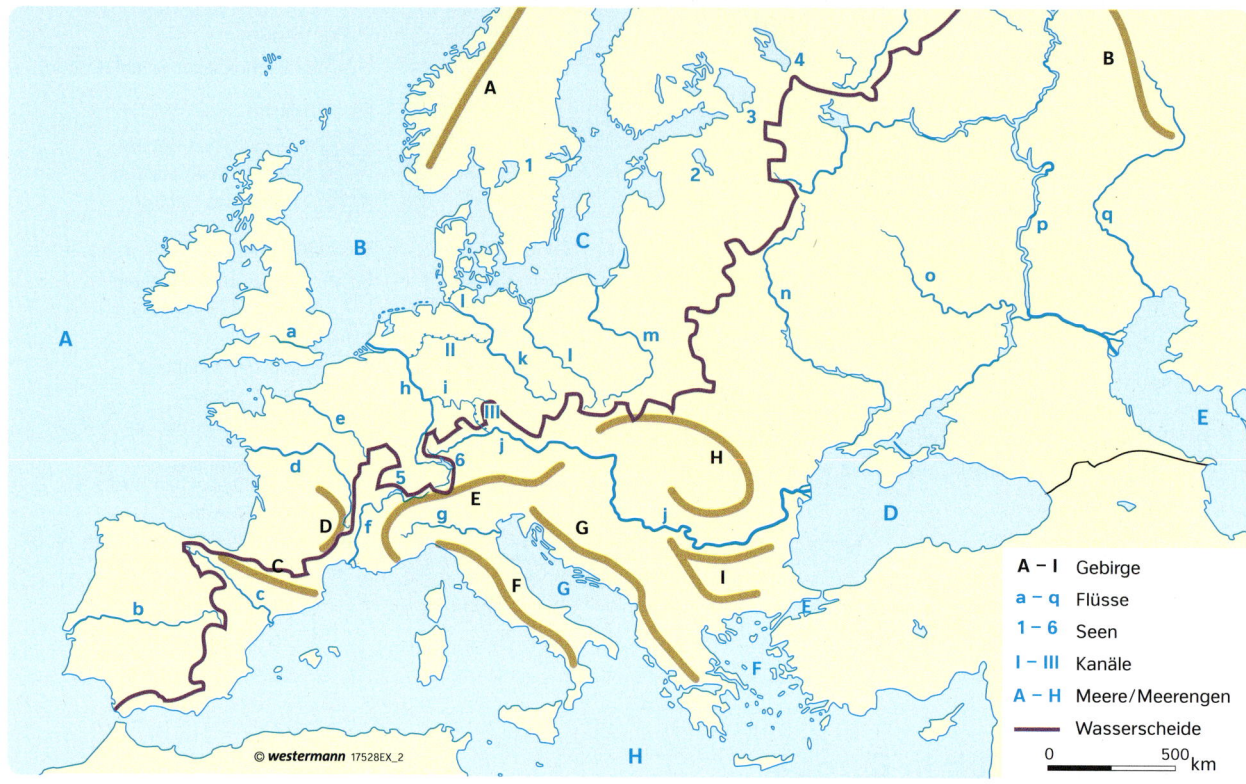

M1 Gewässerkarte Europas

Info

Der Rhein

Länge: 1 238 km (davon schiffbar: 883 km)
Quelle: Tomasee, Schweizer Alpen
Quellhöhe: 2 345 m
Mündung: Nordsee
Einzugsgebiet: 185 300 km²
Wasserfall: Rheinfall von Schaffhausen (20 m)
Häfen: 32
Schifffahrt: 500 Schiffe / Tag
Staustufen: 10
Kraftwerke: Wasserkraft (20)
Anwohner: 58 Mio.
Großstädte: 20

Europas Wasserstraßen

Die europäischen Wasserressourcen sind aufgrund der Lage in den gemäßigten Breiten sehr ausgiebig. Kaum ein Land auf dem Kontinent muss über Wassermangel klagen. Flüsse und Seen können ganzjährig zu Verkehrs- und energetischen Zwecken genutzt werden.

Das Gewässernetz Europas wird durch eine von Südwest nach Nordost verlaufende Hauptwasserscheide geteilt. Diese verläuft sowohl durch die europäischen Gebirgsketten als auch die Tiefländer. Dabei fließen die großen Flüsse entsprechend ihrem Gefälle entweder nach Norden oder Süden. So werden große Teile Südwest-, West-, Mittel- und Nordeuropas zum Nordatlantischen Ozean und seinen Randmeeren bzw. zum Nordpolarmeer entwässert. Die Flüsse Süd- sowie Südost- und Osteuropas entwässern hauptsächlich zum Mittelmeer, Schwarzen oder Kaspischen Meer. Manche Flüsse bilden an ihrer Mündung große Deltas, andere enden mit einer Trichtermündung.

Schon in der Vergangenheit hatten Flüsse wie Rhein, Donau und Elbe als Wasserstraßen eine große wirtschaftliche Bedeutung. Zur besseren wirtschaftlichen Nutzung wurde der Rhein im 19. Jahrhundert sogar begradigt und in ein künstliches Bett gezwängt. Nutzbringend war der Bau von Kanälen als Wasserverbindungsstraßen zwischen den Teilen Europas. So ermöglicht der Rhein-Main-Donau-Kanal eine durchgehende Schifffahrt von der Nordsee bis zum Schwarzen Meer.

Deutschland und Europa

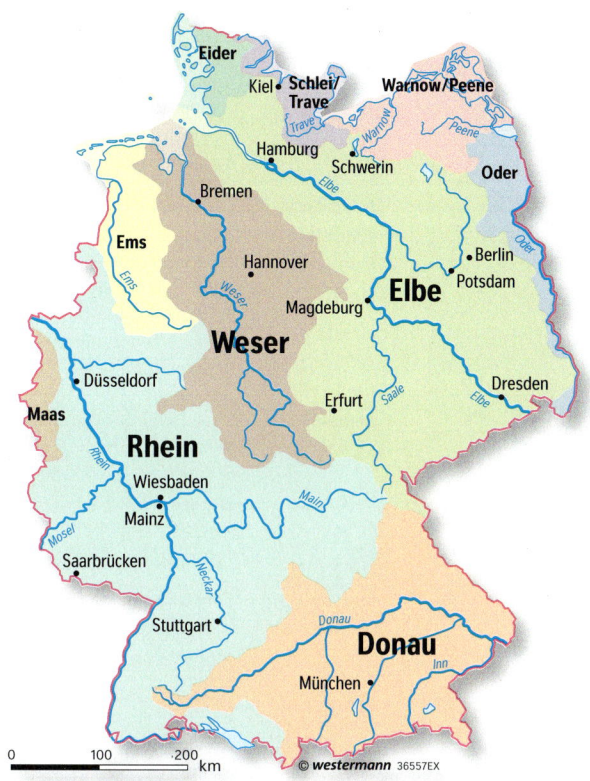

M2 Einzugsgebiete deutscher Flüsse

[...] Das alte Hebewerk aus dem Jahr 1934 funktioniert immer noch einwandfrei. Jedoch können moderne Güterschiffe aufgrund ihrer massiven Größe das Nadelöhr auf der Havel-Oder-Wasserstraße, die Berlin mit Szczecin (Stettin) und der Ostsee verbindet, nicht passieren. [...] Mit dem neuen Schiffshebewerk können künftig bis zu 110 Meter große und lange Containerschiffe mit riesigen Tonnagen den Höhenunterschied von 36 Metern an dieser Stelle überwinden. Die neue Anlage soll dabei nicht nur der nationalen und internationalen Wirtschaft dienen, sondern auch die Region für den Tourismus attraktiver machen. [...]

(Quelle: Benalia, Emina: Schiffshebewerk geht 2017 in Probebetrieb. www.morgenpost.de, 03.05.2016)

M4 Schiffshebewerk Niederfinow Nord

Mecklenburgs Seen – Relikte aus der Eiszeit

Bei einer Reise durch die Tiefländer Mittel- und Osteuropas fällt die Fülle an Seen auf. Von der Mecklenburgischen Seenplatte über die Masuren bis zur Seenkette im Süden Finnlands bieten sie bei guter Wasserqualität reichhaltige Möglichkeiten für Fischzucht und Erholung.
Die rund tausend Seen der Mecklenburgischen Seenplatte gelten als scheinbar unberührte Natur und sind das Ergebnis mehrerer eiszeitlicher Landschaftsüberprägungen.
Nachdem im Neogen das aus Skandinavien kommende Inlandeis eine hügelige Landschaft (glaziale Serie) hinterlassen hatte, füllten sich nach dem Abschmelzen des Eises die ausgeschürften Senken und Rinnen mit Schmelzwasser und schufen eines der größten zusammenhängenden Seengebiete Europas. Relikte dieses erdgeschichtlichen Prozesses vor rund 20 000 Jahren sind unter anderem Findlinge in und um die Seen.

M3 Müritz bei Röbel

Aufgaben

1. Benenne die Gewässer in M1 (Atlas).

2. a) Erstelle einen Steckbrief zur Elbe nach dem Beispiel des Rheins (Info, Atlas, Internet).
   b) Beschreibe das Einzugsgebiet der Elbe (M2, Atlas).

3. Erkläre die Bedeutung des Mittellandkanals. Verfolge dazu seinen Verlauf und benenne wirtschaftlich wichtige Standorte (M1, Atlas).

4. Recherchiere zu Lage, Funktion und Bedeutung:
   a) des Schiffshebewerkes Niederfinow (M4, Internet).
   b) des Wasserstraßenkreuzes Magdeburg (Internet).

5. Mecklenburgs Seen sind Relikte aus der Eiszeit. Erkläre (M3).

Europas Klima

Klimazone	allgemeine Klimamerkmale
polare Klimazone	ganzjährig extrem niedrige Temperaturen, geringe Jahresniederschlagssummen
subpolare Klimazone	ganzjährig niedrige Temperaturen, nur etwa zwei Monate im Jahr mit Temperaturen über 0 °C, geringe Jahresniederschlagssummen
gemäßigte Klimazone	eher ausgeglichene Temperaturen, zunehmende Temperaturschwankungen, abnehmende Jahresniederschlagssummen von West nach Ost
subtropische Klimazone	sehr warme, niederschlagsarme Sommer und milde, niederschlagsreiche Winter

M1 Europas Klimazonen und ihre Merkmale

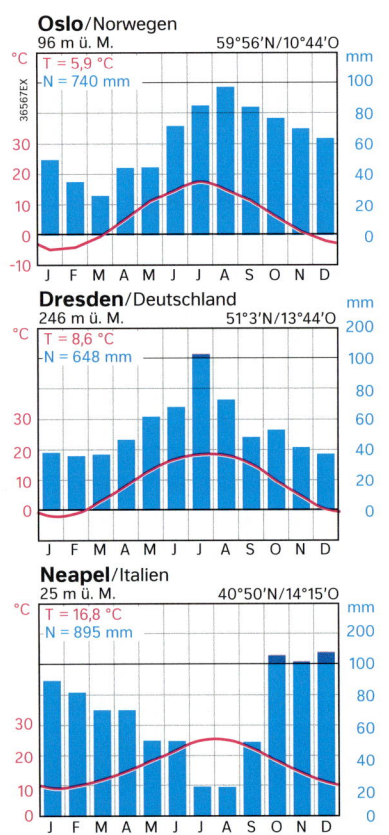

M2 Klimadiagramme

Eine Reise durch Europas Klimazonen

Das Klima Europas wird durch Faktoren wie Breitenlage, Entfernung zum Meer, Höhenlage, Meeresströmungen und Windrichtung beeinflusst.

Eine Nord-Süd-Reise durch Europa ließe einen Touristen an einem Tag verschiedene Klimazonen mit unterschiedlichen Temperaturen erleben. Der Reisende könnte zum Beispiel an einem Tag im Februar an Skandinaviens Westküste aufgrund des Golfstromeinflusses im eisfreien Meer fischen, Prag bei Temperaturen um den Nullpunkt erkunden und in den Alpen bei deutlichen Minusgraden Ski fahren.

Wie auf der gesamten Erde verlaufen auch in Europa die Klimazonen breitenkreisparallel. Prägend für den Festlandsbereich ist dabei die gemäßigte Klimazone mit wechselnden Jahreszeiten. In Nordeuropa beeinflussen kalte und lange Winter das Leben der Menschen. Die Schneedecke hält dort oft bis zu sechs Monate.

In Südeuropa dagegen fällt äußerst selten Schnee. Hier herrschen auch in den Wintermonaten frühlingshafte Temperaturen. In den Hochlagen der Gebirge sind größere Niederschlagsmengen charakteristisch.

Regionale Klimaunterschiede führen zu einem unterschiedlichen Wachstum der Pflanzen und somit zur Ausprägung verschiedener Vegetationszonen: subpolarer Tundra, borealen Nadelwaldes, sommergrünen Laub- und Mischwaldes und subtropischer Hartlaubgewächse.

Deutschland und Europa

−11 °C, leicht bewölkt, schwacher Wind aus östlicher Richtung, nachts −20 °C

1 °C, bewölkt, schwacher Wind aus südöstlicher Richtung, nachts bis −5 °C

9 °C, leicht bewölkt, anhaltende Schauer, schwacher Wind aus südlicher Richtung, nachts bis 1 °C

−8 °C, bewölkt, leichter Schneefall, Wind aus südwestlicher Richtung, nachts −10 °C

20 °C, leicht bewölkt, schwacher Wind aus östlicher Richtung, nachts 14 °C

M3 Klima in Europa – ein Tag entlang des 14. Längenkreises von Nord nach Süd (11. April 2013, 11 Uhr)

Aufgaben

1. Ordne jeder Klimazone Inseln, Halbinseln und Staaten Europas zu (M1, Atlas).
2. Werte die Klimadiagramme aus und ordne sie begründet der jeweiligen Klimazone zu (M1, M2).
3. Erläutere die Klimamerkmale der Tagesreisestationen (M3).
4. Ergänze folgende Faustregeln zu den Temperaturen und Niederschlägen in Europa:
   a) Je südlicher, um so … .
   b) Je höher, um so … .
   c) Je näher am Meer, um so … (M1, M3).

Europas Klima

M1 Klimazonen und Klimatypen in Europa (nach Neef)

Maritimer Westen – kontinentaler Osten

Neben den Unterschieden der durchschnittlichen Temperaturen und Jahresniederschlagssummen von Norden nach Süden sind in Europa innerhalb der gemäßigten Klimazone zusätzlich Unterschiede von Westen nach Osten festzustellen.
Man gelangt von Gebieten mit Seeklima in Gebiete mit Übergangsklima und schließlich in Regionen mit Landklima. Seeklima, Übergangsklima und Landklima werden als Klimatypen bezeichnet.
Wie ist ihre Ausprägung zu erklären? In der gemäßigten Klimazone wehen die Winde ganzjährig überwiegend aus westlicher Richtung. Sie bringen feuchte Luftmassen vom Atlantik zum Festland. Je weiter ein Gebiet vom Ozean entfernt liegt, desto weniger Niederschlag fällt. Eine Ausnahme bilden die Gebirge mit ihrer Stauwirkung.
Der Atlantik und das Festland beeinflussen die Temperaturen der über sie hinwegströmenden Luftmassen. Im Sommer ist die Meeresluft kühler als die Luft über dem Festland, im Winter dagegen milder.

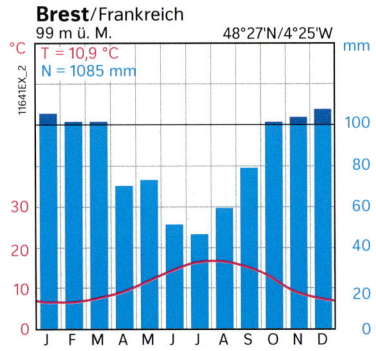

M2 Seeklima (maritimes Klima)

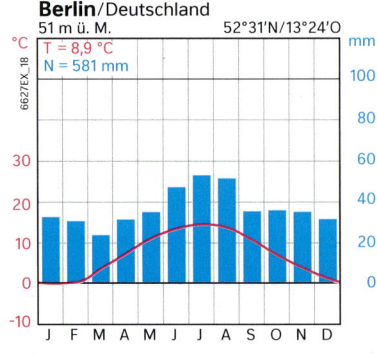

M3 Übergangsklima

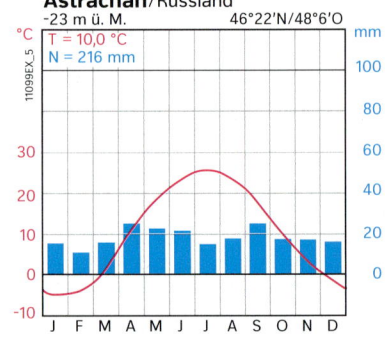

M4 Landklima (Kontinentalklima)

Deutschland und Europa

Ole Gunnar Hansen, Fischer aus Brönnöysund (Norwegen):

„Ich bin mit Begeisterung Fischer. Der Nordatlantik bietet ideale Fischgründe, von denen wir das ganze Jahr über profitieren. Wir leben zwar weit im Norden, und im Winter ist es oft nur wenige Stunden hell, doch das macht uns wenig aus. Die heutige Technik ermöglicht uns eine problemlose Orientierung auch bei Dunkelheit. Im Gegensatz zu vielen unserer Berufskollegen in Schweden und Finnland haben wir einen großen Vorteil. Wir können unsere Heimathäfen das ganze Jahr über verlassen und wieder anlaufen, selbst in Tromsø, viel weiter im Norden unseres Landes, ist das noch möglich."

Norwegische Küste im Januar

Jarl Purolainnen, Fischer aus Oulu (Finnland):

„Es ist Anfang Mai, und es wird Zeit, dass ich meinen Kutter seeklar mache. Bald ist es wieder soweit, dass ich wieder meinen Hauptberuf ausüben kann. Ich bin Fischer von Beruf, wie mein Vater und mein Großvater auch. Unsere Fanggründe liegen direkt vor unserer Haustür, also im Bottnischen Meerbusen. Wir leben hier zwar in einer sehr fischreichen Region, doch die Fischfangperiode dauert nur etwa sechs bis sieben Monate. Während der übrigen Monate können wir nicht mit unseren Kuttern auslaufen. Schon Ende Oktober quälen wir uns manchmal durch das noch dünne Eis, im November aber ist es meist nicht mehr möglich. Dann beginnt für uns wieder das lange Warten."

(Quelle: Fraedrich, Wolfgang: Der Golfstrom. In: Praxis Geographie 10/1990)

Finnische Ostsee im Januar

M5 Fischer aus Nordeuropa berichten

Der Golfstrom

Du hast gelernt, dass es auf der Nordhalbkugel der Erde im Norden kälter ist als im Süden. Das widerspricht jedoch den Aussagen der beiden Fischer aus Brönnöysund und Oulu. Hier scheint es umgekehrt zu sein. Ursache hierfür ist eine warme Meeresströmung, die die Nordküste Norwegens streift – der Golfstrom.

Der Golfstrom kommt aus dem Golf von Mexiko und strömt über den Atlantischen Ozean bis nach Europa. Dabei passiert er die Westküste Nordeuropas. Die Wassertemperatur an den Küsten Großbritanniens und Norwegens erhöht sich so um bis zu fünf Grad Celsius. Daher bleiben die Häfen an diesen Küsten im Winter eisfrei.

Aufgaben

1. Charakterisiere die Merkmale vom See-, Übergangs- und Landklima (M1–M4).
2. Ordne folgende Länder den Klimatypen der gemäßigten Klimazone zu: Irland, Litauen, Finnland, Ungarn, Deutschland (M1, Atlas).
3. Vergleiche die Aussagen der beiden Fischer und begründe die Unterschiede hinsichtlich der Fangzeiten (M5, M6).
4. Durch den Klimawandel stellen Wissenschaftler eine Abschwächung des Golfstromes fest. Diskutiert mögliche Folgen eines abgeschwächten Golfstromes für Nordeuropa (Internet).

M6 Der Einfluss des Golfstroms auf die Lufttemperatur

Klima in Deutschland

M1 Föhnmauer in den Alpen

Fallbeispiel 1 – Alpen

Die Alpen sind das höchste Hochgebirge Europas und durch ein stark ausgeprägtes Relief, also große Höhenunterschiede, gekennzeichnet. Die wichtigsten klimatischen Einflüsse sind Westwinde, die milde, feuchte Luftmassen vom Atlantik bringen, kalte Polarluft aus Norden, kontinentale Luft aus Osten und warme Luftmassen aus Süden. Bei einer Süd-Wetterlage kommt es in den Alpen zu einer Stausituation an der Südseite der Alpen. Die Luftmassen werden zum Aufsteigen gezwungen und kühlen mit zunehmender Höhe ab. Es kommt zur Kondensation, Wolkenbildung und zu Niederschlägen. Auf der Nordseite des Gebirges sinken die Luftmassen wieder ab, erwärmen sich und die Wolken lösen sich auf.

Die Luftmassen werden auf der Nordseite dann als warmer Fallwind, dem sogenannten Föhn, wahrgenommen.

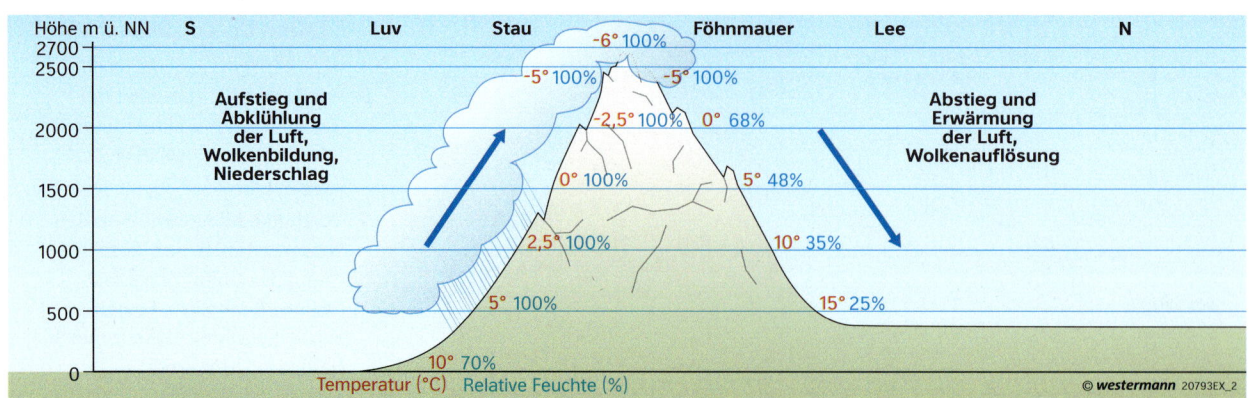

M2 Luv-Lee-Effekte

Deutschland und Europa

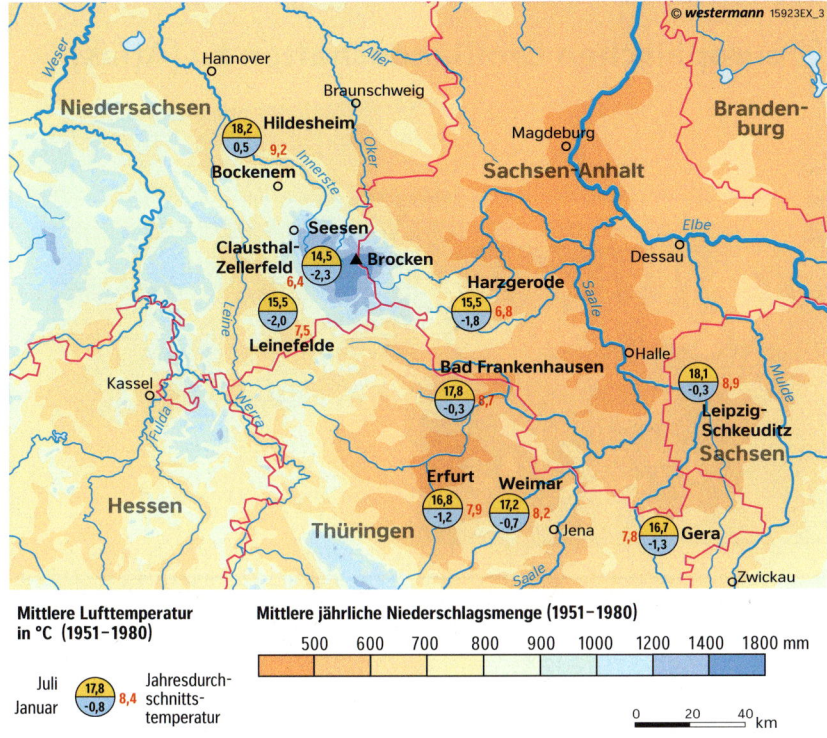

M3 Klima im Mittelgebirgsraum in Sachsen und Thüringen

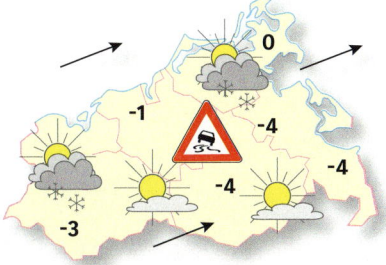
18. Januar 2016

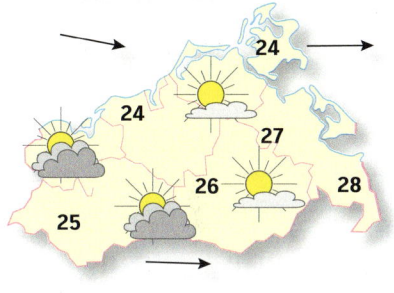
11. September 2016

M4 Wetterkarten von Mecklenburg-Vorpommern

Fallbeispiel 2 – Mittelgebirge

Die Jahresniederschlagssummen in den Mittelgebirgen sind sehr unterschiedlich. In den westlichen Teilen der Mittelgebirge regnet es stärker. Der Grund hierfür sind die häufig vorherrschenden Westwinde, die vom Atlantik kommend feuchte Luftmassen bringen. Treffen diese Luftmassen auf ein Gebirge, kommt es zu einer Staulage und Steigungsregen bzw. Stauregen. Mit zunehmender Höhe kühlt sich die Luft ab und es bilden sich dichte Wolken. Diese bringen auf der Luv-Seite starke Niederschläge. Auf der Lee-Seite regnet es dagegen seltener. Diese Gebiete werden auch als Regenschattenseite bezeichnet.

Fallbeispiel 3 – Mecklenburg-Vorpommern

Das Klima in Mecklenburg-Vorpommern wird durch den Übergang vom Einfluss des Seeklimas im Bereich der Ostseeküste zum kontinental gemäßigten Klima geprägt. Das zeigt sich durch die abnehmende Kontinentalität des Klimas von NW nach NO und einer abnehmenden Niederschlagsneigung und -menge.

Die Lufttemperatur ist davon ebenfalls betroffen. Im Sommer sind die Temperaturen im östlichen Binnenland oftmals höher als in den Küstengebieten. Dagegen ist es im Winter im Landesinneren kälter. Die Inseln Rügen, Usedom und Hiddensee weisen deutschlandweit die meisten Sonnentage pro Jahr auf.

Grundbegriffe
- Föhn
- Steigungsregen
- Regenschattenseite

Aufgaben

1. Erkläre die Föhnwetterlage in den Alpen (M1, M2).
2. Erläutere am Beispiel des Harzes die Begriffe Steigungsregen und Regenschatten (M2, M3).
3. Werte die Wetterkarten aus und begründe die Temperaturunterschiede in Mecklenburg-Vorpommern (M4).

Gewusst – gekonnt

1 Ordne die Fotos Ⓐ bis Ⓒ europäischen Großlandschaften zu (Atlas).

2 Bringe Ordnung in den Buchstabensalat.

Suche aus den Buchstabenblöcken jeweils zehn europäische Flüsse und Städte. Ermittle zu den Städten die dazugehörigen Staaten. Lesen kannst du von oben nach unten und von links nach rechts.

Zehn Flüsse

G E L B D K D U S H C
B S C K A R E S O S B
R W E I C H S E L D A
P O L K C E H L I O F
T L A T E I O B A N T
Q G U H L N C E U A M
D A K E F U T K E U E
X S I M U F A Z T B F
Z D B S C H J R T N R
M R I E B R O N L I S
U X J Z D L O I R E X

Zehn Städte

A C O D R D B P I G X
M F Z X B M C A W E H
O L M G H E P R A M A
F O H S N F O I R N C
Q N M B R U E S S E L
T D T H R S K B C G M
S O S L O H D C H M A
X N F E M O S K A U D
D B E R L I N A U D R
A T Q S O L K B P F I
B U K A R E S T L T D

(Ä = AE, Ü = UE).

3 „Stadt, Land, Fluss …"

Zeile	Land	Stadt	Gewässer	Gebirge	Insel / Halbinsel
1	?	?	?	?	Island
2	?	?	?	?	?

Übertrage die Tabelle in dein Heft und lege acht Zeilen an. Ordne die topografischen Begriffe Island, Rhein, Brüssel, Apenninen, Ladogasee, Straßburg, Ärmelkanal und Karpaten den jeweiligen Oberbegriffen zu. Ergänze in der jeweiligen Zeile Beispiele für die restlichen Kategorien (Atlas).

4 Klimadiagramme

Werte die Klimadiagramme aus und ordne sie einer Klimazone zu. Begründe deine Zuordnung.

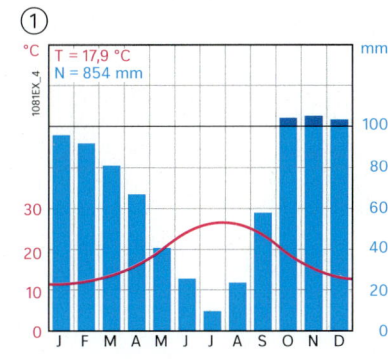
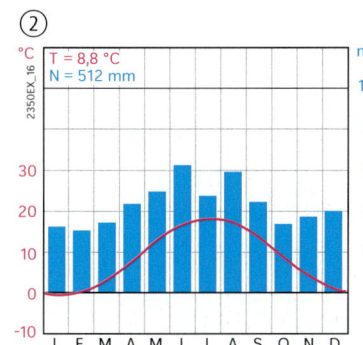
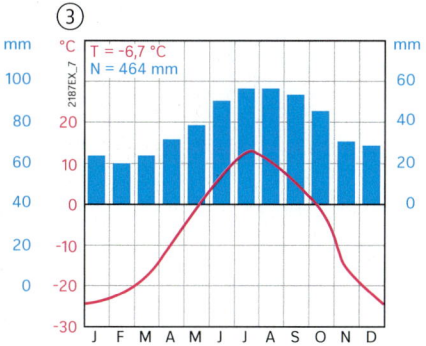

5 Wer war zuerst da?

a) Ordne die folgenden Zeitzeugen der Erdgeschichte chronologisch und nenne die dazugehörigen erdgeschichtlichen Epochen. Nutze die geologische Zeittafel des hinteren Buchinnendeckels.

b) Bilde aus den folgenden Silben die gesuchten Begriffe ① – ⑤.

bon – de – de – erd – kar – krei – oel – pisch – sub – von – tro

① Rohstoff auf Rügen aus der Erdmittelzeit
② Entstehungszeit des Thüringer Schiefergebirges
③ Schwarzes Gold der Nordsee aus dem Jura
④ Geburtszeit der Schachtelhalme
⑤ Klima zur Zeit der Urpferde

Wirtschaftlicher Strukturwandel und Globalisierung

Zeche Zollverein

Modell der Wirtschaftssektoren

M1 Landwirtschaft

M3 Braunkohlekraftwerk Boxberg in Sachsen

Info

J. Fourastié (1907 – 1990)

Jean Fourastié gilt als Entwickler der bedeutendsten Theorie zum gesellschaftlichen Strukturwandel. Die von ihm mitentwickelte „Drei-Sektoren-Hypothese" befasst sich mit der wirtschaftlichen Entwicklung des Staates und der Gesellschaft. Er beschäftigte sich besonders mit dem Zusammenhang von Arbeitsproduktivität, Konsumbedürfnis und Bevölkerungswachstum. Die Einteilung einer Volkswirtschaft in drei Sektoren ist die Grundlage seiner Theorie.

Die Sektoren der Wirtschaft

Die Wirtschaft eines Landes wird in einzelne Bereiche, die man Sektoren nennt, unterteilt. So lassen sich Veränderungsprozesse einfacher beschreiben. Dabei werden ähnliche Tätigkeiten in einem Sektor zusammengefasst.

Zum primären Sektor gehören Bergbau, Landwirtschaft, Forstwirtschaft und Fischerei. Dieser Sektor dient der Rohstoff- und Nahrungsmittelgewinnung. Im sekundären Sektor werden die Rohstoffe des primären Sektors verarbeitet. Dies geschieht in Industrie- und Handwerksbetrieben. Zum tertiären Sektor gehören alle Wirtschaftsbereiche, die für Privatpersonen und Unternehmen Dienstleistungen erbringen.

Im Jahre 1949 beschrieb der Wissenschaftler Jean Fourastié die Entwicklung von der Agrar- über die Industrie- zur Dienstleistungsgesellschaft. Dies nennt man wirtschaftlichen Strukturwandel. In seinem Modell stellte er dar, wann sich die einzelnen Sektoren entwickeln und wie sich ihre Bedeutung im Laufe der Zeit verändert. In den letzten Jahren wurde dieses Modell weiterentwickelt, sodass es der realen Entwicklung näher kommt.

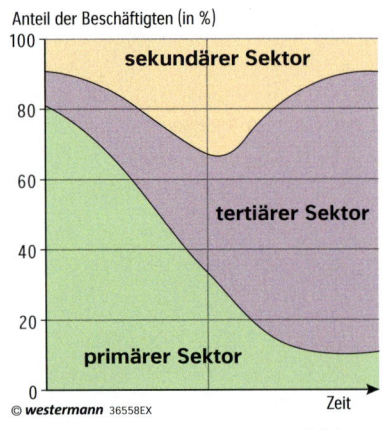

M2 Entwicklung der Beschäftigtenstruktur nach Fourastié

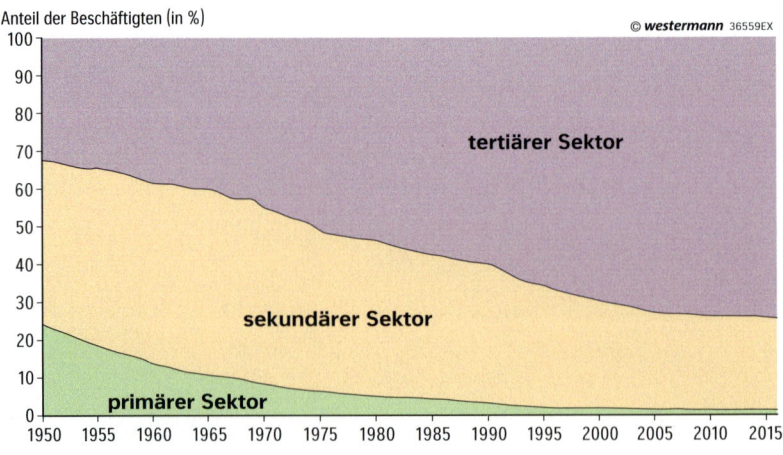

M4 Beschäftigtenstruktur in Deutschland (1950 – 2015)

Wirtschaftlicher Strukturwandel und Globalisierung

M5 Luftfrachtterminal am Flughafen Leipzig

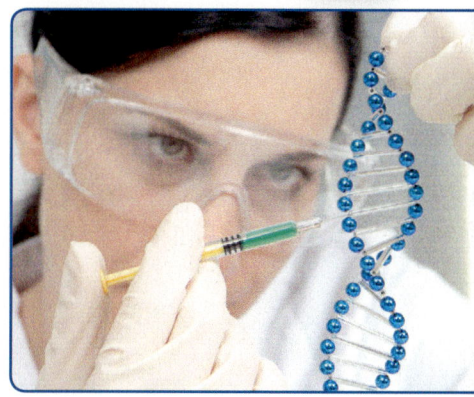

M7 Wissenschaftlerin im Labor

Die Bedeutung der Wirtschaftssektoren

Der tertiäre Sektor ist in allen hochentwickelten Volkswirtschaften zum dominierenden Wirtschaftssektor geworden. Er umfasst die Branchen und Tätigkeiten, in denen Dienstleistungen, also keine materiellen Produkte, erbracht werden.

Auch bei der Herstellung von Industrieprodukten kommt den Dienstleistungen, wie beispielsweise Forschung, Entwicklung, Planung, Konstruktion, Logistik, Qualitätskontrolle, Abrechnung und Werbung, eine immer größere Bedeutung zu.

Seit Kurzem ist aus dem tertiären Sektor ein weiterer Bereich, der quartäre Sektor, entstanden, der in hochentwickelten Volkswirtschaften ebenfalls stark an Bedeutung zunimmt.

Die hier Beschäftigten verfügen über spezialisierte Kenntnisse in den Bereichen Forschung und Entwicklung, Banken und Versicherungen, Steuer-, Rechts- und Unternehmensberatung.

Im Gegensatz zum tertiären Sektor, in dem vor allem personenbezogene Dienstleistungen erbracht werden, sind es im quartären Sektor unternehmensbezogene Dienstleistungen. Dafür benötigen die Beschäftigten eine höhere Qualifikation.

Grundbegriffe
- **primärer Sektor**
- **sekundärer Sektor**
- **tertiärer Sektor**
- **Strukturwandel**

Aufgaben

1. a) Ordne den Fotos die passenden Wirtschaftssektoren zu. Begründe deine Entscheidung (M1, M3, M5, M7).
   b) Nenne für die einzelnen Wirtschaftssektoren Beispielberufe.
2. Erläutere die zunehmende Bedeutung des Dienstleistungssektors (M2, M4, M6).
3. Fertige zu den Berufsgruppen im tertiären Sektor ein Kreisdiagramm an (M6).
4. Vergleiche die Entwicklung der Beschäftigtenstruktur nach Fourastié mit der in Deutschland (M2, M4).

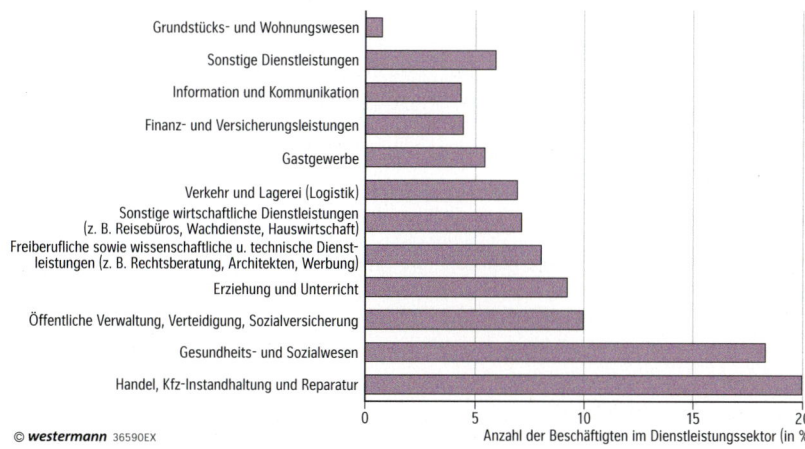

M6 Berufsgruppen des tertiären Sektors (2016)

Zentrale und periphere Räume in Europa

M1 Europa und Teile Nordafrikas bei Nacht

Frankfurt am Main

In den Karpaten (Rumänien)

M2 Gegensatz Zentrum – Peripherie

Die „Bananen"-Modelle

Wenn man europäische Wirtschaftsräume und ihre Beziehungsgeflechte abbilden will, sind beispielsweise die Modelle „Blaue Banane", „Gelbe Banane" oder „Neue Banane" hilfreich. Das Modell der „Blauen Banane" wurde 1989 im Zuge einer Untersuchung über das europäische Städtesystem entwickelt. Die Banane erstreckt sich vom Süden Englands bis in den Norden Italiens. Die wichtigen Wirtschaftsgebiete Deutschlands an Rhein-Ruhr, Rhein-Main sowie Rhein-Neckar befinden sich darin. In dieser Region leben über 40 Prozent der europäischen Bürger. Neben finanzwirtschaftlichen und wirtschaftlichen Zentren befinden sich in diesem Gebiet auch die politischen Zentren der EU.

Info

Umgang mit Modellen

Modelle vereinfachen komplexe Sachverhalte und machen deren wesentliche Eigenschaften verständlich. Auf einfache Weise kann man untersuchen, welche Auswirkungen die Veränderung einzelner Eigenschaften auf Prozesse haben. Modelle können niemals Sachverhalte vollständig erfassen und sind daher immer kritisch zu betrachten.

Zentrum	Peripherie
• vielseitige, moderne, breitgefächerte Industrie	• einseitige und alte Industrie
• leistungsfähige Infrastruktur	• oft mangelhafte Infrastruktur
• nationale und internationale Fernverbindungen	• oftmals nur Regionalverkehr
• hohe Bevölkerungskonzentration	• Überalterung der Bevölkerung
• hoher Lebensstandard	• meist geringer Lebensstandard
• „attraktiv"	• „unattraktiv"

M3 Vergleich Zentrum und Peripherie

Wirtschaftlicher Strukturwandel und Globalisierung

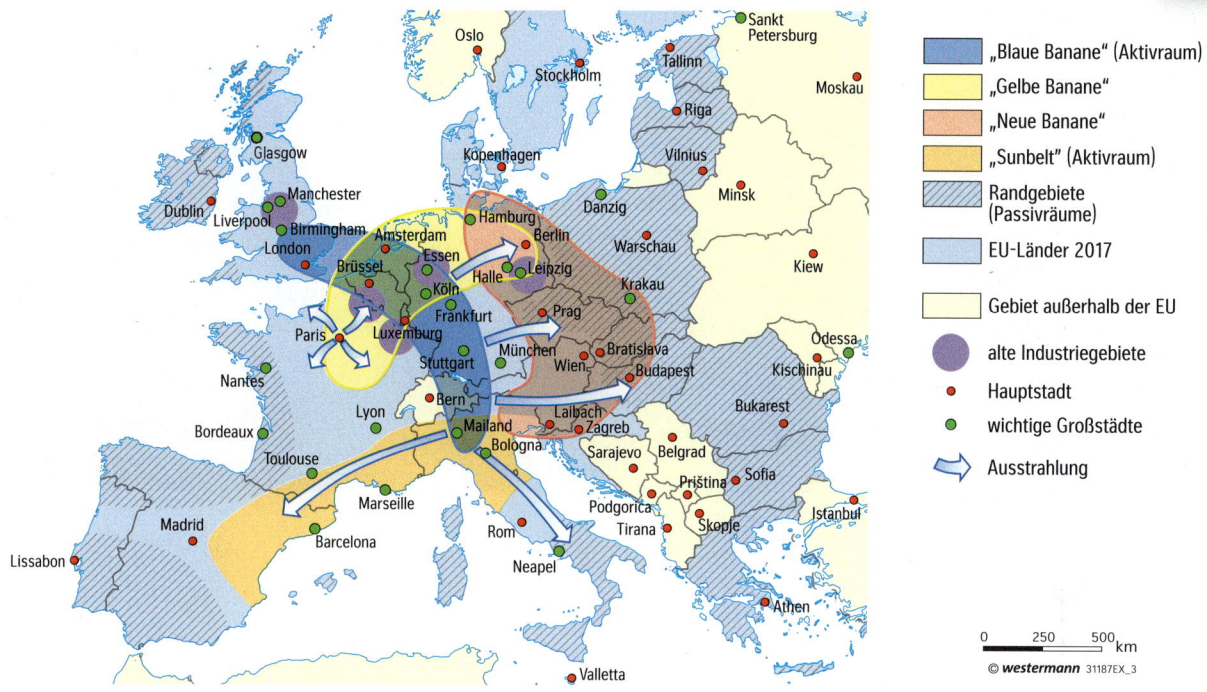

M4 Europäische Wirtschaftsräume

Weitere Wirtschaftsraummodelle

Einen weiteren potenziellen wirtschaftlichen Kernraum kann man entlang der Linie Berlin – Wien – Zagreb erkennen. Seit 1989 haben sich die westlichen Regionen Osteuropas zu neuen Wachstumsregionen entwickelt. Vor allem Betriebe aus Westeuropa lassen sich hier nieder. Sie wollen einen günstigen Standort mit niedrigen Lohnkosten in der Nähe der neuen Absatzmärkte. In jüngster Vergangenheit kam der sogenannte „Sunbelt" hinzu. Dieser erstreckt sich entlang des Mittelmeerraumes von Barcelona bis Genua. Diese Region ist vor allem durch Unternehmen der Informations- und Hochtechnologien gekennzeichnet, die sich im globalen Wettbewerb behaupten wollen.

Eine andere Darstellung neben den Modellen der „Bananen" ist beispielsweise das „Weintrauben-Modell". Es ist durch eine große Zahl gleichrangiger Zentren gekennzeichnet. Es zeigt eine ausgeglichene Entwicklung im Unterschied zur gegenwärtigen Raumstruktur mit den reichen zentralen Räumen und den wirtschaftlich weniger entwickelten peripheren Räumen. Alle vorgestellten Modelle machen regionale Disparitäten sichtbar.

Grundbegriffe
- zentraler Raum
- peripherer Raum

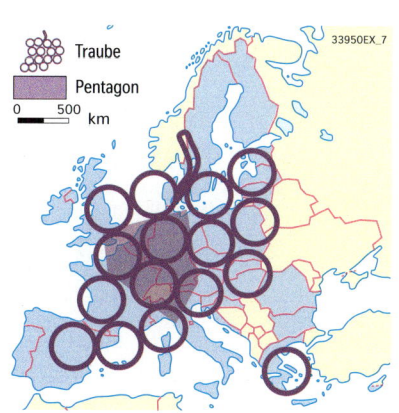

M5 Weitere Modelle

Aufgaben

1. a) Erkläre die Bedeutung von Modellen.
   b) Beschreibe und vergleiche die Modelle (M4, M5).
2. Benenne bedeutende Städte des Verdichtungsraumes „Neue Banane" (M4, Atlas).
3. Nenne Länder, die Anteil an der „Blauen Banane" haben (M4, Atlas).
4. Erläutere die regionalen Disparitäten in Europa (M1 – M4, Atlas).

Wertwandel von Standortfaktoren und seine Folgen

M1 Verlassene Lagerhallen in Bootle, Liverpool

Wandel der Wirtschaft

Bis zum Ende des 18. Jahrhunderts wurden in Deutschland Waren einzeln durch Handwerker oder in Heimarbeit angefertigt. Bereits damals hatten Standortfaktoren wie die Nähe zu Rohstofflagerstätten eine große Bedeutung.
Später entstanden Manufakturen, in denen schon arbeitsteilig gefertigt wurde. Sie waren der direkte Vorläufer der Industrie, die sich in Großbritannien mit dem Einsatz der Dampfmaschine entwicklte. Das Vorhandensein von Rohstofflagerstätten war in der Region der „Schwarzen Banane", den Altindustrieräumen Europas, von großer Bedeutung. Entsprechend einseitig war die Struktur dieser Industriegebiete, mit beispielsweise Bergbau, Eisen- und Stahlindustrie sowie Metallverarbeitung.

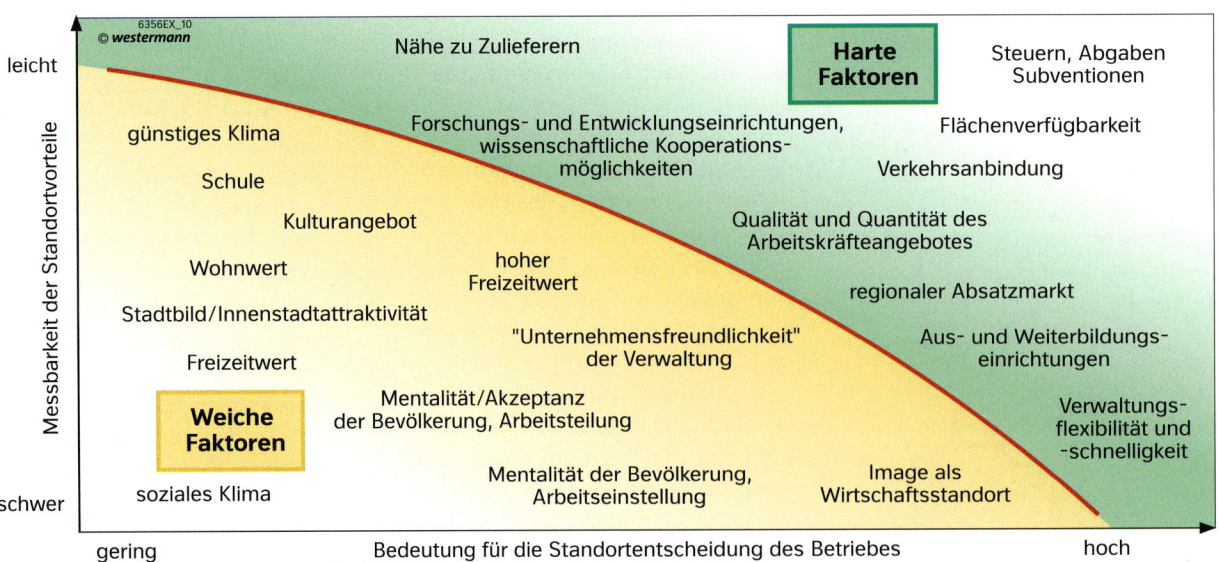

M2 Harte und weiche Standortfaktoren

Wirtschaftlicher Strukturwandel und Globalisierung

M3 Start-up in einem ehemaligen Industriegebäude in Duisburg

M5 „Schwarze Banane" – Altindustrieräume Europas

Herausbildung neuer Wirtschaftsstrukturen

Mit der Nutzung von Erdöl als Energieträger, der Entwicklung neuer Werkstoffe wie Kunststoff sowie der Niedriglohnproduktion in anderen Ländern wurde es zunehmend schwieriger, kostengünstig zu produzieren. Es kam zu einer Strukturkrise, einer damit verbundenen veränderten Ausrichtung der Industrie und teilweise zur Deindustrialisierung mit dem Verlust ganzer Branchen. Diese ging mit einer starken Abwanderung der Bevölkerung einher. Einige Betriebe konnten erhalten werden, indem sie sich auf bestimmte Waren spezialisierten oder neue Einsatzmöglichkeiten für ihre Produkte entwickelten. Heute haben sich die Altindustriegebiete häufig zu Dienstleistungsregionen mit hochwertigen Forschungs- und Entwicklungseinrichtungen umgebildet.

Altindustriegebiet
- ursprünglich Impulsgeber und wirtschaftliches Zentrum einer Region/eines Landes
- Industriestruktur: Bergbau, Metallurgie, Karbochemie, Textilindustrie

Krise → Deindustrialisierung
- Bedeutungsverlust des ehemals bedeutenden produzierenden Gewerbes
- Standortschließungen
- Arbeitsplatzabbau
- geringe Leistungsfähigkeit der Verkehrsinfrastruktur
- Sinken des Lohnniveaus
- Abwanderung

Strukturwandel
- Tertiärisierung der Wirtschaft
- Modernisierung der Infrastruktur
- Neuansiedlung von Dienstleistungs- und Hightech-Unternehmen
- Ansiedlung qualifizierter Arbeitskräfte

M4 Ablauf des Strukturwandels

Grundbegriff
- Standortfaktor

Aufgaben

1. Beschreibe den Wandel in der Wirtschaft (M1, M3, M4).
2. Benenne Wirtschaftsgebiete Europas, die einem Strukturwandel unterliegen und begründe deine Wahl (M5).
3. Diskutiert, welche Standortfaktoren für die Standortentscheidung eines Betriebes von Bedeutung sind (M2).

Raumbeispiele dynamischer Wirtschaftsgebiete

M1 Das Ruhrgebiet

M3 Zeche Zollverein in Essen

Das Ruhrgebiet

Der Name „Ruhrgebiet" bezeichnete früher das Land an der mittleren und unteren Ruhr. Heute ist damit das Gebiet des Regionalverbandes Ruhr gemeint. Es ist das größte deutsche Wirtschaftsgebiet, dessen Bedeutung auch für ganz Europas sehr groß ist.

Seine industrielle Entwicklung begann im 19. Jahrhundert. Auf Grundlage reicher Steinkohlevorkommen entstanden viele Zechen und Eisenhütten. Ende der 1950er-Jahre mussten viele Zechen schließen, da ausländische Kohle viel billiger importiert wurde und Erdöl als neuer Rohstoff hinzukam. Bis in die 1990er-Jahre wurde etwa die Hälfte aller Zechen geschlossen.

2018 erfolgt die Schließung der letzten Zeche.
In den 1970er-Jahren kam es zur Krise in der Stahlindustrie. Seit 2001 werden in Duisburg nur noch Hochöfen durch Thyssenkrupp betrieben.

Seit Mitte der 1960er-Jahre wandelt sich das Ruhrgebiet von einer Industrie- zu einer Dienstleistungsregion. Das starke Wachstum des tertiären Sektors im Ruhrgebiet ist nicht zu übersehen, wie beispielsweise die Arena auf Schalke, Musicalhallen in Bochum oder Essen beweisen. Häufig wurden alte Industrieflächen dafür verwendet.
Der Strukturwandel im Ruhrgebiet hält auch heute noch an.

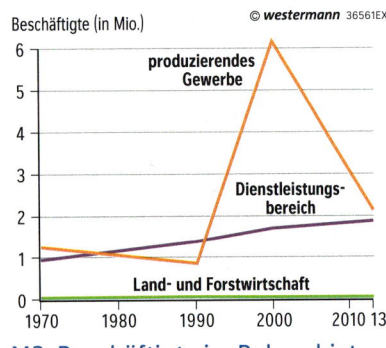

M2 Beschäftigte im Ruhrgebiet

Unternehmen	Branche	Arbeitsplätze
thyssenkrupp AG	Mischkonzern	160 800
Hochtief	Bauunternehmen	80 900
Unternehmen Tengelmann	Einzelhandel	72 800
RWE	Energieversorgung	66 300
Rethmann Gruppe	Logistik, Entsorgung, Agrar	60 500

M4 Die größten Arbeitgeber im Ruhrgebiet

Wirtschaftlicher Strukturwandel und Globalisierung

M5 Mercedes-Werk in Stuttgart

M7 Bau des Bahnhofs Stuttgart 21

Das Wirtschaftsgebiet Stuttgart

Die Region Stuttgart hatte keine guten Voraussetzungen für eine Industrialisierung. Es gab keine Rohstoffe, das Gebiet lag weit ab von den damaligen Verkehrsachsen. Vorwiegend Handwerker, Kaufleute und Weingärtner bestimmten das wirtschaftliche Leben.

Auf der Basis der Handwerks- und Heimarbeitstradition bildete sich hier eine besondere Wirtschaftsstruktur heraus. Es entstanden vorwiegend mittelständische Betriebe, die heute noch gemeinsam mit Großunternehmen die Wirtschaftsstruktur dieser Region bestimmen. Die Industrie ist auf die Veredelung zumeist importierter Rohstoffe ausgerichtet. Dabei sind Spezialisierung, technischer Fortschritt und Qualitätsbewusstsein bestimmend.

Wichtigster Wirtschaftszweig ist heute die Automobilindustrie. Die Namen Mercedes und Porsche haben die Region Stuttgart bekannt gemacht. Weltweit werden Automobilhersteller von der regionalen Zulieferindustrie mit modernster Fahrzeugtechnik beliefert. Der zweitgrößte Industriebereich ist der Maschinenbau. Insbesondere im Werkzeugmaschinenbau nehmen die Unternehmen hier eine Weltstellung ein. Auch der Dienstleistungssektor hat stark an Bedeutung zugenommen, insbesondere die Ingenieurs- und Architekturdienstleistungen für Unternehmen.

Aufgaben

1. Recherchiere zur Zeche Zollverein (M3, Internet).
2. Erläutere die Entwicklung der Beschäftigtenzahlen (M2).
3. a) Ordne die größten Arbeitgeber im Ruhrgebiet den einzelnen Wirtschaftssektoren zu (M4).
   b) Erläutere die Bedeutung der Wirtschaftssektoren (M2).
4. Finde Beispiele für Ansiedlungen des tertiären Sektors im Ruhrgebiet (Atlas, Internet).
5. Beschreibe, wie sich die Region Stuttgart zu einem bedeutenden Wirtschaftsstandort entwickelt hat (M5–M7).
6. Fertige eine Übersicht der Industriezweige und deren Standorte in der Region Stuttgart an (M6, Atlas).
7. Recherchiere die Sponsoren zu einem Fußballbundesligaverein im Ruhrgebiet oder in der Region Stuttgart (M4, M6, Internet).

Unternehmen	Branche	Arbeitsplätze
Daimler AG	Automobilhersteller	74 500
Robert Bosch GmbH	Technologie- und Dienstleistungsunternehmen	28 500
Dr. Ing. h. c. F. Porsche Aktiengesellschaft	Automobilhersteller	10 800
Deutsche Post AG	Postdienste, Verkehrswirtschaft, Logistik	7 800
Landesbank Baden-Württemberg	Kreditwirtschaft	7 400

M6 Größte Arbeitgeber im Wirtschaftsgebiet Stuttgart

Raumbeispiele dynamischer Wirtschaftsgebiete

M1 Lage Region Halle-Leipzig

M3 Chemieindustrie in Leuna bei Halle

Der Raum Halle-Leipzig

Die Grundlage für die Herausbildung der Industrieregion Halle-Leipzig waren Braunkohlevorkommen. Zu Beginn des 19. Jahrhunderts begann ihr Abbau und nachfolgend siedelte sich die Chemieindustrie an. Diese beiden Industriezweige waren bis 1989 die größten Arbeitgeber. Bedeutende Werke befanden sich in Bitterfeld-Wolfen, Merseburg, Leuna und im Süden von Leipzig. Nach der deutschen Wiedervereinigung wurden sehr viele Industriebetriebe geschlossen. Es kam zu einem drastischen Arbeitsplatzabbau. Außerdem waren die Umweltschäden gewaltig, die durch die Chemieindustrie und den Bergbau verursacht wurden. Der Strukturwandel hatte so keine guten Voraussetzungen.
Um die einst prägende Chemieindustrie nicht völlig verschwinden zu lassen, flossen umfangreiche Investitionen in die Erneuerung einiger Produktionsstätten. Ein Chemieparkkonzept wurde entwickelt. Es entstanden Betriebe, die heute weltweit zu den modernsten der Chemiebranche zählen. Die heimische Braunkohle wird weiterhin reduziert als Rohstoff für die Energiegewinnung eingesetzt. Inzwischen hat sich das Industriegebiet Halle-Leipzig zweigeteilt. In Leipzig dominiert stark der tertiäre Sektor. Im Raum Halle hingegen werden unrentable Bereiche von Betrieben in selbstständige Firmen überführt (Outsourcing), die die gewinnversprechenden Industriezweige beliefern.

Standortvorteile auf einen Blick

- zentrale Lage in Europa und exzellente Anbindung an die Wachstumsmärkte
- modernste Infrastruktur mit sehr guter Einbindung in das europäische Verkehrswegenetz
- exzellente Produktionsanlagen und namhafte Ansiedlungen, wie z. B. Porsche, BMW, DOW, BAYER, Dell, DHL, Amazon
- großes Potenzial an qualifizierten und motivierten Fachkräften
- dichtes Netz an universitären sowie außeruniversitären Forschungs- und Entwicklungseinrichtungen
- gezielte Förderung von Ansiedlungen und Existenzgründungen
- effiziente Unterstützung von Investoren und Unternehmen
- schnelle und unbürokratische Genehmigungsverfahren
- relativ niedrige Preise für Grundstücke und Gewerbeimmobilien
- sehr hohe Lebensqualität in einer traditionsreichen Kultur- und Industrielandschaft

M2 Standortvorteile der Region Halle-Leipzig

Wirtschaftlicher Strukturwandel und Globalisierung

M4 Neue Messe Leipzig

M6 Sitz des MDR in Leipzig

Boomtown Leipzig

Die Stadt Leipzig ist ein wichtiger Bestandteil dieser Industrieregion. Sie hat sich zu einem Zentrum des tertiären Sektors entwickelt. Neben Forschung und Entwicklung spielt auch die Messetätigkeit eine große Rolle. Leipzig ist einer der ältesten Messestandorte der Welt. Mit dem Neuen Messegelände wurde ein Standort geschaffen, der alljährlich mehr als 30 international bedeutende Messen präsentiert, wie zum Beispiel die Leipziger Buchmesse, Boot und Freizeit und viele weitere.
Zwischen Leipzig und Halle entstand das DHL-Luftdrehkreuz Leipzig. Es ist Europas modernster Umschlagplatz für Luftfracht. Hier wurden Tausende neuer Arbeitsplätze geschaffen. Jede Nacht werden 1 500 Tonnen Fracht durch Frachtflugzeuge gebracht und mittels modernster Anlagen verteilt.
Der sekundäre Sektor erhielt durch den Neubau der beiden Fahrzeug-Montagewerke der Porsche AG und BMW Group einen Wachstumsschub. Hiervon profitieren auch die bisher bestimmenden klein- und mittelständischen Unternehmen der Region, denn durch Zulieferaufträge können sie ihre Produktion stabilisieren. Beide Automobilbauer bauen ihre Standorte stetig aus und schaffen so neue Arbeitsplätze.

Wirtschaftssektor	1991	2012
Primärer Sektor	1 %	0 %
Sekundärer Sektor	37 %	13 %
Tertiärer Sektor	62 %	87 %

M7 Entwicklung der Wirtschaftssektoren in Leipzig

Jahr	Einwohnerzahl	Beschäftigte	Arbeitslose	Dienstleistungsunternehmen
2000	493 208	162 372	41 321	21 557
2005	502 651	146 264	46 870	30 931
2010	522 883	169 862	33 139	36 611
2015	579 530	210 795	25 460	40 056

M5 Daten zu Leipzig

Aufgaben

1. a) Beschreibe die Lage des Raumes Halle-Leipzig (M1).
   b) Beschreibe die Wirtschaftssektoren der Region Halle-Leipzig (M3, M4, M6).
2. Begründe, warum die Standortvorteile von großer Bedeutung sind (M2).
3. a) Vergleiche die Bedeutung des tertiären und sekundären Sektors in Leipzig (M7).
   b) Bewerte die Beschäftigten- und Arbeitslosenzahlen (M5).
4. Vergleiche die Gründe für den Strukturwandel des Ruhrgebietes, der Region Stuttgart und der Region Halle-Leipzig (S. 34–37).

EU-Entwicklungstendenzen

M1 Protestmarsch nach dem EU-Referendum in London (2016)

1946 forderte der damalige Premierminister Winston Churchill in einer Rede wichtige Schritte zur zukünftigen politischen Entwicklung Europas: Die „Europäische Völker-Familie" müsse neu geschaffen, eine Art „Vereinigte Staaten von Europa" errichtet werden. Ein derartiges Gebilde könnte den verwirrten Völkern dieses unruhigen und mächtigen Kontinents ein erweitertes Heimatgefühl und ein gemeinsames Bürgerrecht geben. Der erste Schritt zu einer „europäischen Familie" müsse eine Partnerschaft zwischen Frankreich und Deutschland sein. „Let Europe arise!", rief er am Schluss seinen erstaunten Zuhörern zu.

M2 Winston Churchill legte den Grundstein für ein vereinigtes Europa.

Wohin geht es mit der EU?

Die Europäische Union (EU) ist ein Zusammenschluss von europäischen Ländern, der auf dem Grundsatz der Rechtsstaatlichkeit beruht. Von allen Mitgliedsstaaten freiwillig und demokratisch vereinbarte Verträge sind die Grundlage ihres Handelns. Viele positive Errungenschaften, wie mehr als 70 Jahre Frieden, Stabilität und Wohlstand, Steigerung des Lebensstandards und die Einführung des Euro als gemeinsame Währung, zeigen den Erfolg des europäischen Bündnisses. Mit dem Schengener Abkommen wurden die Grenzkontrollen zwischen EU-Ländern abgeschafft. Dadurch genießen die Menschen innerhalb der EU Reisefreiheit. Das Leben, Arbeiten und Reisen im europäischen Ausland ist somit viel einfacher geworden. Der gemeinsame Markt ermöglicht den weitgehend freien Verkehr von Waren, Dienstleistungen und Kapital.

Es gibt jedoch auch Probleme. So sind häufig Länder nicht mit Entscheidungen einverstanden, wenn sie Nachteile für ihr Land befürchten.

In Großbritannien gab es im Juni 2016 ein Referendum über den Austritt aus der EU, den sogenannten Brexit. Als Ergebnis verlässt Großbritannien die EU. In Verhandlungen werden jetzt die vertraglichen Beziehungen neu geregelt.

Wirtschaftlicher Strukturwandel und Globalisierung

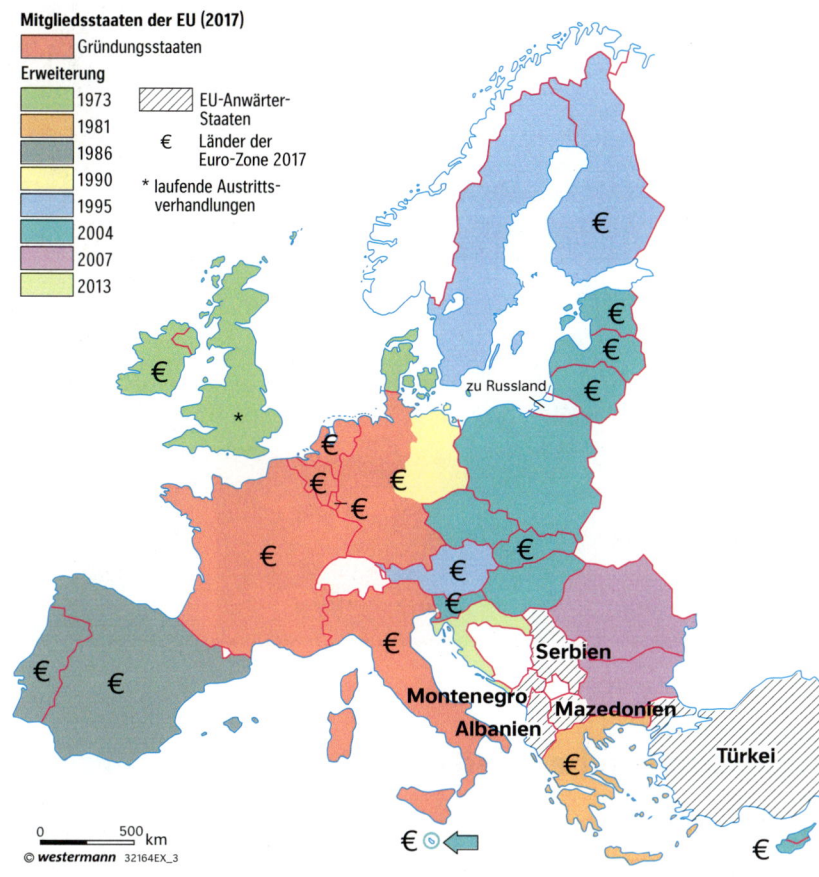

M3 Mitgliedsstaaten der EU und ihr Beitrittsjahr

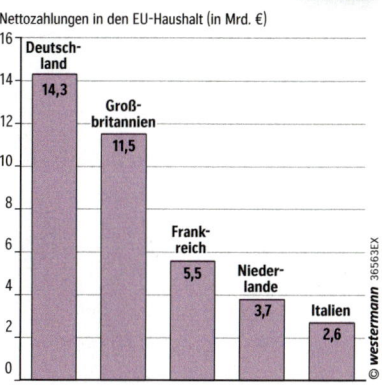

M5 Größte Nettozahler in den EU-Haushalt (2015)

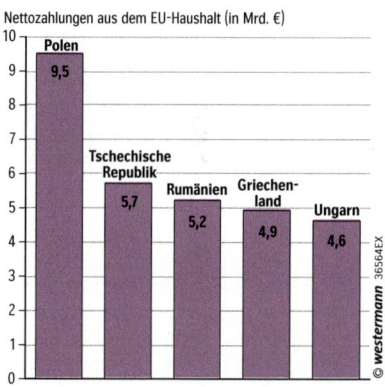

M6 Größte Nettoempfänger aus dem EU-Haushalt (2015)

M4 Die vier Freiheiten des Europäischen Binnenmarktes

Aufgaben

1. Werte die Diagramme aus und bewerte die Fakten (M5, M6).
2. Begründe den großen Wert der Freiheiten des EU-Binnenmarktes (M4).
3. a) Recherchiere Folgen des Brexits für Großbritannien und die EU. Präsentiere sie.
   b) Erläutere Gründe, die Gegner des Brexit zu Protestmärschen bewegen (M1).
4. a) Nenne die Länder der Eurozone (M3, Atlas).
   b) Erläutere Vorteile, die sie gegenüber anderen europäischen Staaten haben.

Landwirtschaft in Europa

M1 Landwirtschaft in Europa

Die europäische Landwirtschaft im Überblick

Die Landwirtschaft in der EU hat als vorrangigstes Ziel, die Versorgung der Bevölkerung mit erschwinglichen und vielfältigen Nahrungsmitteln zu sichern. Dabei ist von großer Bedeutung, dass die Landwirte ein angemessenes Einkommen erzielen und nachhaltig mit natürlichen Ressourcen umgehen.

Zudem dient die Landwirtschaft auch der Landschaftspflege und dem Erhalt der Wirtschaft im ländlichen Raum. Sie ist außerdem ein wichtiger Rohstofflieferant, wie beispielsweise für die Herstellung von Arzneimitteln, Lederwaren oder zur Energieerzeugung.

Dass die europäischen Länder unterschiedliche Ausgangsvoraussetzungen haben, kann man aus den unterschiedlichen natürlichen Bedingungen in den einzelnen Teilen Europas schlussfolgern.

Immer häufiger sieht man riesige Gewächshauskomplexe, in denen optimale Wachstumsbedingungen für die Pflanzen geschaffen werden. So ist es möglich, von natürlichen Faktoren unabhängiger zu werden. Die Flächengröße und die Anzahl der Arbeitskräfte sowie die Ausstattung mit Maschinen sind in den einzelnen Ländern sehr verschieden. Hier versucht die EU mit der Gemeinsamen Agrarpolitik (GAP) durch Fördermittel, Mindestpreise, Mengenbegrenzungen und ähnlichen Instrumentarien möglichst gerechte Bedingungen für alle Landwirte zu schaffen.

In jüngster Zeit versucht man, nachhaltiger und qualitätsbewusster zu produzieren, die Zahlung von Prämien gerechter vorzunehmen sowie die ländlichen Räume verstärkt zu fördern. Ziel ist es hierbei, die Landwirtschaft noch wettbewerbsfähiger und nachhaltiger zu gestalten.

Direktzahlungen und Marktinterventionen 321,90 Mrd. €
ländliche Entwicklung 101,16 Mrd. €
landwirtschaftliche Forschung und Entwicklung 5,07 Mrd. €
Reserve für landwirtschaftliche Krisen 3,95 Mrd. €
Lebensmittelhilfe für Arme 2,82 Mrd. €
EU-Globalisierungsfonds 2,82 Mrd. €
Lebensmittelsicherheit 2,45 Mrd. €

M2 Das EU-Agrarbudget 2014 – 2020

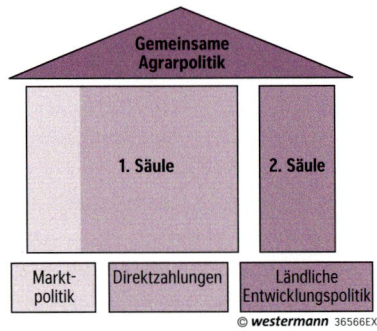

M3 Säulen der Gemeinsamen Agrarpolitik (GAP)

Lernen an Stationen

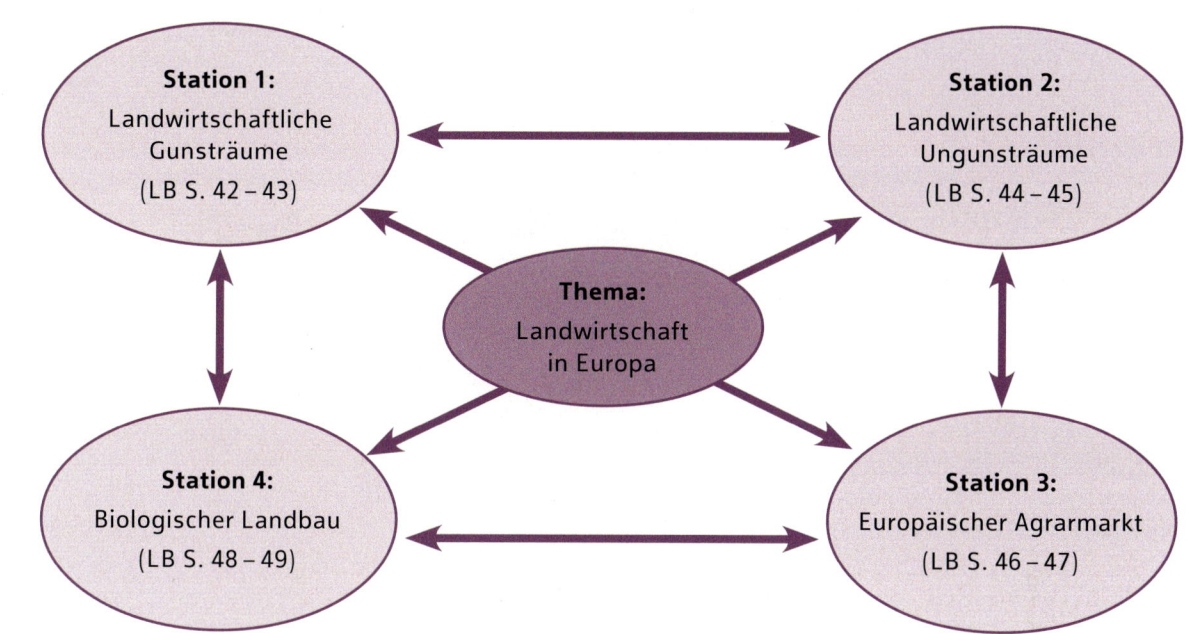

M4 Arbeit an Lernstationen

So gehst du vor

1. Übertrage den Laufzettel (M5) in deinen Hefter.
2. Lege selbst die Reihenfolge der Stationen fest.
3. Lies die Aufgabenstellungen. Bearbeite alle Stationen vollständig.
4. Die Kontrollstation befindet sich bei deinem Lehrer/deiner Lehrerin.
5. Arbeite gründlich. Überprüfe deine Ergebnisse.
6. Gehe sorgsam mit den angebotenen Materialien um.
7. Teile dir deine Zeit sinnvoll ein.
8. Störe deine Mitschüler nicht beim Arbeiten.
9. Beziehe Atlaskarten in deine Arbeit ein.

Laufzettel

Station	erledigt	Aufgabe gelöst? ja/nein/ teilweise	Welche Schwierigkeiten gab es für dich?
1. Landwirtschaftliche Gunsträume			
2. Landwirtschaftliche Ungunsträume			
3. Europäischer Agrarmarkt und Strukturveränderungen			
4. Biologischer Landbau			

M5 Laufzettel für das Stationenlernen

Aufgaben

1 Beschreibe die Vielfältigkeit der europäischen Landwirtschaft (M1).
2 Ordne die einzelnen Bereiche des EU-Agrarbudgets den Säulen der gemeinsamen Agrarpolitik zu (M2, M3).
3 Gib an, wodurch die Agrarpolitik der EU gekennzeichnet ist.
4 Bearbeite die Lernstationen auf den Seiten 42 – 49 gewissenhaft. Beachte die Regeln (M4, M5).

Lernstation 1: Landwirtschaftliche Gunsträume

M1 Weinberg an der Ruine Ehrenfels am Rhein (Hessen)

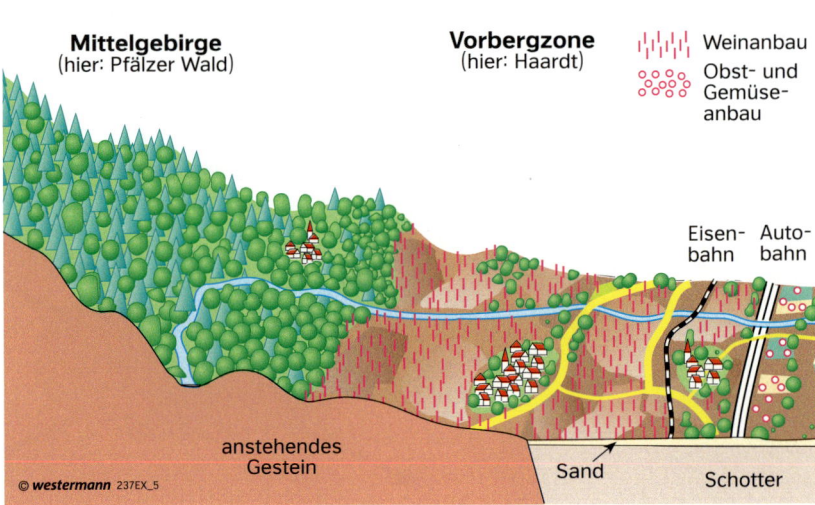

M3 Weinanbau am Mittelgebirgsrand

Wein als Sonderkultur

Als landwirtschaftliche Gunsträume gelten Gebiete, in denen entsprechende Nutzpflanzen die günstigsten Verhältnisse für Wachstum und hohe Erträge vorfinden. Dazu gehören das Klima, die Wasserversorgung, vorhandene Nährstoffe, die Bodenstruktur und Oberflächengestalt.
Sie sind in vielen Teilen Europas zu finden. So ist es an vielen Hängen der Mittelgebirge möglich, Landwirtschaft mit Sonderkulturen zu betreiben.

Sonnige Südhänge eignen sich besonders für den Weinanbau, da hier die Böden von der Sonne intensiver erwärmt werden. Dies benötigt die empfindliche Weinrebe, um einen guten Qualitätswein hervorzubringen.

Der Weinanbau hat in Deutschland eine lange Tradition, denn bereits vor 2 000 Jahren brachten die Römer den Weinanbau in das Gebiet des heutigen Rheinland-Pfalz.

Anbauregionen	Erzeugung 2015 (in Hektolitern)
Baden-Württemberg	**2 232**
Baden	1 159
Württemberg	1 073
Bayern	**404**
Franken	400
Hessen	**232**
Hessische Bergstraße	30
Rheingau	201
Rheinland-Pfalz	**5 866**
Ahr	48
Mittelrhein	28
Mosel	1 250
Nahe	232
Pfalz	1 701
Rheinhessen	2 606
Sachsen-Anhalt/ Thüringen	**53**
Frankreich	4 500 000
Italien	4 500 000

M2 Weinerzeugung ausgewählter Länder und Anbaugebiete

M4 Klimadiagramm Neustadt

M5 Klimadiagramm Erfurt

Wirtschaftlicher Strukturwandel und Globalisierung

M6 Landwirtschaft im Thüringer Becken

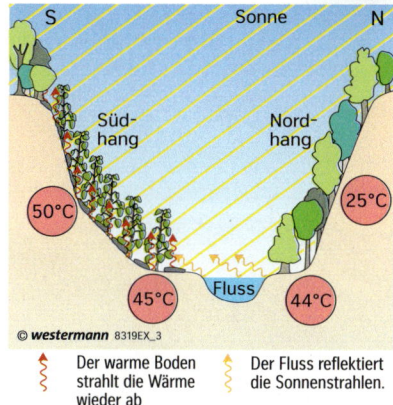

M8 Sonneneinstrahlung und Temperaturen

Schwarzerdegebiet Thüringer Becken

Gebiete vor den Nordhängen von Gebirgen und Beckenlagen gelten oft als Gunsträume, weil sich hier fruchtbare Lössböden herausgebildet haben.
So zählen die Schwarzerdeböden im Ostharzvorland, der Magdeburger Börde und im Thüringer Becken zu den fruchtbarsten Böden Europas.
Aufgrund des ebenen Reliefs kann hier sehr gut Ackerbau betrieben werden. Es werden überwiegend Weizen, Zuckerrüben sowie Obst und Gemüse angebaut.
Schwarzerdeböden können das Wasser gut speichern und enthalten viele Nährstoffe. Auch hier ist es sinnvoll, die Anbaufrüchte zu wechseln, da sonst die Böden nach einigen Jahren ausgelaugt sind. So werden beispielsweise nach Getreide (Halmfrucht) Zuckerrüben (Hackfrüchte) angebaut. Spezielle Pflanzen wie die Lupine oder Klee versorgen den Boden mit Stickstoff.

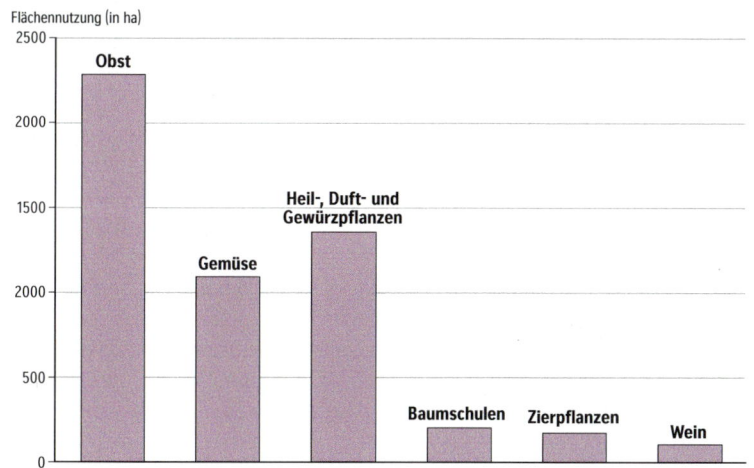

M7 Flächennutzung im Thüringer Gartenbau (2014)

Aufgaben

1. Fertige eine Übersicht zu landwirtschaftlichen Gunsträumen Europas, ihren Gunstfaktoren sowie wichtigen Anbaukulturen an (Atlas).

2. Erstelle eine Faustskizze von Europa und trage große Weinanbaugebiete ein (M1, M2, Atlas).

3. a) Vergleiche die Klimadiagramme (M4, M5).
   b) Begründe, dass es sich um Orte mit Klimagunst handelt (M8).

4. Erkläre, warum Südhänge der Mittelgebirge besonders gut für den Weinanbau geeignet sind (M1, M3, M8).

5. a) Nenne landwirtschaftliche Produkte, die im Thüringer Becken angebaut werden (M6, M7, Atlas).
   b) Fertige einen Steckbrief zu einer Sonderkultur an.

43

Lernstation 2: Landwirtschaftliche Ungunsträume

M1 Heidschnucken in der Lüneburger Heide

M3 Die Heidekrautblüte ist ein Anziehungspunkt für die Touristen

Die Lüneburger Heide

Die Lüneburger Heide ist eine meist flachwellige Heide-, Geest-, Moor- und Waldlandschaft mit unfruchtbaren Böden im Nordosten Niedersachsens. Die nahegelegene Stadt Lüneburg gab ihr den Namen.

Bis zum Anfang des 19. Jahrhunderts bedeckten solche Heideflächen größere Teile Norddeutschlands. Heute sind sie fast nur noch im zentralen Teil der Lüneburger Heide vorhanden. In der Jungsteinzeit waren Wälder weit verbreitet. Durch Überweidung entstanden die Heiden. Somit ist die Lüneburger Heide eine der ältesten Kulturlandschaften. Heute hält man sie durch Schafhaltung offen.

Das Gebiet der Lüneburger Heide war schon immer dünn besiedelt. Die meisten Menschen arbeiten in der Landwirtschaft, die hier einen sehr hohen Stellenwert hat. Es werden traditionell Kartoffeln und Roggen angebaut. Früher wurden die nährstoffarmen Böden nur durch die Heidebauernwirtschaft genutzt. Sie bestand in der Haltung von Heidschnucken und der Heideimkerei. Heute ist diese Wirtschaftsform kaum noch verbreitet.

2007 wurde der Naturpark Lüneburger Heide durch das Niedersächsische Umweltministerium als wertvolle und schützenswerte Kulturlandschaft anerkannt und gehört zur LEADER-Naturparkregion. Insgesamt 45 Prozent der Fläche sind Naturschutz- und Landschaftsschutzgebiete.

Info

LEADER

LEADER ist ein europäisches Förderprogramm zur Unterstützung der Entwicklung von ländlichen Räumen. Der Name leitet sich aus dem Französischen „**L**iaison **E**ntre **A**ctions de **D**éveloppement de l'**É**conomique **R**urale" ab und bedeutet „Verbindungen zwischen Maßnahmen zur Entwicklung der ländlichen Wirtschaft".

Jahr	Schafe gesamt	davon Heidschnucken
1848	638 304	379 578
1902	172 651	100 500
1949	78 461	31 000
1990	40 481	17 923
2002	53 760	12 000

M2 Schafhaltung in der Lüneburger Heide

Info

Landwirtschaftlicher Ungunstraum

Als landwirtschaftlicher Ungunstraum wird ein Gebiet bezeichnet, dass wegen seiner Bodeneigenschaften (Nährstoffgehalt, Bodenstruktur, Wassergehalt, Humusgehalt, biologische Akivität), Oberflächengestalt oder klimatischen Bedingungen für die Landwirtschaft nur eingeschränkt nutzbar ist. Beispiele sind Gebirge und Heidegebiete.

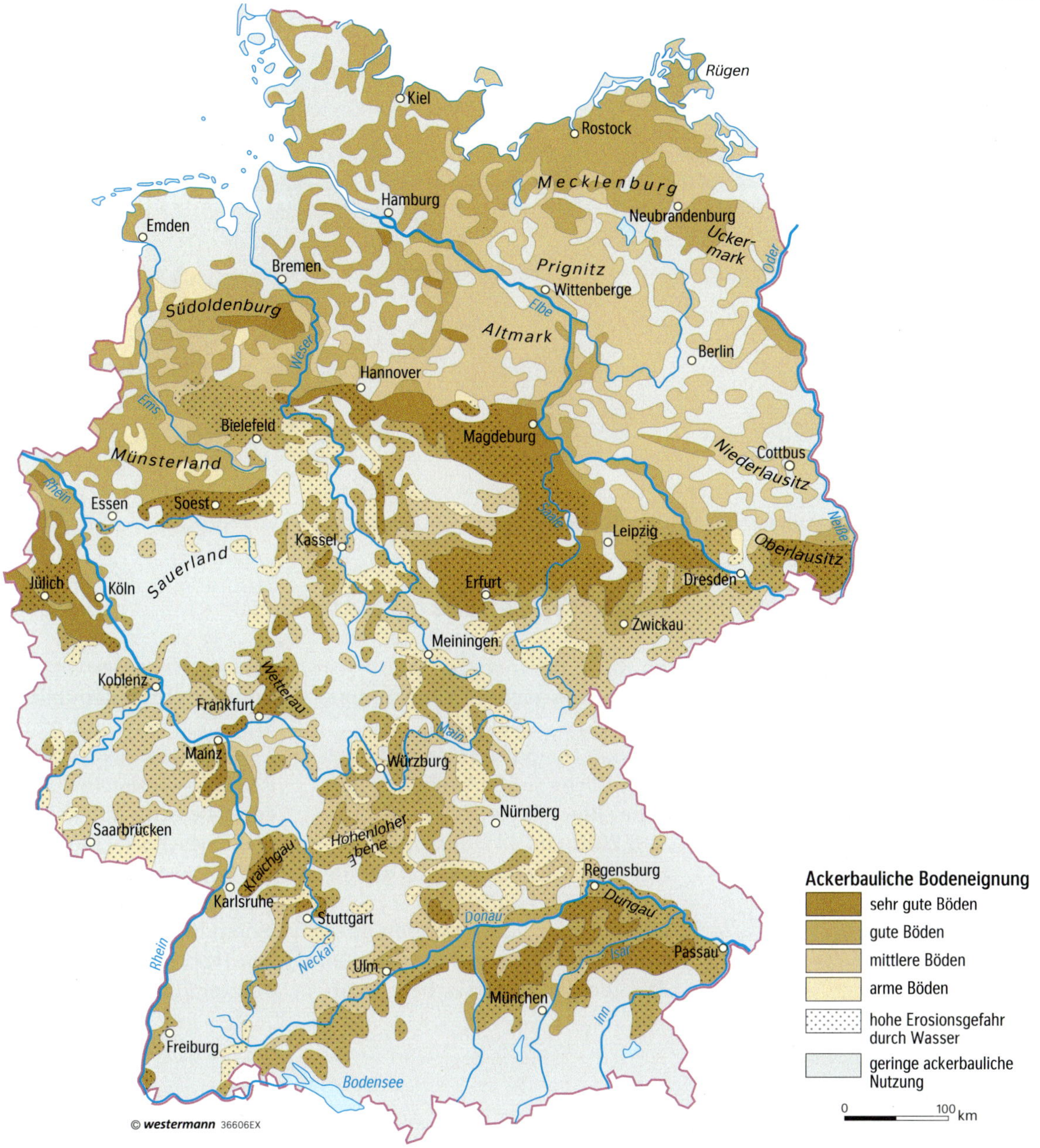

Wirtschaftlicher Strukturwandel und Globalisierung

Ackerbauliche Bodeneignung
- sehr gute Böden
- gute Böden
- mittlere Böden
- arme Böden
- hohe Erosionsgefahr durch Wasser
- geringe ackerbauliche Nutzung

0 — 100 km

M4 Bodenfruchtbarkeit in Deutschland

Aufgaben

1. a) Benenne Ungunsträume Deutschlands (M4).
   b) Erkläre, warum in bestimmten Regionen Deutschlands nur eine geringe ackerbauliche Nutzung möglich ist (M4, Atlas).

2. Nenne landwirtschaftliche Nutzungsmöglichkeiten für die Ungunsträume (Atlas).

3. a) Beschreibe die Nutzung der Lüneburger Heide (M1, M2, M3).
   b) Recherchiere zu Heidepflanzen und Heidschnucken und präsentiere deine Ergebnisse der Klasse (M1–M3, Internet).

4. Beschreibe, wie die LEADER-Förderung in der Lüneburger Heide durchgeführt wird (Internet).

45

Lernstation 3: Europäischer Agrarmarkt

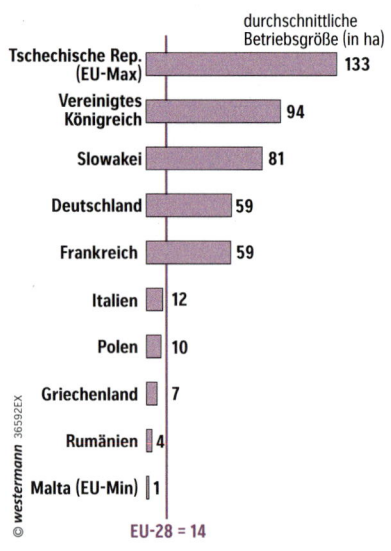

M1 Größe landwirtschaftlicher Betriebe in der EU (2013)

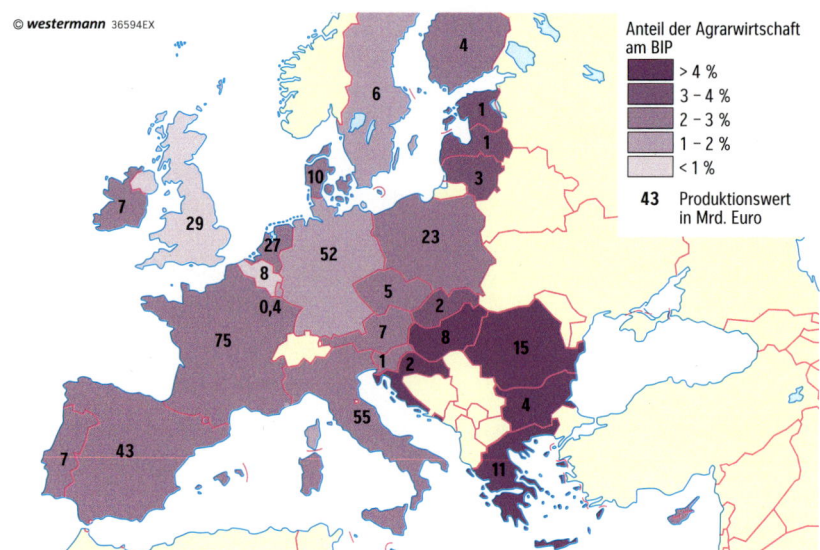

M3 Bedeutung der Landwirtschaft – Agrarproduktion der EU-28 (2015)

Großflächenwirtschaft

So wie in der Industrie ist auch in der Landwirtschaft ein Strukturwandel zu verzeichnen.
In Deutschland hat sich die durchschnittliche Größe landwirtschaftlicher Betriebe zwischen 2005 und 2013 von 44 Hektar auf 59 Hektar landwirtschaftlich genutzter Fläche (LF) erhöht.
Dieser Wandel zu größeren Betriebsstrukturen tritt in fast allen Staaten der Europäischen Union auf. Am weitesten ist er in der Tschechischen Republik mit einer Erhöhung der durchschnittlichen Größe der landwirtschaftlichen Betriebe im gleichen Zeitraum von 84 Hektar auf 133 Hektar landwirtschaftlich genutzter Fläche vorangeschritten. Sehr kleine Betriebsflächen haben Malta mit einem Hektar und Rumänien mit vier Hektar landwirtschaftlich genutzter Fläche.

Lebensmittel
Sichere Versorgung von mehr als 500 Millionen Europäern mit qualitativ hochwertigen und erschwinglichen Lebensmitteln

ländlicher Raum
Erhalt der Vielfalt in der Europäischen Landwirtschaft

Umwelt
Bekämpfung des Klimawandels und Schutz unserer natürlichen Ressourcen

M2 Hauptziele der GAP

Info

Als **GAP** bezeichnet man die Gemeinsame Agrarpolitik in der EU. Mit den über die Gemeinsame Agrarpolitik bereitgestellten Mitteln werden sowohl die Landwirte als auch die ländlichen Regionen gefördert. Dabei verteilt sich die EU-Förderung auf zwei Säulen:
Die erste Säule bilden die Direktzahlungen an die Landwirte, die je Hektar landwirtschaftlicher Fläche gewährt werden.
Sie haben drei Funktionen:
- Honorierung und Sicherung der Leistungen der Landwirtschaft
- Ausgleich für die Einhaltung deutlich höherer Standards in Europa
- Einkommenssicherung der Landwirte.

Die zweite Säule umfasst Förderprogramme für die nachhaltige Bewirtschaftung und die ländliche Entwicklung.

Wirtschaftlicher Strukturwandel und Globalisierung

[...] Mit Transparenten und Schildern fanden sich Demonstranten zu einer ersten Aktion [...] ein. Die Organisatoren forderten die Minister auf, kurzfristig eine spürbare Reduzierung der Milchmenge zu unterstützen. So soll sich der Milchpreis erholen und das rasante Höfesterben gestoppt werden. [...]

(Quelle: Milchbauern protestieren vor Agrarminister-Gipfel. www.ndr.de, 07.09.2016)

M4 Pressemeldung

[...] Mit dem in dieser Woche in Brüssel veröffentlichten Evaluierungsbericht bescheinigt die EU-Kommission den europäischen und deutschen Landwirten [...] einen spürbar positiven Beitrag zur biologischen Vielfalt zu leisten sowie Boden, Wasser und Klima zu schonen. [...] Allein 2015 haben die europäischen Landwirte über acht Millionen Hektar Ackerfläche im Umweltinteresse genutzt. [...]

(Quelle: Kirsten Karotki: Ökologische Vorrangflächen leisten Beitrag zur Biodiversität. www.bauernverband.de, 31.03.2017)

M6 Pressemeldung

Spezialisierung

Die Vergrößerung der Betriebsflächen führte zu einer verstärkten Spezialisierung der Betriebe. In vielen Anbaugebieten werden nun Verkaufsfrüchte angebaut. Viehhalter verlegen sich auf die Erzeugung von hochwertigen Erzeugnissen.
Weideland wird zunehmend in Ackerflächen für den Anbau von Industriefrüchten wie Raps umgewandelt.

Die Fruchtfolge bei den verschiedenen Getreidearten wurde in den Ackerbaugebieten zugunsten der ertragreichsten Kulturen umgestellt. Dauerkulturen wie Wein und Obstbäume werden als Monokulturen bewirtschaftet. Abläufe werden optimiert und es kommt zu einem vermehrten Einsatz von Saatgut, Düngemitteln, Pestiziden, Maschinen, Energie und Wasser.

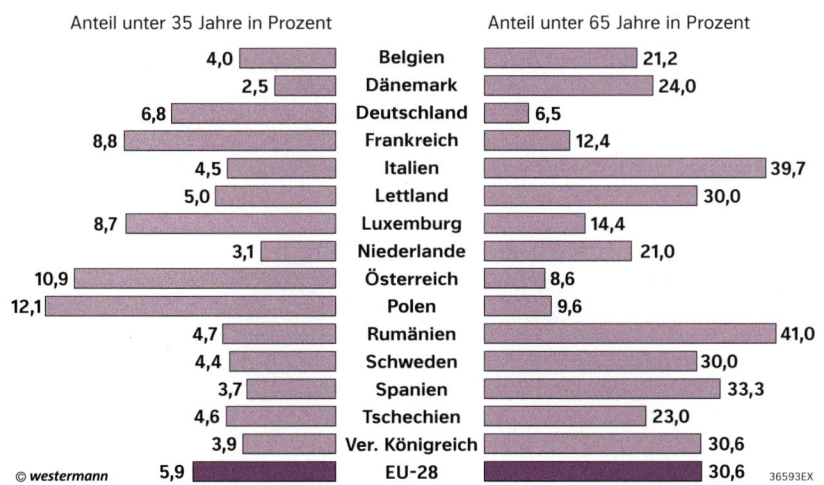

M5 Altersstruktur der Inhaber landwirtschaftlicher Betriebe (2014)

Land	Anteil unter 35 Jahre in Prozent	Anteil unter 65 Jahre in Prozent
Belgien	4,0	21,2
Dänemark	2,5	24,0
Deutschland	6,8	6,5
Frankreich	8,8	12,4
Italien	4,5	39,7
Lettland	5,0	30,0
Luxemburg	8,7	14,4
Niederlande	3,1	21,0
Österreich	10,9	8,6
Polen	12,1	9,6
Rumänien	4,7	41,0
Schweden	4,4	30,0
Spanien	3,7	33,3
Tschechien	4,6	23,0
Ver. Königreich	3,9	30,6
EU-28	5,9	30,6

Aufgaben

1. Erläutere die Gemeinsame Agrarpolitik der EU (M2, M6).
2. Erkläre, welche Bedeutung die Landwirtschaft in den einzelnen EU-Mitgliedsstaaten hat (M1, M3).
3. Begründe, warum die Landwirte immer mehr zu Spezialisten werden.
4. Analysiere die Altersstruktur in der EU-Landwirtschaft (M5).
5. Erläutere, warum die Milchbauern für höhere Preise demonstrieren (M4, Internet).

Lernstation 4: Biologischer Landbau

M1 Logos von Bioverbänden (Auswahl)

M4 Rinderhaltung auf einem Biohof

Ökologischer Landbau

Die wichtigste Grundlage der ökologischen Landwirtschaft ist das Wirtschaften im Einklang mit der Natur. Dabei besteht der landwirtschaftliche Betrieb aus den Teilen Mensch, Tier, Pflanze und Boden.

Die Methoden des ökologischen Landbaus wollen – stärker als andere Anbaumethoden –
- einen möglichst geschlossenen betrieblichen Produktionskreislauf erreichen,
- die Fruchtbarkeit der Böden bewahren,
- Tiere artgerecht halten.

Das soll erreicht werden, indem auf Pflanzenschutz mit Pestiziden sowie Mineraldünger verzichtet wird.

Die Bodenfruchtbarkeit wird mit abwechslungsreichen Fruchtfolgen gepflegt.

Der Viehbestand ist begrenzt und die Tiere werden mit möglichst hofeigenem Futter versorgt. Zudem verzichtet man auf den Einsatz von Antibiotika.

Oft betreiben die Ökobauern auf ihren Höfen Bio-Läden und verkaufen ihre Produkte auf den Märkten der Region.

M2 Das Bio-Siegel ist ein Gütesiegel für Lebensmittel aus der ökologischen (biologischen) Landwirtschaft (Bio-Siegel der Europäischen Union).

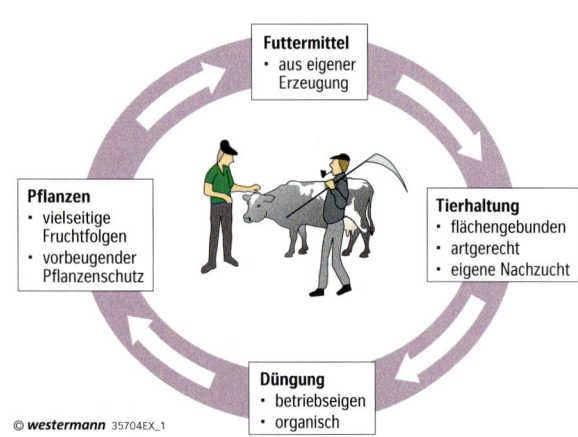

M3 Kreislauf der ökologischen Landwirtschaft

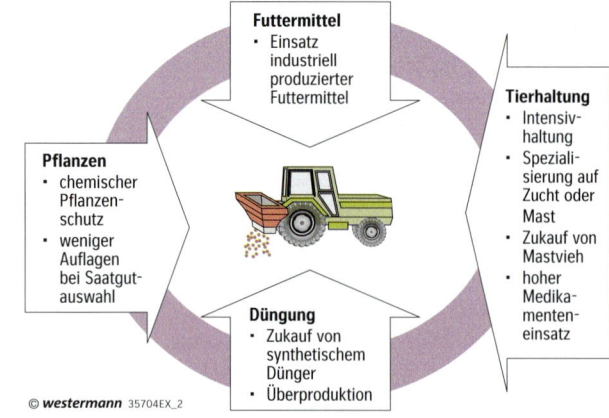

M5 Offenes System der konventionellen Landwirtschaft

Wirtschaftlicher Strukturwandel und Globalisierung

Betrieb, Zweig	Ackerbau	Milchviehhaltung	Viehzucht	Hühnerhaltung	Gärtnerei	Obstbau
Gesamt:	Getreide 650 t/Jahr	Milch 365 000 l/Jahr = 1 000 l/Tag	Fleisch von Rindern: 12/Jahr Schweinen: 65/Jahr	Eier 800/Tag Suppenhühner 1 000/Jahr	z. B. Salate 28 000/Jahr Zwiebeln 50 t/Jahr	Tafel-Äpfel 60 t/Jahr Saft 30 000 l/Jahr
Direkt vermarktet:	für Bäckerei 250 t/Jahr	60 000 l/Jahr = 165 l/Tag	100 %	100 %	über Hofbetriebe 15 %	über Hofbetriebe 20 %
Als, per, sonstiges:	Futtergetreide 120 t/Jahr	Milch pasteurisiert 40 l/Tag Joghurt 40 l/Tag Quark 30 kg/Tag				Hofkiste 6 % Bäckerei 6 % Hofladen 6 % Küche 2 %,
Großhandel, Molkerei:	Speisegetreide 280 t/Jahr	305 000 l/Jahr = 835 l/Tag				Biofrisch Nordost 40 % Ökodorf Brodowin 13 %

M6 Urproduktion auf dem Hof Medewege (2017)

Hof Medewege – Beispiel für den Biolandbau

Der Bauernhof Medewege, der biologisch-dynamisch wirtschaftet, beherbergt viele verschiedene Betriebe, die als gemeinsame Basis die ökologische Wirtschaft haben. Die bewirtschafteten Flächen gehören zum größten Teil der Stadt Schwerin und wurden von den Betrieben gepachtet oder gemietet. Beispielsweise gibt es hier die Landwirtschaft, eine Gärtnerei, eine Bäckerei, den Obstbau, Ferienhäuser und vieles mehr. Begonnen hat alles 1993 mit der Landwirtschaft, 1994 folgten Gärtnerei und Obstbau.

1995 begann die Mühlenbäckerei und 1996 kam dann die Hofkiste hinzu. Seit 2000 wurde der Hof um zahlreiche Betriebe erweitert. Zum Hof gehört eine Fläche von etwa 340 Hektar, die als Acker, Obstbaufläche oder Weide genutzt wird. Etwa 150 Mitarbeiter sind auf dem Hof beschäftigt. Seit 2015 ist der Hof Medewege ein Demonstrationsbetrieb des ökologischen Landbaus. Besucher können hier in Seminaren und bei Besichtigungen dessen Besonderheiten, Vorzüge und Herausforderungen kennenlernen.

M8 Hofkiste

Betrieb	Landwirtschaft	Gärtnerei	Obstbau
Betriebsfläche (ha)	300	24	14
Ackerland (ha)	200	24	
Dauergrünland (ha)	100		
Folientunnel (m²)		6 000	
Fruchtfolge und Düngung	1. Kleegras – Mistkompost 2. Kleegras – Mistkompost 3. Weizen – Kleegras 4. Wintergerste – Gründüngung 5a. Hafer/Lupine/Leindotter 5b. Kartoffeln und Zwiebeln 6. Roggen – Untersaat Kleegras	Gemüse Gemüse Gründüngung Wiese/Mist	

M7 Fakten zur Landwirtschaft auf dem Hof Medewege (2017)

Aufgaben

1. Vergleiche ökologische und konventionelle Landwirtschaft (M3–M5).
2. Recherchiere die Bedeutung der Bioverbände und des Bio-Siegels (M1, M2, Internet).
3. a) Fertige einen Steckbrief zum Hof Medewege an (M6–M8, Internet).
   b) Der Bauernhof Medewege wird als biologisch-dynamisch bezeichnet. Interpretiere.
4. Erläutere den Zusammenhang Fruchtfolge – Düngung (M7).

Migration

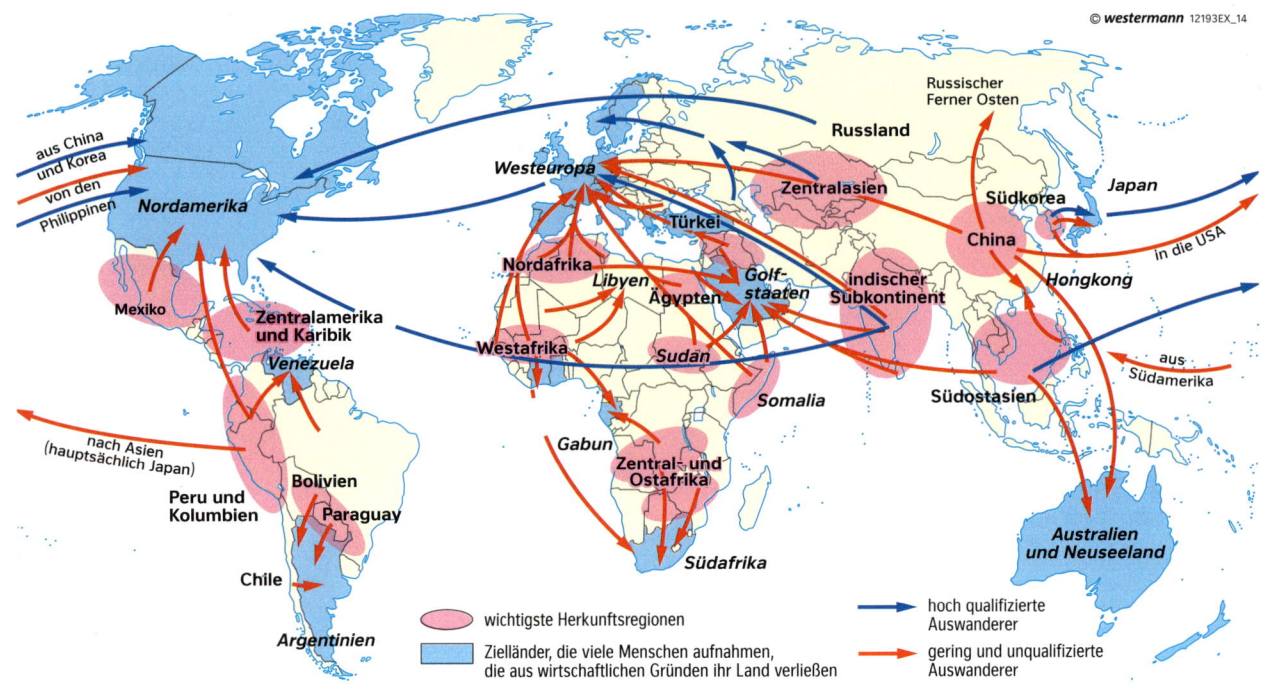

M1 Weltweite Migrationsströme

Formen der Migration

Die Migration (Wanderung) von Menschen beeinflusst die Entwicklung der Bevölkerung eines Landes. Man unterscheidet zwischen Binnen- und Außenmigration.

Die Binnenmigration beschreibt Wanderungsbewegungen innerhalb eines Landes über mindestens eine Gemeindegrenze hinweg, wie beispielsweise Umzüge wegen eines Arbeitsplatzwechsels innerhalb Deutschlands oder beispielsweise den Umzug vom Land in die Stadt.

In unserem Land gibt es erhebliche Wanderungsbewegungen. Die größte Gruppe der Migranten besteht aus Menschen, die aus dem Ostteil Deutschlands in den Westen abwandern. Am meisten profitierten davon die Regionen im Norden, insbesondere Hamburg und Schleswig-Holstein sowie Süddeutschland. Hier hatte das Bundesland Bayern den größten Zuzug zu verzeichnen. Insgesamt ziehen etwa 3,5 bis 4 Millionen Menschen jedes Jahr innerhalb der Grenzen Deutschlands um.

Wanderungsbewegungen über Staatsgrenzen hinweg bezeichnet man als Außenmigration. Dazu gehören Umzüge von EU-Bürgern durch Arbeitsplatzwechsel, Auswanderung von deutschen Staatsbürgern in andere Länder sowie die Flucht vor Krieg und Armut.

Im Jahr 2015 hatten rund 17,1 Millionen Menschen in Deutschland einen Migrationshintergrund, das heißt, sie selbst oder mindestens ein Elternteil wurden nicht mit einer deutschen Staatsangehörigkeit geboren.

Info

Migration
Wanderung von Menschen oder Menschengruppen mit dem Ergebnis eines nicht nur kurzfristigen Wohnsitzwechsels. Besondere Formen der Migration sind Emigration (Auswanderung), Immigration (Einwanderung) und Permigration (Durchwanderung).

Wirtschaftlicher Strukturwandel und Globalisierung

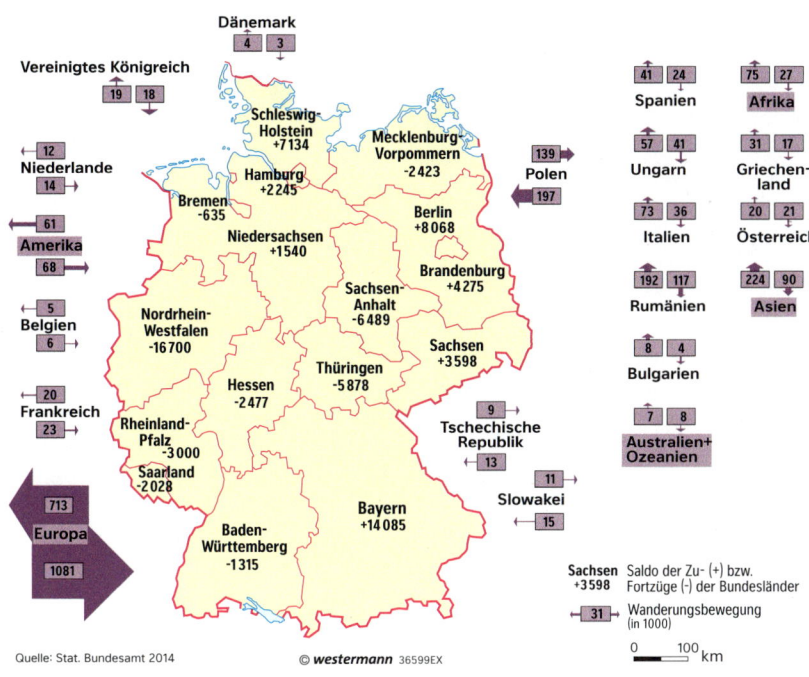

M2 Binnen- und Außenmigration in Deutschland (2014)

Gründe und Folgen der Binnenmigration

Die Gründe für die Binnenmigration sind sehr vielfältig. Hier spiegeln sich die Aussagen aus vielen Statistiken wider: Die Richtung der Binnenmigration hat sich teilweise umgekehrt. Viele Menschen ziehen wieder in den Osten Deutschlands.

Aber auch der Wegzug aus den ländlichen Gebieten in die großen Städte hat sich verstärkt. Das Angebot an kulturellen Einrichtungen, Bildungs- und Arbeitsmöglichkeiten ist hier besser. Das hat für die Abwanderungsgebiete Folgen. Das Durchschnittsalter wird höher. Gesundheitseinrichtungen, Schulen und Geschäfte werden geschlossen. Die Lebensqualität sinkt.

In den wachsenden Städten braucht man nun mehr Schulen, Kitas, noch bessere Verkehrswege und Infrastruktureinrichtungen. Zudem werden Wohnungen knapp und Mieten steigen.

[...] Die regionale Arbeitsmarktsituation spielt eine große Rolle für Wanderungsentscheidungen. Auch die angespannten Wohnungsmärkte in vielen westdeutschen Städten und die vergleichsweise günstige Lage im Osten dürften darauf Einfluss nehmen. Studenten zieht es wegen der niedrigeren Lebenshaltungskosten beispielsweise vermehrt an Universitäten in Ostdeutschland.

(Quelle: Astheimer, Sven: Warum mehr Wessis in den Osten ziehen, www.faz.net, 30.05.2016)

M3 Zeitungsbericht

[...] Soziologe Ralf-Burkhard Hamm: Zunächst ist es erst mal so, dass circa 50 Prozent der Binnenwanderer direkt in ein benachbartes Bundesland wandern [...]. Und dann ist ein Trend zu beobachten, bei dem sehr viele Menschen vom ländlichen Bereich in die Großstädte wandern. [...] Das bedeutet für die süddeutschen Bundesländer, [...] dass sie ihre Bevölkerungsstruktur deutlich verjüngen, weil in diesen Regionen der Zuzug der 18- bis 24-Jährige besonders hoch ist [...]. Ein weiterer Vorteil für die Region ist, dass natürlich Zuwanderer Erfahrungswissen und neue Ideen mitbringen und dass diese Fachkräfte [...] häufig einen Standortvorteil für die Region darstellen, weil Unternehmen natürlich auch berücksichtigen, wie viele Mitarbeiter sie dort finden können, die qualifiziert oder hoch qualifiziert sind [...].

(Quelle: Zerback, Sarah: Fremdenfeindlichkeit gibt es auch unter Deutschen. www.deutschlandfunk.de, 21.01.2015)

M4 Zeitungsbericht

Aufgaben

1. Vergleiche Binnen- und Außenmigration (M1, M2).
2. Erläutere die weltweiten Migrationsströme (M1).
3. Erkläre die Binnenwanderungen in Deutschland. Bewerte sie (M2, M3, M4).

Migrationsprozesse innerhalb Europas

[...] Oberste Priorität für die Azubis aus Italien, Polen, Portugal, Russland, Spanien, Syrien, Türkei und Ungarn: Alles sollte landestypisch sein. Denn der erste Creativ Cup Mecklenburg-Vorpommern [...] galt dem Motto „Die Welt kocht am Ostseestrand". [...] Die Idee, einen Wettbewerb speziell für ausländische Azubis ins Leben zu rufen, entstand dabei in Anlehnung an das Programm „MobiPro-EU" zur Förderung der beruflichen Mobilität. Seit 2013 [...] haben im Bezirk der IHK Rostock 518 junge Menschen aus zwölf Nationen überwiegend im Gastgewerbe eine Ausbildung begonnen. [...]

(Quelle: Tupeit, Claudia: Vereinte Azubis beim Creativ Cup. www.ahgz.de, 28.01.2017)

M1 Azubis aus anderen EU-Ländern in Deutschland

Info

Schengenraum

Am 19. Juni 1990 wurde zur Umsetzung des Schengener Abkommens von 1985 das Übereinkommen zur Durchführung des Schengener Abkommens unterzeichnet. Hierbei werden Ausgleichsmaßnahmen geregelt, die infolge der Abschaffung der Binnengrenzkontrollen einen einheitlichen Raum der Sicherheit und des Rechts gewährleisten sollen. Es handelt sich dabei um:
- einheitliche Vorschriften für die Einreise und den kurzfristigen Aufenthalt von Ausländern im Schengen-Raum
- die Bestimmung des für einen Asylantrag zuständigen Mitgliedstaates
- Maßnahmen gegen grenzüberschreitenden Drogenhandel
- polizeiliche Zusammenarbeit
- Zusammenarbeit im Justizwesen

Migration innerhalb der EU

Migrationsprozesse sind in Deutschland nichts Neues. Seit 1960 sind Migranten ein fester Bestandteil unseres Landes. Damals machten sie nur etwa zwei Prozent der bundesdeutschen Bevölkerung aus.

Einwanderer aus anderen EU-Ländern haben einen großen Anteil an der Gesamtzahl der Einwanderer nach Deutschland. Im Jahr 2015 waren es laut Bundesamt für Migration und Flüchtlinge (BAMF) rund 685 500 (ohne deutsche Staatsbürger).

Meist sind die EU-Migranten jung und überdurchschnittlich gut ausgebildet. So profitieren vor allem Unternehmen in Deutschland von dem zusätzlichen Arbeitskräfteangebot aus dem Osten Europas. Die Auswirkungen für die Herkunftsstaaten sind dagegen unterschiedlich. Sie profitieren zwar von Geldüberweisungen der Ausgewanderten an ihre Familien und dem Wegzug von Arbeitslosen. Es ziehen jedoch eher überdurchschnittlich Gebildete oder Fleißige um.

Auch in Osteuropa werden zu wenig Kinder geboren und die Bevölkerung schrumpft seit 1990. Dies zeigt sich besonders in Bulgarien und Rumänien, wo in manchen ländlichen Regionen meist nur Alte, Kranke und Kinder zurück bleiben.

Herkunftsländer	Einwanderer
Rumänien	174 800
Polen	148 000
Bulgarien	71 700
Kroatien	50 700

M2 Hauptherkunftsländer der EU-Einwanderer (2015)

Wirtschaftlicher Strukturwandel und Globalisierung

Push-Faktoren (Herkunftsländer)	Faktoren	Pull-Faktoren (Zielländer)
Bevölkerungswachstum	Bevölkerungsentwicklung	rückläufige oder stagnierende Bevölkerung
Arbeitslosigkeit, geringer Lohn, niedriger Lebensstandard	wirtschaftliche Faktoren	Arbeitskräftemangel, hohe Löhne und hoher Lebensstandard
mangelnde Bildungs- und Gesundheitsversorgung, fehlender Wohnraum, keine soziale Sicherung	soziale Faktoren	gute Bildungsmöglichkeiten, Gesundheitsversorgung, soziale Absicherung
Diktatur, Bürgerkrieg, Folter	politische Faktoren	Demokratie, garantierte Menschen- und Bürgerrechte
Benachteiligung wegen Zugehörigkeit zu Religions-, Volks- und Minderheitsgruppen	religiös-ethnische Faktoren	Religionsfreiheit, Minderheitenschutz
Überwachung durch den Staat, legale Diskriminierung	rechtliche Faktoren	Einwanderung möglich, Diskriminierungsverbot, Rechtssicherheit
Umweltkatastrophen, Wassermangel, Wüstenbildung, Bodenerosion, Klimawandel	ökologische Faktoren	Ressourcen- und Umweltschutzmaßnahmen, intakte Umwelt

M3 Gründe für Migration und Flucht

Migration über die Grenzen der EU hinaus

Migration tritt weltweit auf. Die wichtigste Triebkraft hierbei ist die Globalisierung. Sie wirkt jedoch nicht unbeschränkt, denn viele Länder nehmen Einfluss auf Zu- und Abwanderung. Ebenso machen vor Unterdrückung und Verfolgung Flüchtende einen großen Teil der weltweiten Wanderungen aus.

Die Entscheidung für eine Migration ist für den Einzelnen sehr schwerwiegend, verlässt er doch sein Umfeld aus Familie, Nachbarn und Freunden. Andererseits übt auch das Aufnahmeland eine Anziehungskraft aus.

In Anbetracht der Zunahme der weltweiten Wanderungen fällt es vielen Regierungen schwer, Grenzen für die Zuwanderung zu ziehen.

In Schwellenländern, wo sich die Wirtschaft sehr schnell entwickelt, kommt es zu einer starken Mobilität der Arbeitskräfte auch über Grenzen hinweg.

In den wirtschaftlich weniger entwickelten Staaten ist die Rücküberweisung von Geld durch die Migranten an die Familie ein wichtiger Beitrag zum Familieneinkommen und damit für die Volkswirtschaft.

In den Jahren 2015 und 2016 gab es aufgrund der politischen Lage große Flüchtlingsströme nach Deutschland.

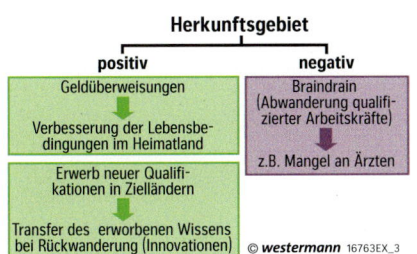
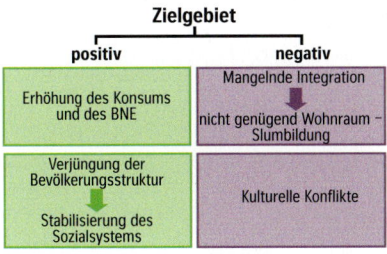

M4 Folgen der Migration

Aufgaben

1 Begründe die Möglichkeit der Migration innerhalb der EU.

2 Beschreibe, welche Bevölkerungsgruppen innerhalb der EU wandern. Begründe (M1, M2).

3 Recherchiere Gründe für das Auswandern von Deutschen (M3, Internet).

4 Diskutiert die positiven und negativen Folgen der Migration (M4).

Migration in Mecklenburg-Vorpommern

M1 Wohnen in Löcknitz

M3 Neubauprojekt des Rostocker Wohnungsunternehmens WIRO

Bevölkerungsentwicklung und Zuwanderung

Viele Jahre war die Bevölkerungszahl in Mecklenburg-Vorpommern rückläufig. Seit 2013 ist eine Wende erkennbar. Insgesamt war im Jahr 2014 ein Anstieg der Zuzüge um 11,1 Prozent und ein Absinken der Fortzüge um 3,5 Prozent im Vergleich zum Vorjahr zu verzeichnen.

Ein großer Teil der Schulabgänger findet inzwischen Ausbildungsplätze im eigenen Bundesland. Zunehmend macht sich aber der Fachkräftemangel in Mecklenburg-Vorpommern bemerkbar. Ein Problem für viele Fachkräfte sind die niedrigen Löhne. Die Zuwanderung betrifft meist nur die größeren Städte. Im ländlichen Raum, wo Arbeitsplätze fehlen, ist die Abwanderung nach wie vor groß.

In den Städten macht sich daher allmählich ein Mangel an Wohnraum bemerkbar. Wurden bis vor wenigen Jahren leerstehende Wohnungen noch abgerissen, ist man jetzt um Neubau bemüht. So wird beispielsweise in Rostock jede freie Fläche, die für den Wohnungsbau nutzbar ist, in den kommenden Jahren bebaut werden. Die Folge des sinkenden Freistandes von Wohnungen sind steigende Mieten.

Obwohl sich in Deutschland der Wanderungsgewinn zum größten Teil aus dem verstärkten Zuzug nichtdeutscher Personen ergab, gibt es in Mecklenburg-Vorpommern verhältnismäßig wenige Zuwanderer aus dem europäischen Ausland.

In beiden Löcknitzer Schulen (Europaschule und Regionale Schule) ist es möglich, Polnisch beziehungsweise Deutsch als Fremdsprache zu lernen. In der Europaschule Löcknitz (Deutsch-Polnisches Gymnasium) wird teilweise zweisprachig unterrichtet und man kann sowohl das polnische als auch das deutsche Abitur ablegen.

M2 Schulen in Löcknitz

Jahr	2005	2012	2013	2015
Einwohnerzahl	1 707 700	1 600 300	1 596 500	1 612 362
Zuzüge	30 340	34 690	37 799	58 222
Fortzüge	37 692	35 305	34 930	38 249

M4 Entwicklung der Einwohnerzahl in Mecklenburg-Vorpommern

Wirtschaftlicher Strukturwandel und Globalisierung

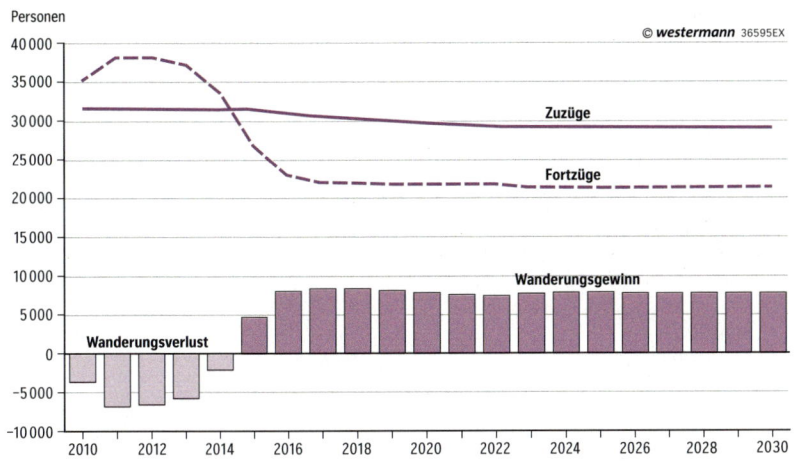

M5 Prognose der Zu- und Fortzüge Mecklenburg-Vorpommerns

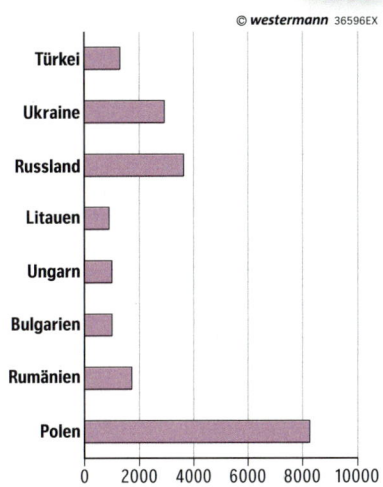

M7 Herkunft europäischer Migranten in Mecklenburg-Vorpommern (2014)

[...] Immer, wenn man das vorpommersche Papendorf Richtung Osten durchquert, bekommt man schlagartig fünf bis sechs polnische Sender ins Autoradio [...] – sehr zur Freude der etwa 2 500 Polen, die seit Anfang der 2000er-Jahre auf der deutschen Seite der Grenzregion von Polen und Mecklenburg-Vorpommern leben.

Viele von ihnen haben sich in Löcknitz niedergelassen, das vor allem weniger betuchte Stettiner mit vielen leeren, preiswerten Plattenbauwohnungen lockte. Auch Elzbieta konnte sich keine vergleichbare Wohnung in Stettin leisten, sagt sie, als sie ihren Nachbarn mit einer Suppe besucht.

„Habe gekocht eine wunderschöne Suppe. – Ach, ein Paradies!" Er lacht: „Sie secht ja nu immer, dat is ein Paradies. Ick mein, Paradies is ja nu wat andret, ne."

Herr Michmanns weiß, dass Elzbieta die Natur, die herrlichen Gärten, die Ruhe meint und nicht so sehr die Tatsache, dass die Gegend hier finanziell gesehen eher arm ist. Und ein wenig unsicher. Denn da sind die vielen Laubeneinbrüche in der Grenzregion, das organisierte Verschieben von Autos, von Kupfer und neuerdings auch von landwirtschaftlichen Geräten [...]. Ein altes Polen-Klischee scheint sich zu bestätigen.

Doch Herr Michmanns meint: „Ick sach, man kann die ja nu nich all immer über einen Kamm scheren. Man muss die Leute auch kennenlernen, und zwischen den Deutschen gibt es ja auch solche Halunken, muss man sagen. Dat is doch so. Ick persönlich oder wir hier in der Umgebung haben keine schlechten Erfahrungen gemacht mit den Leuten. Die sind hilfsbereit und nett, einwandfrei."

Doch eines versteht er nicht: Dass eine absolute Mehrheit der Polen voriges Jahr die nationalkonservative Partei „Recht und Gerechtigkeit" gewählt hat. Die regiert nun zum zweiten Mal [...] und wehrt sich mit sehr drastischen Worten gegen die Aufnahme von Flüchtlingen.

„Es gibt ja solche, die sind richtig bald rassistisch, muss man sagen. Und so wat kann ick ja nu gar nich ab." [...]

(Quelle: Hasselmann, Silke: Deutsch-polnische Befindlichkeiten. www.deutschlandradiokultur.de, 26.01.2016)

M6 Pressemeldung

Aufgaben

1. Vergleiche die Wohnmöglichkeiten in Löcknitz und Rostock (M1, M3, Internet).
2. Nimm Stellung zu dem Sprachangebot der Schulen in Löcknitz (M2).
3. Beschreibe die Entwicklung der Einwohnerzahl in Mecklenburg-Vorpommern. Ziehe Schlussfolgerungen (M4).
4. Erkläre und begründe die Wanderungsprognose für Mecklenburg-Vorpommern (M5).
5. Gib die in M6 dargestellten Ansichten wieder und bewerte sie.
6. Lokalisiere und begründe die Herkunft europäischer Migranten in Mecklenburg-Vorpommern (M7, Atlas).

55

Die Stadt

Kreismodell

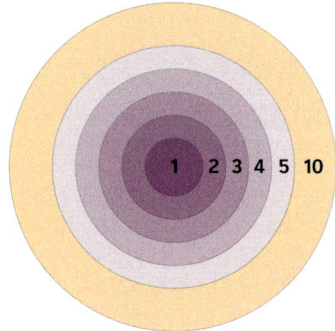

Sektorenmodell

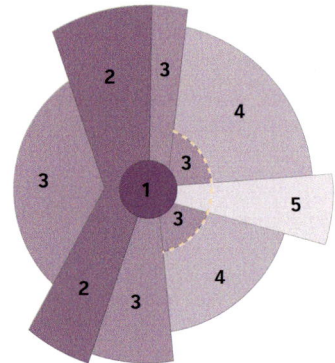

Mehrkernmodell

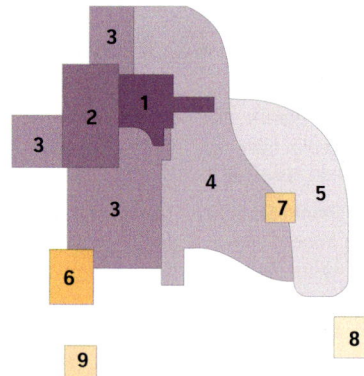

1 Hauptgeschäftszentrum
2 Großhandel, Leichtindustrie
3 Wohnviertel mit niederem Status
4 Wohnviertel des Mittelstandes
5 gehobenes Wohnviertel
6 Schwerindustrie
7 Nebengeschäftszentrum (zweiter Wachstumskern)
8 Wohnvorort
9 Industrievorort
10 Pendlereinzugsbereich

M1 Modelle der funktionalen Gliederung einer Stadt

M2 Historischer Stadtkern von Wismar

Merkmale und Gliederung einer Stadt

Städte erkennt man an ihren im Vergleich zu umliegenden Siedlungen größeren Einwohnerzahlen. Die Bevölkerung setzt sich aus vielen verschiedenen Menschen zusammen, die in einer dichten Bebauung leben. Es gibt besonders viele Ein-Personen-Haushalte und Familien mit nur einem Kind. Stadtviertel haben sich herausgebildet und gliedern die Stadt.

Vom Stadtkern nach außen sinken die Höhe der Mieten und Lebenshaltungskosten. Die Wohn- und Arbeitsplatzdichte nehmen ab. Die Einwohner sind meist im sekundären und tertiären Sektor tätig, die Landwirtschaft hat hier nur einen sehr geringen Anteil. Städte sind immer auch Verkehrszentren.

Anhand dieser Merkmale können Modelle zur funktionalen Gliederung einer Stadt unterschieden werden.

Dazu gehört das Ringmodell, welches man häufig in historisch gewachsenen Städten findet. Beim Sektorenmodell sind die Stadtteile durch Verkehrsachsen voneinander getrennt.

Das Mehrkernemodell ist dort zu finden, wo Orte eingemeindet wurden und so mehrere kleinere Citybereiche vorhanden sind. Dies ist meist in besonders großen Städten der Fall.

Info

Definition Stadt

Eine Stadt spielt in sozio-ökonomischer, politischer und kultureller Hinsicht eine führende Rolle unter den Siedlungen eines Raumes. Sie fungiert als Innovationszentrum des sozialen und technologischen Wandels.

Wirtschaftlicher Strukturwandel und Globalisierung

M3 Luftbildaufnahme von Güstrow

M5 „Der Schwebende"

Kreisstadt Güstrow

Güstrow ist die Kreisstadt des Landkreises Rostock und liegt etwa 40 km südlich von Rostock. Wie die meisten europäischen Städte wurde Güstrow in der Stadtgründungsphase des Mittelalters gegründet.
Fürst Heinrich Borwin verlieh dem Ort 1228 das Stadtrecht. In dieser Zeit wurde auch mit dem Bau des Doms begonnen, des ältesten Bauwerkes der Stadt. Im 16. und 17. Jahrhundert lebten Herzog Ulrich zu Mecklenburg und Albrecht von Wallenstein im Güstrower Renaissance-Schloss. Auf der Luftbildaufnahme von Güstrow ist am „grünen Gürtel" im Westen der Stadt noch der Verlauf der mittelalterlichen Stadtmauer erkennbar.
Die Güstrower Altstadt weist auch heute noch Gebäude aus dem 18. Jahrhundert auf. Diese wurden im Zweiten Weltkrieg nicht zerstört, da die Stadt kampflos übergeben wurde. Die historische Altstadt ist heute das Zentrum der Kreisstadt.
Wie beim Ringmodell hat sich im Laufe der Jahre die Stadt ringförmig vergrößert. Heute befindet sich im Norden ein Industrie- und Gewerbegebiet und an die Altstadt schließen sich Wohngebiete an.
Seit 2006 führt die Stadt den Namenszusatz Barlachstadt.

Info

Ernst Barlach

Ernst Barlach war ein Bildhauer und Künstler, der von 1910 bis 1938 in Güstrow lebte und arbeitete. Hier schuf er auch den „Schwebenden". Seine Werke wurden von den Nationalsozialisten als „entartet" bezeichnet und verboten.

Jahr	Einwohner	Jahr	Einwohner	Jahr	Einwohner
1871	10 782	1944	29 000	2005	31 083
1900	16 882	1988	38 854	2010	30 018
1919	19 810	2000	32 323	2015	30 124

M4 Entwicklung der Einwohnerzahl von Güstrow

Aufgaben

1 Beschreibe die Merkmale einer Stadt (M1–M4).
2 Erkläre das Ringmodell am Beispiel der Stadt Güstrow (M1, M3, Internet).
3 Fertige einen Steckbrief deiner Heimatstadt an.

Die Stadt – Beispiel Berlin

M1 Stadtansicht Berlin

Info

Steckbrief Berlin (2015)
- 3,5 Mio. Einwohner
- Ausländeranteil 16,5 %
- 1,29 Mio. Arbeitsplätze, davon 13 % produzierendes Gewerbe 87 % Dienstleistungen
- > 2,5 Mio. Pendler
- 10,6 % Arbeitslose
- Kaufkraft etwa 17 500 € pro Jahr
- 9,9 Mio. Touristen pro Jahr
- 28,7 Mio. Übernachtungen
- 30 Mio. Fluggäste
- Hauptbahnhof: 300 000 Reisende und 1 200 Züge täglich
- Nahverkehr: 10 U-Bahn-, 15 S-Bahn-, 22 Straßenbahn- und 149 Buslinien
- Zweitgrößter Binnenhafen, 900 km Wasserstraßen
- 5 400 km Straßennetz

Berlin – Hauptstadt und politisches Zentrum

Als Hauptstadt hat Berlin besondere Aufgaben zu erfüllen. Eine Hauptstadt ist das politische Zentrum eines Staates, ein wichtiges Wirtschaftszentrum, ein Verkehrsknotenpunkt sowie ein Kultur- und Bildungszentrum.

Diese Funktionen erfüllt Berlin schon seit 1709, als Berlin zur königlichen Hauptstadt Preußens ernannt wurde. Von 1871 – 1945 war Berlin die Hauptstadt des Deutschen Reiches. Das Reichstagsgebäude als Regierungssitz entstand von 1884 – 1894 am heutigen Platz der Republik. Nach dem Zweiten Weltkrieg behielt der Ostteil Berlins seine Hauptstadtfunktion für die DDR bis zu ihrem Ende 1990.
Seit der Wiedervereinigung ist Berlin wieder die Hauptstadt Deutschlands. Damit ist sie auch wieder zum politischen Zentrum unseres Landes geworden. Entlang der Spree wurden viele neue Gebäude für Regierung und Parlament, wie beispielsweise das Bundeskanzleramt, errichtet, die das Regierungsviertel bilden.

Berlin ist ein bedeutender internationaler Verkehrsknotenpunkt. Wichtige Autobahnen, Eisenbahnlinien, Fluglinien und Wasserwege kreuzen sich hier. Das innerstädtische, gut ausgebaute Verkehrsnetz aus S- und U-Bahnlinien, Straßenbahnen und Bussen wird intensiv genutzt.

Gegenüber dem teilweise dünn besiedelten brandenburgischen Umland hat Berlin eine überragende Bedeutung. Man spricht dabei von einem Bedeutungsüberschuss.

Wirtschaftlicher Strukturwandel und Globalisierung

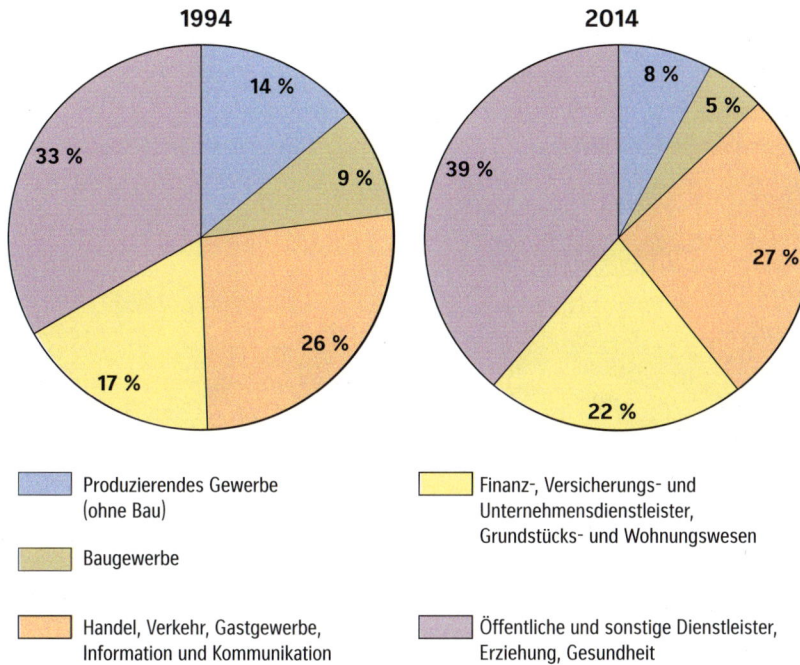

M2 Entwicklung der Wirtschaftsbereiche in Berlin

Berliner Firmen	Beschäftigte
Deutsche Bahn AG	19 466
Charité – Universitätsmedizin Berlin	16 800
Vivantes Netzwerk für Gesundheit GmbH	14 714
Berliner Verkehrsbetriebe (BVG) – AöR	13 776
Siemens AG	11 818
Deutsche Telekom AG	6 833
EDEKA Minden-Hannover Stiftung & Co. KG	6 831
Deutsche Post DHL Group	6 500
WISAG-Gruppe	6 466
Daimler AG	6 203

M3 Die größten in Berlin ansässigen Betriebe (2014)

Hochschulen und Forschungseinrichtungen	Anzahl
Universitäten	4
Kunsthochschulen	5
Fachhochschulen	7
Private Hochschulen	26
Außeruniversitäre Forschungseinrichtungen	67

M4 Wissenschaftseinrichtungen Berlins (2014)

Strukturwandel und Dienstleistungszentrum

Zu Beginn des 20. Jahrhunderts war Berlin eine europäische Industriemetropole mit weltweit bekannten Unternehmen, wie Siemens (gegründet 1847) und AEG (1883) in der Elektroindustrie sowie Schering (1864) in der chemischen Industrie. Die beiden Weltkriege und die politische Teilung der Stadt schwächten den industriellen Sektor.

Nach der Wiedervereinigung 1990 setzte sich unter veränderten gesellschaftlichen Bedingungen die Deindustrialisierung insbesondere im Ostteil fort. Ein enormer Arbeitsplatzverlust war zu verzeichnen und große Brachflächen entstanden.

Wirtschaftsmotor der Stadt ist der Dienstleistungssektor, dem heute über 80 Prozent der Unternehmen und 87 Prozent aller Erwerbstätigen angehören.

Um die Wirtschaft voranzutreiben, wollen Berlin und Brandenburg eine gemeinsame Innovationsstrategie entwickeln. Aktuell sind die Medien-/Informations- und Kommunikationswirtschaft, die Umwelt-, Verkehrssystem-, Energie- und Medizintechnik Säulen der Wirtschaft.

Inzwischen werden ehemalige Freiflächen durch neue Bürogebäude, Einzelhandelszentren und Technologieparks genutzt. Die beiden größten befinden sich in Adlershof (Wista) und Buch. Dort ergänzen sich Wissenschaft und Wirtschaft bei Forschung und Entwicklung. Das geschieht durch eine enge Zusammenarbeit mit den Universitäten und Fachhochschulen, wo zahlreiche qualifizierte Fachkräfte ausgebildet werden. So sollen neue Märkte erschlossen werden.

Aufgaben

1. Erläutere anhand von Beispielen die Funktionen einer Hauptstadt (M2–M4, Atlas).
2. Fertige eine Übersicht zu den Standortfaktoren Berlins an (M1–M4, S. 32/M2, Atlas).
3. Stelle Zusammenhänge zwischen Forschungseinrichtungen und in Berlin ansässigen Konzernen her (M3, M4, Internet).
4. Erläutere, wie Berlin durch den Strukturwandel zum Dienstleistungszentrum wurde (M2).

Probleme der Stadt Berlin

M1 Alt neben neu in Berlin Friedrichshain

M3 Bauboom in Berlin Mitte

Wohnungsprobleme

Die Stadt Berlin übte schon immer eine große Anziehungskraft auf viele Menschen aus. Sie zogen nach Berlin, weil sie dort einen Arbeitsplatz gefunden haben, weil sie hofften, dort eine gut bezahlte Arbeit zu finden, um zu studieren oder einfach um einen neuen Lebensabschnitt zu beginnen. Sie alle benötigen bezahlbaren Wohnraum.

Für den Neubau von Wohnungen sind in Berlin aber nur noch wenige freie Flächen vorhanden. Die Anzahl der Wohnungen wächst erheblich langsamer als die Anzahl der Einwohner. Außerdem verschwinden durch Zusammenlegung kleinerer Wohnungen bei Sanierung und durch Abriss wiederum Wohnungen.

Name des neuen Stadtquartiers	Anzahl der Wohnungen
Elisabeth-Aue	5 000
Blankenburger Pflasterweg/Heinersdorf	5 000 – 6 000
Buch	2 000 – 2 500
Michelangelostraße	1 500 – 2 500
Johannisthal/Adlershof	2 000 – 2 500
Köpenick	3 500 – 4 500
Buckower Felder	500
Lichterfelde Süd	2 500 – 3 000
Wasserstadt Oberhavel	4 500 – 5 500
Gartenfeld	3 000 – 4 000
Schumacher Quartier	5 000
Europacity/Lehrter Straße	4 000

M2 Berlins neue Stadtquartiere

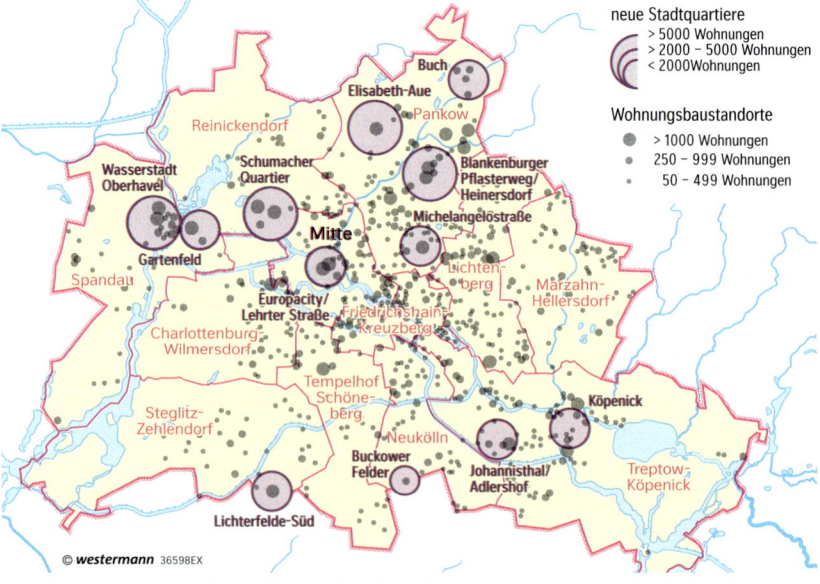

M4 Neue Wohngebiete in Berlin (2016)

Wirtschaftlicher Strukturwandel und Globalisierung

Berlin hat nur noch Platz für 155 000 Wohnungen

[...] Bis 2026 wollen Berlins sechs landeseigene Wohnungsbaugesellschaften im gesamten Stadtgebiet 60 000 neue Wohnungen bauen. [...]

Doch für die wachsende Stadt reicht das nicht aus: Rund 40 000 Menschen ziehen jedes Jahr in die Hauptstadt – die Zahl der Flüchtlinge ist dabei noch nicht mit eingerechnet. Und für landeseigenen Wohnungsbau stehen dem Senat nach eigenen Angaben derzeit noch 15 Prozent der freien Flächen in Berlin zur Verfügung.

Das ist Platz für nur noch 155 000 Wohnungen! „Um das Wachstum der Stadt bewältigen zu können, benötigen wir 15 000 bis 20 000 Wohnungen pro Jahr", sagt ein Senatssprecher. [...] Um die Großoffensive am Berliner Wohnungsmarkt zu schaffen, setzen die Wohnungsbaugesellschaften dabei vor allem auf kostensparende Bauweise. [...] Denn nur wenn Investitionskosten eingehalten werden, können auch Sozialmieten (6,50 Euro pro Quadratmeter Nettokaltmiete)

für ein Drittel der Neu-Wohnungen garantiert werden. [...]

40 Prozent aller neu vermieteten Wohnungen in Berlin gingen 2014 an Empfänger eines Wohnberechtigungsscheines (WBS). Allein 62 Prozent der 1-Personen-Haushalte (16 800 Euro Bruttoeinkommen) sind in Berlin WBS-berechtigt.

(Quelle: Reichardt, Victor: Berlin hat nur noch Platz für 155 000 Wohnungen. www.bz-berlin.de, 22.02.2016)

M5 Zeitungsbericht

Soziale Umstrukturierung

In Berlin ist ebenso wie in vielen anderen Großstädten zu beobachten, dass besserverdienende Menschen in innenstadtnahe, sanierte Altbauten ziehen, die vor ihrer Sanierung niedrige Mieten aufwiesen. Somit werden teilweise Altmieter verdrängt, die sich die Mieten der sanierten Wohnungen nicht mehr leisten können. Sie weichen dann in Stadtteile mit geringeren Mieten aus wie die Plattenbausiedlungen am Stadtrand in Marzahn und Hellersdorf.

Der Stadtentwicklungsplan Berlins versucht, diesem Trend entgegenzuwirken, indem er Leitziele aufstellt. So soll Berlin eine Stadt der kurzen Wege (kompakte Stadt), eine sozial und funktional gemischte Stadt (gemischte Stadt) sein und es sollen vorrangig Flächen innerhalb des bestehenden Stadtgebietes genutzt werden (Innenentwicklung vor Außenentwicklung).

Da viele Neubauten privatwirtschaftlich entstehen, ist dieses Ziel nicht einfach zu erreichen.

Hier sind die landeseigenen Wohnungsbaugesellschaften gefordert.
Sie versuchen, mit verschiedenen Vorgehensweisen neuen Wohnraum zu schaffen. Beispielsweise werden bestehende Häuser mit weiteren Etagen versehen. Es wird auch eine Beteiligung der Mieter bei der Errichtung von Wohnungen in Betracht gezogen. Dies geschieht in Form von Wohnungsbaugenossenschaften.

Bemängelt werden häufig die zahlreichen Auflagen für Neubauten (beispielsweise für Energieeinsparungen), da diese zu höheren Mieten führen.

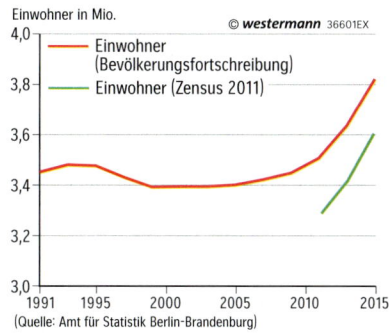

M6 Einwohnerentwicklung Berlins

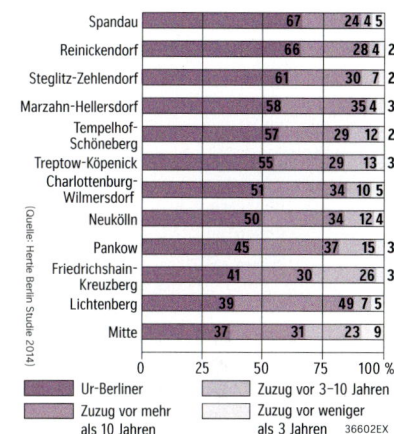

M7 Anteil Zugezogener in Berliner Stadtbezirken (2014)

Aufgaben

1. a) Erläutere die Entwicklung der Einwohnerzahl Berlins (M6, M7).
   b) Begründe, warum viele Menschen nach Berlin ziehen.
2. Beschreibe und bewerte die Lage der neuen Wohngebiete in Berlin (M1 – M4, Atlas).
3. Überlege, welche Möglichkeiten die Stadt Berlin hat, um nach Ausschöpfung des vorhandenen Platzes weiteren Wohnraum zu schaffen (M4).

Europäische Verkehrsachsen

M1 Warentransport per Lkw

M2 Kohletransport mit Binnenschiff

Verkehrswege und ihre Bedeutung

Schon von jeher mussten die Menschen, um Handel treiben zu können, ihre Waren zu verschiedenen Orten transportieren. Dafür bedienten sie sich verschiedener Transportmittel. Im Laufe der Zeit wurden die Transportmittel und Verkehrswege immer weiter ausgebaut. Neue kamen hinzu. So verfügen wir heute über eine große Vielfalt an Verkehrsmitteln, um Güter und Personen weltweit zu transportieren bzw. zu befördern. Im Wettbewerb des Transportgewerbes werden die Waren immer schneller transportiert. Das erfordert einen immer besseren Ausbau der Verkehrsnetze, oft zu Ungunsten der Natur. So werden beispielsweise Flüsse begradigt, um einen kurvenärmeren Verlauf zu erhalten. Dies führt zu einer schnelleren und heftigeren Ausbreitung von Hochwasser.

Fahrrinnen in Seehäfen werden vertieft, damit immer größere Hochseeschiffe die Häfen anlaufen können. Flughäfen erhalten zusätzliche Landebahnen, zum Beispiel um mehr Waren umschlagen und Passagiere befördern zu können. Für Anwohner entsteht hierbei eine erhöhte Belastung durch Fluglärm. Erhöhte Lärmpegel sind auch beim Ausbau des Schienennetzes zu verzeichnen. Die Güterzüge können mit immer höheren Geschwindigkeiten fahren. Auch Straßen und Autobahnen sind davon betroffen. Immer mehr und immer größere Lkw (Longliner) sind unterwegs und tragen zu einer höheren Lärm- und Luftverschmutzung bei.

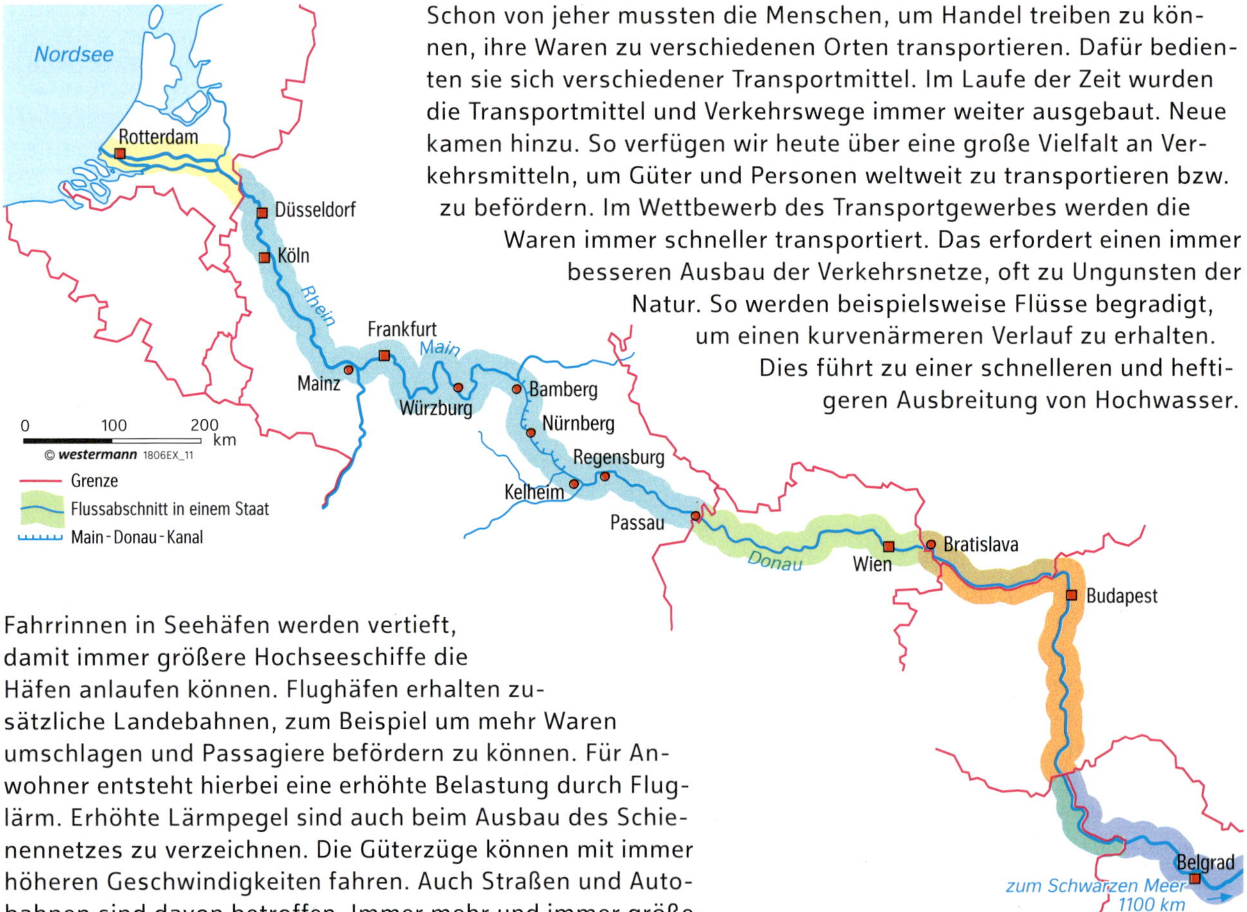

M3 Mit dem Binnenschiff von Rotterdam Richtung Schwarzes Meer

Wirtschaftlicher Strukturwandel und Globalisierung

M4 Luftfracht – schneller Gütertransport

M5 Containerumschlag

Personen- und Güterverkehr

Von uns benötigte Nahrungsmittel, Industriegüter, Baumaterialien usw. erfordern einen hohen Transportaufwand. Dabei hat in den letzten Jahren der Transport in Containern sehr stark zugenommen. Sie haben den Vorteil, durch ihre genormte Größe vielseitig eingesetzt zu werden. In Spezialcontainern können sogar Flüssigkeiten oder gekühlte Waren sicher transportiert werden.

Für leichtverderbliche Waren greift man auf schnelle Transportmittel wie Lkw oder bei großen Entfernungen auf Flugzeuge zurück. Andere Güter, wie Baumaterialien oder Rohstoffe, werden mit Schiffen oder per Eisenbahn transportiert. Diese Art ist zwar langsamer, aber dafür deutlich kostengünstiger als mit dem Lkw. Auch Pipelines zählen zu den Güterverkehrsstrassen. Sie werden für den länderübergreifenden Transport von Flüssigkeiten und Gasen genutzt.
Neben dem Güterverkehr kommt auch dem Personenverkehr eine immer größere Bedeutung zu.

Viele Menschen sind auf Verkehrsmittel angewiesen, um ihren Arbeitsplatz zu erreichen. Dazu nutzen sie vor allem in ländlichen Regionen häufig den eigenen Pkw.

Ist das öffentliche Verkehrsnetz gut ausgebaut, wie beispielsweise in Großstädten, wird es durch Pendler stark genutzt. Sie tragen maßgeblich dazu bei, dass zu bestimmten Zeiten (Berufsverkehr) immer wieder Staus entstehen. Das passiert auch zu Beginn und zum Ende der Schulferien, wenn viele Menschen verreisen oder auch am Wochenende durch den Ausflugsverkehr.

Um diese Situation durch den Güterverkehr nicht noch zu verschärfen, gibt es in vielen europäischen Ländern ein Sonntagsfahrverbot für Lkw. Dies ist allerdings innerhalb der EU heftig umstritten. Für den Transport leicht verderblicher Waren, wie Milch, Fleisch oder Schlachtvieh, gelten in vielen EU-Ländern deshalb Ausnahmeregelungen.

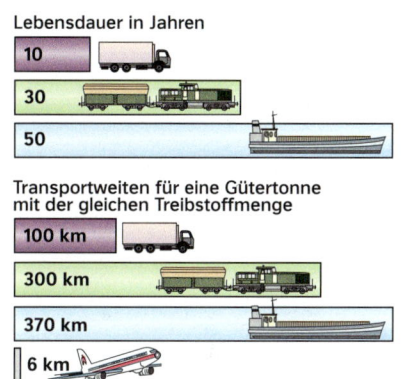

M6 Vergleich der Verkehrsmittel

Aufgaben

1 Erläutere die Bedeutung der einzelnen Verkehrsmittel für den Transport (M1, M2, M4, M5, M6).

2 Gib für die genannten Verkehrsmittel jeweils wichtige Transportachsen in Europa an (Atlas).

3 Erläutere, warum der Rhein eine so große Bedeutung für den Seehafen Rotterdam hat (M3).

Analyse des Heimatraumes

M1 Bützow – eine typische Kleinstadt in Mecklenburg-Vorpommern

M2 Mecklenburg-Vorpommern – Küstenlandschaft auf Rügen

Mögliche Aspekte einer Analyse

Einen Raum analysiert man unter verschiedenen Gesichtspunkten. Dazu gehört zum einen der Naturraum mit dem Relief, Klima, Wasserhaushalt, Bios, Boden und dem geologischen Bau. Zum anderen können auch die Humanfaktoren, wie die Bevölkerung, die Wirtschaft, oder die Siedlungstruktur, für eine Analyse herangezogen werden.

Ebenso können die Landwirtschaft mit Ungunsträumen (Griese-Gegend) und Gunsträumen (Uckermark) oder auch eine Stadt wie Wismar oder Neubrandenburg bzw. ein bedeutendes Wirtschaftsgebiet analysiert werden.

Die Ergebnisse der Analyse können auf die unterschiedlichsten Arten präsentiert werden.

Raumanalyse

Naturfaktoren
- Boden/geologischer Bau
- Wasser
- Rohstoffe
- Relief
- Klima/Wetter
- Pflanzen und Tiere

Humanfaktoren
- Bevölkerung
- Siedlungen
- Verkehr/Infrastruktur
- Wirtschaft (Agrar-, Industrie-, Dienstleistungssektor)

So gehst du vor

Anfertigung einer Facharbeit
Wähle dein Thema

- Sammle Material, sichte und sortiere es.
- Ordne das Material und filtere es.
- Nun formuliere das exakte Thema.
- Erstelle eine Gliederung (achte auf Einleitung, Hauptteil, Schluss).
- Verfasse erste Texte.
- Korrigiere die Gliederung, falls nötig.
- Entwirf deine Arbeit, beachte die Formatierungsvorgaben für Inhalts- und Quellenverzeichnis sowie für den Fließtext (5 bis 8 Seiten).
- Beachte, dass Texte, die aus Quellen und Zitate einfach bearbeitet und übernommen sind, entsprechend gekennzeichnet werden.
- Bitte jemanden darum, Korrektur zu lesen.
- Nutze die Konsultationstermine mit deinem Fachlehrer.

So gehst du vor

Anfertigung eines Portfolios
Bei der Erstellung eines Portfolios legt ihr eine Sammlung von Materialien und eigene Ausarbeitungen zu einem speziellen Thema an. Die Auswahl an Materialien sollte dabei vielfältig sein.

1. Vorüberlegungen: Legt das Thema, die Gruppengröße (bis zu vier Teilnehmer), die Präsentationsform und den Zeitrahmen fest.
2. Tragt möglichst viele Materialien zusammen.
3. Prüft, ob das Material zum Thema passt.
4. Stellt ein Portfolio mit dem ausgewählten Material zusammen.
5. Präsentiert das Portfolio in einer Mappe, einer Wandzeitung oder einer Computerpräsentation.

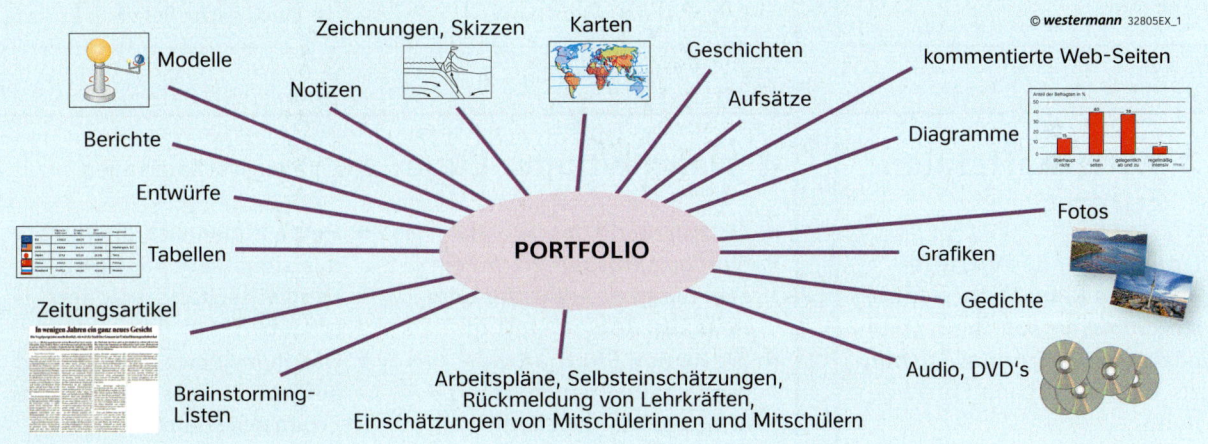

So gehst du vor

Anfertigung einer Präsentation
Präsentationen dienen zur Unterstützung von Kurzvorträgen.

- Gestalte zuerst die Titelfolie.
- Wähle die wesentlichsten Informationen für die anderen Folien aus.
- Gestalte die Folien übersichtlich und ansprechend.
- Informationen gibst du in Stichpunkten an.
- Verwende Fotos und Grafiken, um deine Informationen interessant zu machen.
- Weniger ist mehr – sei sparsam mit Farben und Schriftarten, dies jedoch für die gesamte Präsentation.
- Gleiches gilt für die Animation der Folien.
- Übe den Vortrag zusammen mit der Präsentation.
- Achte auf die Zeit.
- Lass Fragen deiner Mitschüler zu.

Aufgaben

1 Analysiere deinen Heimatraum. Wähle aus folgenden Themen aus.
   a) Der Einfluss der Eiszeit auf die Formung des Naturraumes (M2, Atlas, Internet).
   b) Ungunsträume bzw. Gunsträume der heimischen Landwirtschaft (M2, Atlas, Internet).
   c) Meine Heimatstadt – eine Analyse (M1, Atlas, Internet).
   d) Bedeutende Wirtschaftsstandorte meines Heimatgebietes (Atlas, Internet).

Gewusst – gekonnt

1 Löse das EU-Quiz.

1. Wie heißt das flächenkleinste Land der EU?
2. Wie heißt das flächengrößte Land der EU?
3. Welches Land der EU hat neun Nachbarstaaten?
4. In welchem EU-Land liegt der höchste Berg Europas?
5. Welches Land der EU wird „Land der Seen" genannt?
6. Welche Länder der EU sind Inseln?

3 Nur eine Antwort ist richtig. Kreuze sie an.

1. In welchem Land ist der Euro nicht die offizielle Währung?
   A Polen   C Malta
   B Slowakei   D Portugal

2. Seit wann ist Rumänien EU-Mitglied?
   A 1986   C 1995
   B 2004   D 2007

3. Welches europäische Land ist nicht EU-Mitglied?
   A Finnland   C Norwegen
   B Schweden   D Dänemark

4. Wofür steht der Begriff „Euregio"?
   A Europäisches Parlament
   B Europäischer Rechnungshof
   C Grenzüberschreitende Zusammenarbeit
   D Europäische Politik

2 Wirtschaftsraum Europa

Ordne folgende Punkte jeweils den Kategorien „zentraler Raum Europas" bzw. „peripherer Raum Europas" richtig zu. Begründe deine Entscheidung.

- viele Arbeitsplätze im tertiären Wirtschaftssektor
- London
- Blaue Banane
- Rumänien
- Länder an den Außengrenzen Europas
- Hamburg
- viele Arbeitsplätze im primären Wirtschaftssektor
- international bedeutende Unternehmen
- Slowenien
- Sunbelt
- Mangel an Bildungsmöglichkeiten
- gute Verkehrsinfrastruktur
- Deutschland
- Karpaten
- niedrige Lohnkosten

4 Wahrheit oder Lüge? Berichtige Falschaussagen.

- Bis zum Ende des 18. Jahrhunderts wurden Waren einzeln durch Handwerker oder Heimarbeiter angefertigt.
- Die Region Stuttgart war schon immer von Rohstoffarmut gekennzeichnet.
- Im Industriegebiet Halle/Leipzig war die Chemieindustrie sehr bedeutsam.
- Heute haben sich die Altindustriegebiete häufig zu Landwirtschaftsregionen umgebildet.
- Das Ruhrgebiet bildete sich aufgrund reicher Erdöl- und Erdgasvorkommen heraus.
- Leipzig ist noch immer eine wichtige Messestadt.

5 Deutsche Auswanderer (2015)

a) Ermittle die Gesamtzahl der Auswanderer aus Deutschland.
b) Berechne den prozentualen Anteil der Auswanderer in die USA.
c) Zeichne ein Säulendiagramm zu den Werten der Auswanderung.
d) Recherchiere. Wähle ein Land aus und berichte über die Gründe, warum Deutsche dorthin auswandern.

Land	Anzahl
Schweiz	18 266
USA	13 438
Österreich	10 239
Großbritannien	8 917
Türkei	6 750
Spanien	6 216
Frankreich	5 863
Polen	5 536
Australien	3 523
Niederlande	3 384
China	2 729
Russland	2 341
andere Länder	51 078

6 Hauptstadt Berlin

a) Finde heraus, welche der Sehenswürdigkeiten nicht aus Berlin ist.
b) Benenne alle Sehenswürdigkeiten.

7 Begriffe aus der Landwirtschaft

Finde die zehn Begriffe aus der Landwirtschaft.

L	I	E	T	P	L	I	F	R	E	Q	Z	R	R	K
K	O	M	S	R	M	T	A	J	N	M	O	B	A	W
U	N	G	U	N	S	T	R	A	U	M	I	D	P	O
R	S	G	R	K	R	N	B	G	K	O	Y	A	S	J
F	T	M	Z	Y	E	Q	Q	R	L	H	V	Y	T	P
F	R	F	E	Z	X	X	O	A	E	H	P	D	H	V
S	Z	U	I	D	A	W	N	R	F	M	B	C	B	Q
Q	C	E	C	P	F	D	P	M	F	Q	E	A	X	W
O	W	H	B	H	B	I	E	A	O	B	O	D	E	N
D	C	E	A	A	T	Z	R	R	T	O	S	Y	N	I
U	Q	U	U	F	U	F	Y	K	R	X	B	A	L	D
E	I	X	A	G	B	T	O	T	A	H	E	Q	N	X
X	S	R	O	P	T	K	F	L	K	N	U	C	X	J
M	U	A	R	T	S	N	U	G	G	M	I	D	Y	K
G	A	W	I	S	A	S	H	I	X	E	K	M	C	T

8 Alles Bio

Erläutere, was unter den in der Abbildung genannten Begriffen zu verstehen ist.

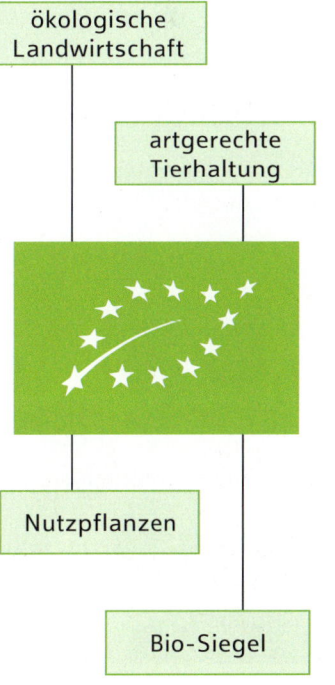

67

Globale Probleme der Welt

Mauer zwischen einer Favela und einer Gated Community in Buenos Aires (Argentinien)

Bevölkerungsverteilung auf der Erde

Wenn die Welt ein Dorf mit nur 100 Einwohnern wäre...

...wären davon:
- 16 Afrikaner
- 5 Nordamerikaner
- 10 Europäer
- 8 Lateinamerikaner
- 60 Asiaten (davon 22 Chinesen und 17 Inder)
- 1 Australier/Ozeanier

26 wären Kinder unter 15 Jahren. 8 wären älter als 65.
50 Menschen im Dorf sind Frauen. 50 sind Männer.

Armut
19 Bewohner würden von weniger als 1 US-Dollar am Tag leben. 12 Menschen hätten nicht genügend Wasser zur Verfügung.

Familienplanung
Im Durchschnitt bekämen die Frauen 2,5 Kinder.

2050

Zukunft
Die Zahl der Dorfbewohner würde jährlich um eine Person steigen. Im Jahre 2050 würden bereits 131 Menschen im Dorf leben:

- 34 Afrikaner
- 6 Nordamerikaner
- 10 Europäer
- 10 Lateinamerikaner
- 70 Asiaten
- 1 Australier/Ozeaner

M1 Die Welt als Dorf im Jahr 2017 und 2050

Die Verteilung der Weltbevölkerung

Rund 7,5 Milliarden Menschen leben derzeit auf unserer Erde. Stündlich kommen rund 16 700 Menschen dazu. Das sind 245 000 Menschen am Tag und rund 88 Millionen im Jahr, mehr als in ganz Deutschland leben.
Dabei verteilt sich die Weltbevölkerung nicht gleichmäßig auf die 148 Millionen Quadratkilometer Festlandfläche. Die Hälfte der Menschheit siedelt auf nur fünf Prozent der Fläche. Im Durchschnitt leben 52 Einwohner auf einem Quadratkilometer.
Früher waren natürliche Faktoren, wie lebensfreundliche Temperaturen, ausreichend Niederschläge, fruchtbare Böden und ein günstiges Relief, ausschlaggebend für die Besiedlung eines Raumes. Denn nur dort, wo ausreichend Nahrung produziert werden konnte, war das Überleben gesichert. Die Menschheit siedelt von der Steinzeit an vor allem in Gebieten, die klimatisch eine Durchschnittstemperatur von fünf bis 25 Grad Celsius haben und in denen es ausreichend Wasser gibt. Dazu zählen die Küstenregionen der Kontinente in den gemäßigten und tropischen Klimazonen. Die besiedelten Gebiete nennt man Ökumenen. Als Anökumenen bezeichnet man die unbewohnten Gebiete der Erde. Diese sind oftmals vegetationslos und weisen extreme klimatische Verhältnisse auf. Bestimmten früher ausschließlich natürliche Faktoren den Verlauf der Grenze zwischen Anökumenen und Ökumenen, so sind heute genügend Ressourcen und Arbeitsplätze vorwiegend Gründe für das Ansiedeln von Menschen in einem geographischen Raum.

Länder	Einwohner 2016 (in Mio.)
China	1 378,9
Indien	1 309,7
USA	323,98
Indonesien	258,8
Brasilien	193

M2 Bevölkerungsreichste Länder

Länder	Einwohner 2016 (in Mio.)
Monaco	38 581
San Marino	33 285
Palau	21 347
Tuvalu	10 959
Cook-Inseln	9 556

M3 Bevölkerungsärmste Länder

Globale Probleme der Welt

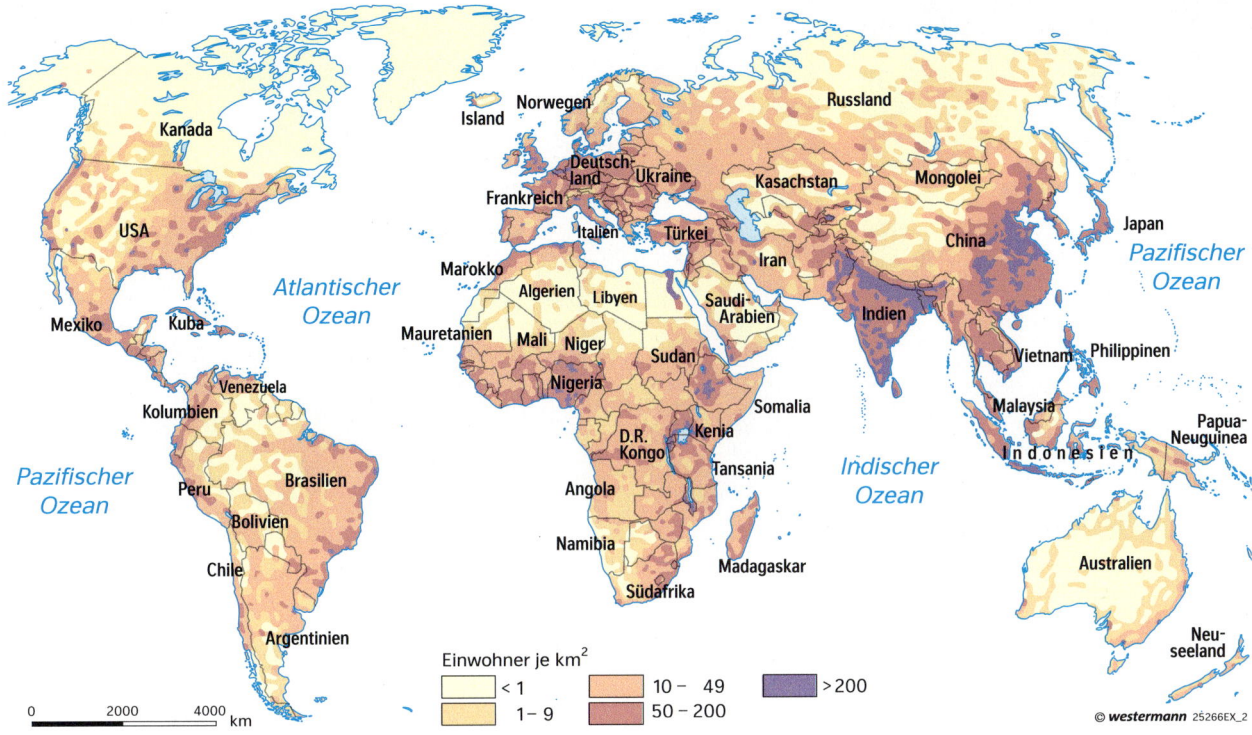

M4 Bevölkerungsdichte der Erde

Grenzen verschieben sich

Heute siedeln die Menschen auch in Gebieten, die nicht unbedingt für die Landwirtschaft geeignet sind, wie zum Beispiel in Alaska. Dort gibt es jedoch ausreichend Bodenschätze. Die technische Entwicklung macht es möglich, dort zu wohnen. Das Angebot von Arbeitsplätzen, Steuervorteile und Subventionen sind Anreize, neue Gebiete zu besiedeln, zum Beispiel in Norwegen oder auf der Insel Island.

Auf dem Kontinent Afrika sind die Menschen gezwungen, Gebiete landwirtschaftlich zu nutzen, die eigentlich keine guten natürlichen Voraussetzungen dafür bieten. Ein Beispiel dafür ist der Sahel. Andere Gebiete werden verlassen, da sie durch unsachgemäße Bewirtschaftung der Ackerflächen, Übernutzung, Überweidung, Versalzung und Kontamination der Böden nicht mehr nutzbar sind.

Aufgaben

1. Beschreibe die Verteilung der Bevölkerung weltweit. Nenne Ursachen für die Ungleichverteilung (M2 – M5, Atlas).
2. Vergleiche die geographische und klimatische Lage der bevölkerungsärmsten und bevölkerungsreichsten Länder der Welt (M2, M3, Atlas).
3. Beschreibe und begründe die Lage von Anökumenen (M4).
4. Erläutere die Entwicklung der Weltbevölkerung am Beispiel „Die Welt als Dorf" (M1).

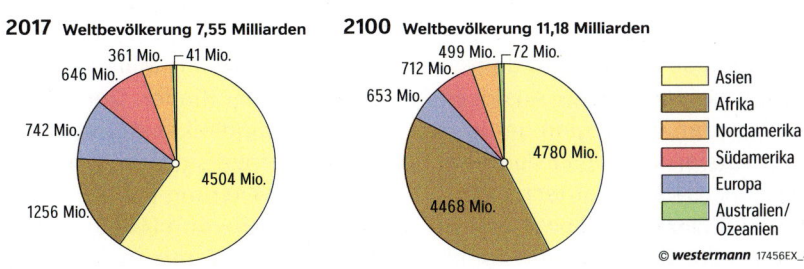

M5 Weltbevölkerungsverteilung

Das Modell des demografisches Übergangs

M1 Familie heute

M2 Familie um 1900

Phasen der Bevölkerungsentwicklung

Im Modell des demografischen Übergangs stellen Bevölkerungsgeographen den zeitlichen Ablauf der Veränderungen in der Bevölkerungsentwicklung von Staaten dar.

In der 1. Phase liegen Geburten-, Säuglingssterblichkeits- und Sterberate auf einem hohen Niveau. Die Lebenserwartung ist gering (ca. 32 Jahre). Dadurch steigt die Zahl der Gesamtbevölkerung nur sehr langsam. Deutschland befand sich vor 1800 in dieser Phase. Die Frauen bekamen im Durchschnitt sechs Kinder. Diese waren in dem von Landwirtschaft geprägten Land billige Arbeitskräfte und garantierten den Eltern im Alter, bei Krankheit oder Unfällen eine Versorgung.

Die 2. Phase beginnt mit dem Sinken der Sterberate. Auslöser dafür waren der Beginn der Industrialisierung, die Einführung der Fruchtwechselwirtschaft in der Landwirtschaft sowie der Anbau von Kartoffeln. Somit konnte die Bevölkerung ausreichend ernährt werden. Außerdem achtete man verstärkt auf sauberes Trinkwasser, mehr Hygiene und Abwässer wurden bewusster beseitigt. Da die Geburtenrate weiterhin hoch blieb, wuchs die Bevölkerungsanzahl stark an.

In der Industrie fehlten Arbeitsplätze und in der Landwirtschaft neue landwirtschaftliche Nutzflächen. So kam es zur ersten Auswanderungswelle nach Nordamerika.

In der 3. Phase verlangsamt sich das Bevölkerungswachstum, da die Geburtenrate sinkt. Um 1880 bekamen die Frauen in Deutschland im Durchschnitt nur noch vier Kinder. Kinder wurden zu einem Kostenfaktor, da man die Schulpflicht einführte und die Kinderarbeit verbot. Deshalb bekamen vor allem Familien in der Stadt weniger Kinder. Durch die neue Sozialpolitik mit Einführung der Krankenversicherung (1883), Unfallversicherung (1884) und Altersversicherung (1889) verloren Kinder als Altersabsicherung an Bedeutung.

Info

Geburtenrate
die Anzahl der Lebendgeborenen pro Jahr bezogen auf 1000 Einwohner

Sterberate
die Anzahl der Todesfälle pro 1000 Einwohner im Jahr

Zuwachsrate
Geburtenrate minus Sterberate

Globale Probleme der Welt

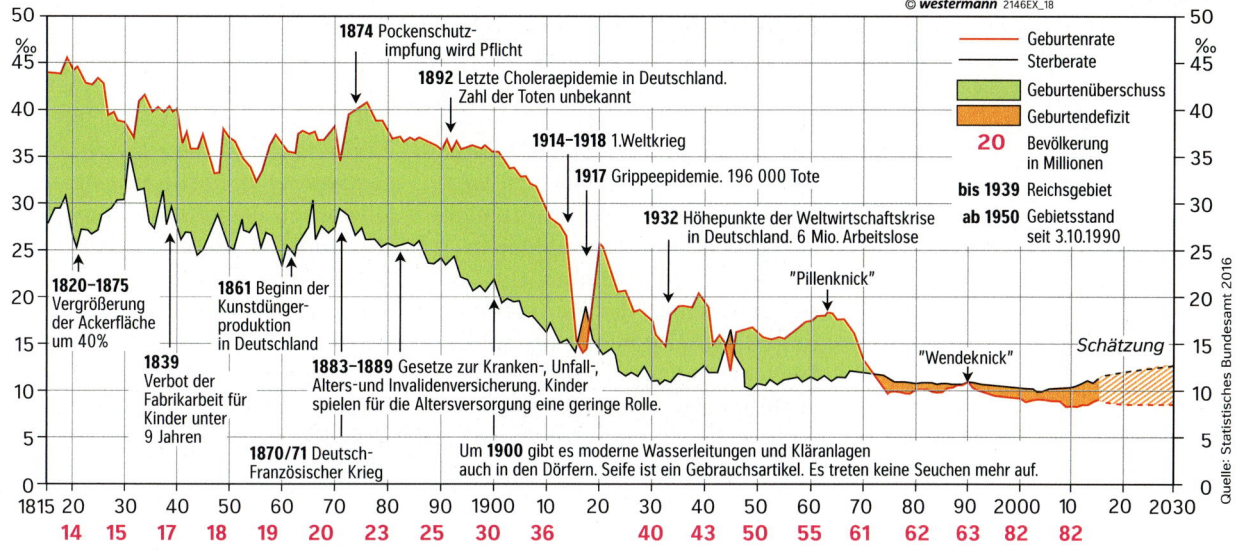

M3 Demografische Übergänge in Deutschland

Gesellschaftlicher Fortschritt – weniger Kinder?

In der 4. Phase gleichen sich Geburten- und Sterberate auf einem niedrigen Niveau wieder an. Die Gesamtbevölkerung des Landes wächst nur sehr langsam oder stagniert. In Deutschland bekommt um 1930 eine Frau im Durchschnitt drei Kinder. Damit hat sich die Geburtenrate in ca. 100 Jahren halbiert.

In der 5. Phase sinkt die Geburtenrate unter die Sterberate, in Deutschland um 1990. Seitdem werden weniger als zwei Geburten pro Frau registriert, die aber nötig wären, um die Bevölkerungszahl stabil zu halten. Diese negative Entwicklung wird durch Einwanderung weitestgehend kompensiert. Die Lebenserwartung in Deutschland liegt heute durchschnittlich bei 79 Jahren. Mit einem Durchschnittsalter von 45 Jahren ist Deutschland in Europa das älteste Volk und hinter Japan das zweitälteste der Welt. In den hochindustrialisierten Ländern Europas verlief diese Entwicklung ähnlich. Geschichtliche Ereignisse machten vor den Grenzen nicht halt und auch Epidemien wüteten in ganz Europa.

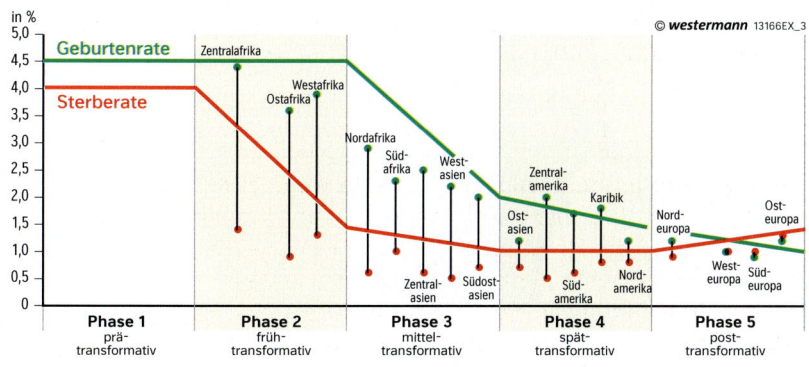

M4 Phasen im Modell des demografischen Übergangs

Aufgaben

1. Erkläre den demografischen Wandel in Deutschland (M1 – M3).
2. Ordne folgenden Ländern Phasen des demografischen Übergangs zu: Benin, Kamerun, Pakistan und Dänemark (M4).
3. Beantworte mithilfe von M3 die Frage „Gesellschaftlicher Fortschritt – weniger Kinder?".

Bevölkerungsentwicklung in Deutschland

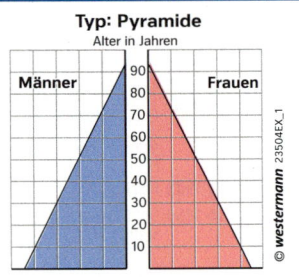

Die klassische Pyramidenform zeigt, dass die Bevölkerung kontinuierlich wächst, weil jeder Neugeborenjahrgang größer als der vorangegangene ist. Die Balkenlänge nimmt nach oben hin ab. Um 1900 war diese Form für Deutschland typisch.

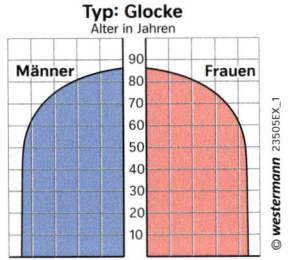

Diese Form entsteht, wenn ab dem Rentenalter die Balkenlänge nach oben abnimmt und über viele Jahre die Anzahl der Geburten gleich bleibt. Die Bevölkerungsentwicklung stagniert. Die Form ist typisch für Industriestaaten um 1960, zur Zeit des Babybooms.

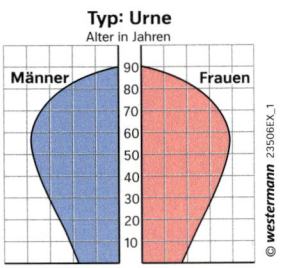

Die Anzahl der Geburten nimmt ab und die der Rentner steigt. Die Lebenserwartung ist hoch. Die Balkenlänge nimmt nach unten hin ab. Diese Urnenform entspricht heute meist hoch entwickelten Staaten.

M1 Grundformen von Bevölkerungsdiagrammen

Deutschlands Bevölkerung im Wandel

Der demografische Wandel stellt Deutschland vor große Herausforderungen. Bereits vor 1990 kam es zu einer immer älter werdenden Bevölkerung und zu einer sinkenden Einwohnerzahlen in den letzten Jahrzehnten. Die Lebenserwartung der Menschen dagegen steigt immer weiter an. Dieser Prozess verläuft jedoch regional sehr unterschiedlich. So ist im Osten Deutschlands eine beschleunigte Zunahme der Zahl von Menschen über 50 Jahren zu erkennen. Eine Ursache dafür ist die hohe Abwanderungsrate in den Jahren 1990 bis 2003 vor allem junger Menschen in die westlichen Bundesländer. Der Bevölkerungsrückgang wäre schon viel früher spürbar gewesen, wenn Deutschland nicht ein Einwanderungsland wäre.

Seit den 1960er-Jahren kamen vor allem Menschen aus Ost-, Südost- und Südeuropa zu uns. Sie wurden als Arbeitskräfte angeworben. Seit 2010 kommt der Zustrom vor allem aus dem Nahen Osten und Afrika.
Zukünftig werden sich bereits bestehende Probleme verschärfen, die vor allem im ländlichen Raum schon zu beobachten sind, wie eine ungenügende ärztliche Versorgung, mangelnde Möglichkeiten der Pflege älterer Menschen, ein Öffentlicher Personennahverkehr mit zu großen Taktzeiten, fehlende Schulen auch in kleineren Gemeinden, eine mangelnde Müll- und Abwasserentsorgung sowie eine unzureichende Versorgung mit Wasser, Post und Gütern des täglichen Bedarfs.

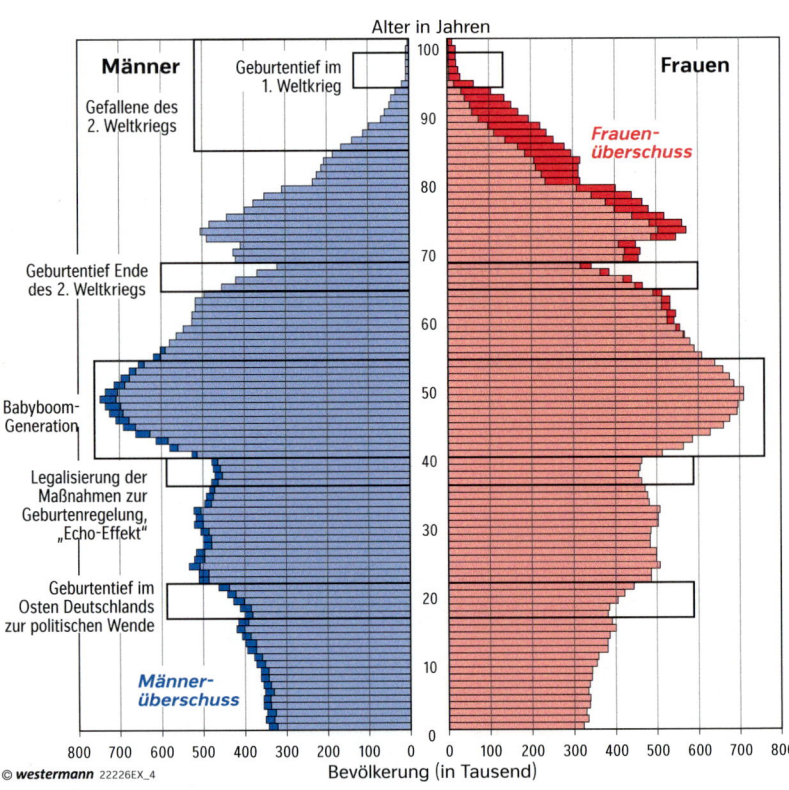

M2 Bevölkerungsdiagramm Deutschlands (2013)

Globale Probleme der Welt

Auswirkung des demografischen Wandels in MV

Auch in unserem Bundesland ist der demografische Wandel spürbar. Nach der Wiedervereinigung 1990 setzten eine massive Abwanderung vor allem junger Leute und ein starker Rückgang der Geburten ein. Diese Entwicklung verlief in den einzelnen Landkreisen und kreis-freien Städten unseres Landes unterschiedlich. Den stärksten Rückgang verzeichneten die Regionen um die Müritz, Demmin und Neubrandenburg. Während die Einwohnerzahl der Stadt Schwerin so stark abgenommen hat, dass sie den Status einer Großstadt verlor, wachsen dagegen Städte wie Wismar, Rostock und Greifswald. Die Landesregierung will den demografischen Wandel gezielt beeinflussen. Es sollen attraktive Bedingungen geschaffen werden, damit Jung und Alt gerne hier leben, eine lohnende Arbeit finden und sich junge Menschen für eine Zukunft mit Kindern in Mecklenburg-Vorpommern entscheiden. Denn bereits jetzt fehlt ein Drittel an qualifizierten Arbeitskräften. Auch die Zahl der Schulabgänger nimmt jährlich ab, sodass kaum Auszubildende auf den Markt drängen. Diese Abnahme sorgt dafür, dass Berufsschulen geschlossen werden oder zu größeren Bildungseinrichtungen mit langen Anfahrtswegen zusammengefasst werden. Oft wird bereits auch berufsfeldübergreifend unterrichtet. Jedoch kommen viele Menschen, die nach der Wiedervereinigung das Bundesland verlassen haben, im Rentenalter wieder zurück.

M4 Mecklenburg-Vorpommern wird als Alterswohnsitz immer beliebter

M3 Karikatur

Aufgaben

1 Erkläre Gründe für das Sinken der Einwohnerzahl in Deutschland (M2).
2 Werte die Karikatur aus (M3).
3 Begründe die Notwendigkeit der Bevölkerungszunahme (M2, M4).
4 Diskutiert die Auswirkungen des demografischen Wandels in Mecklenburg-Vorpommern und in eurer Heimatregion.

Bevölkerungspolitik in unterschiedlichen Räumen

M1 Unterricht auf dem Land

M4 Lebensumstände im ländlichen Kenia

M2 Flagge Kenias

Bevölkerungs-zahl (in Mio.)	1999	2016	2050
Deutschland	82	80	74
Kenia	29	46	97

M3 Bevölkerungsentwicklung im Vergleich

Kenia – immer mehr Menschen

Kenia ist eines der beliebtesten Fernreiseziele. In den touristisch erschlossenen Gebieten haben die Einheimischen verhältnismäßig gute Lebensbedingungen. Der größte Teil der Bevölkerung lebt aber in Armut. Das Bevölkerungswachstum liegt in Kenia bei etwa 2,7 Prozent im Jahr. Die Ursachen liegen im hohen Anteil an Frauen im gebärfähigen Alter und am geringen Einsatz von Verhütungsmitteln. Traditionell sind Kinder auch eine Garantie zur Versorgung der Eltern im Alter und eine wichtige Arbeitskraft in den kleinbäuerlichen Strukturen.

Eine bessere medizinische Versorgung hat ein Sinken der Säuglingssterblichkeit zur Folge. In den letzten Jahren ist aber die starke Zunahme der HIV-Infizierten zu einem gesellschaftlichen Problem geworden. Von 44 Millionen Einwohnern sind 1,5 Millionen erkrankt. Deshalb ist die durchschnittliche Lebenserwartung sehr niedrig.
Ein Großteil der Menschen in Kenia lebt von der Landwirtschaft. Mädchen und Frauen haben in Kenia weniger Rechte und in ländlichen Gebieten einen erschwerten Zugang zu Bildung.

Kenia – Kondome als Lösung?

Lange galt das extreme Bevölkerungswachstum in Kenia als nicht beherrschbar. Im Jahre 1967 wurde hier, im ersten Land Afrikas überhaupt, ein Programm zur Familienplanung eingeführt. Heute sind Erfolge sichtbar. So sank die durchschnittliche Kinderzahl pro Frau von damals acht auf 4,3 im Jahr 2015. Der freie Zugang zu Bildung hat einen hohen Stellenwert. Es können so konkrete Maßnahmen zur Familienplanung leichter vermittelt werden. Jede zweite Frau nimmt die rezeptfrei erhältliche Antibabypille ein. Der Gebrauch von Kondomen findet auch immer mehr Akzeptanz bei Männern. Sie wollen sich vor allem vor AIDS schützen. Dadurch können sie ihre volle Arbeitskraft erhalten und zu einer höheren Lebensqualität ihrer Familien beitragen.

Globale Probleme der Welt

M5 Eine indische Großfamilie

M6 Werbung für die Zwei-Kind-Familie

Jedes fünfte Neugeborene der Erde ist ein Inder

Das Bevölkerungswachstum Indiens ist scheinbar grenzenlos. Jährlich kommen 20 Millionen Menschen dazu. Jede Frau bringt im Durchschnitt drei Kinder zur Welt, wobei im ärmeren Norden pro Frau drei Kinder mehr geboren werden als im Süden des Landes.
In Indien leben die meisten Menschen in Großfamilien. Da es keine staatliche Altersversorgung gibt, sind Kinder traditionell dafür verantwortlich, ihre Eltern im Alter zu versorgen. Bereits 6- bis 15-Jährige arbeiten für einen geringen Lohn. Kinderarbeit ist in Indien eigentlich verboten. Da jedoch keine Kontrolle erfolgt, ist sie weit verbreitet. Die meisten Kinder besuchen die Schule nur für wenige Jahre. Die Folge ist eine hohe Analphabetenrate. Den Mädchen wird die Schulbildung oft verwehrt. Zudem verursachen Töchter den Eltern hohe Kosten, weil sie zu deren Hochzeit ein Brautgeld zahlen müssen. Viele Mädchen werden früh verheiratet und bekommen sehr jung Kinder. Söhne dagegen vergrößern die Chance auf eine Alterssicherung, da die junge Familie im Haus des Mannes wohnt.

M7 Flagge Indiens

Bevölkerungs-zahl (in Mio.)	1999	2016	2050
Deutschland	82	80	74
Indien	1 025	1 309	1 705

M8 Bevölkerungsentwicklung im Vergleich

Indien – Hochzeit erst mit 21?

Seit 1994 versucht die Regierung durch Beratung, Gesundheitsfürsorge und Bildung die Familienplanung zu beeinflussen. Überall im Land werden Vorträge zur Geburtenkontrolle gehalten, kostenlos Verhütungsmittel verteilt und es wird durch Plakate und Fernsehspots für die Zwei-Kind-Familie geworben. Um eine frühe Heirat zu verhindern, wurde das Mindestalter für Frauen auf 18 und für Männer auf 21 Jahre festgelegt. Trotzdem heiraten indische Paare im Alter von 15,3 Jahren. Da die staatlichen Maßnahmen freiwillig sind, zeigen sie bisher wenig Erfolg. Aus religiösen, traditionellen und finanziellen Gründen entscheiden sich vor allem die Familien im ländlichen Raum gegen eine Kleinfamilie. Nur in Städten tendiert die Mittelschicht zur Zwei-Kind-Familie.

Aufgaben

1 Vergleiche die geographische Lage von Kenia und Indien (Atlas).

2 Beschreibe die Lebensumstände in Kenia und Indien und vergleiche sie mit denen in Deutschland (M1, M4, M5).

3 Begründe die Lösungsansätze der Geburtenkontrolle in Kenia und Indien (M3, M6, M8).

Bevölkerungspolitik in unterschiedlichen Räumen

M1 Kanadische Ureinwohner bei einer Parade in Calgary

M4 Chinatown in Vancouver

M2 Flagge Kanadas

Bevölkerungs-zahl (Mio.)	1999	2016	2050
Deutschland	82,1	80,7	74,0
Kanada	30,5	35,3	43,6

M3 Bevölkerungsentwicklung im Vergleich

Traumziel Kanada – Zuwanderung als Lösung?

Kanada gehört zu den am dünnsten besiedelten Staaten der Welt (vier Einwohner pro Quadratkilometer). Von den etwa 35 Millionen Einwohnern leben 50 Prozent in den Städten Toronto, Montreal und Vancouver. Die Bevölkerungszahl steigt jährlich um fünf Prozent. Damit ist Kanada führend unter den Industrienationen. Die Geburtenrate liegt bei 11/1 000 Einwohner (2015). Kanada kennt das Problem der Überalterung der Bevölkerung nicht. Das Durchschnittsalter liegt bei 38,9 Jahren. In Deutschland sind es 45 Jahre.

Die Anzahl der kanadischen Ureinwohner schrumpft ständig. Heute leben nur noch rund 700 000 Natives im Land. Dafür kommen jährlich ca. 250 000 Zuwanderer, vor allem aus dem asiatischen Raum nach Kanada. Zuwanderung ist der Hauptwachstumsfaktor der Bevölkerung. Dieser lag 2015 bei einem Prozent. Seit 1967 gilt in Kanada ein Punktesystem, das Einwanderungswillige nach Alter, Ausbildung, Arbeitserfahrung und Sprachkenntnissen klassifiziert: Wer 67 von 100 Punkten erreicht, darf einwandern.

Kanada – klappt Zuwanderung als Lösung?

Oberstes Ziel der kanadischen Regierung ist der Erhalt der kulturellen Vielfalt. Zudem soll das Rentenalter auf 65 Jahre angehoben werden. Es dürfen Menschen ins Land kommen, die bereits Familienangehörige im Land haben, die einer Arbeit nachgehen und außerdem ein kleiner Prozentsatz an Flüchtlingen. Die Regierung hat erkannt, dass oftmals der Grund für eine nicht erfolgreiche Integration in der Sprachbarriere liegt. Deshalb ist das Beherrschen der englischen oder französischen Sprache Pflicht. Oftmals sind Kinder von Immigranten besser gebildet als in Kanada geborene Menschen.

Globale Probleme der Welt

M5 Wohin führt der Weg?

M6 Der Generationenvertrag

Wir Deutschen werden immer weniger

Seit einigen Jahren liegt in Deutschland die Geburtenrate unter der Sterberate. Die Folge ist eine zurückgehende Bevölkerungszahl. Vor 150 Jahren lebten die Deutschen in Großfamilien. Jeder leistete seinen Beitrag für die Versorgung aller Familienmitglieder. Dabei waren die Frauen vorwiegend für die häuslichen Arbeiten und die Kindererziehung zuständig. Die Männer verdienten das Haupteinkommen. Nach 1880 wurden schrittweise Gesetze zur Kranken,- Unfall,- Invaliden- und Rentenversicherung beschlossen. Seitdem spielen Kinder für die Altersversorgung keine Rolle mehr. Durch verbesserte hygienische Bedingungen, wie Wasserleitungen, unterirdische Abwassersysteme, Kläranlagen und Seife sowie medizinische Versorgung, sanken die Sterberate und Säuglingssterblichkeit. Seit 1960 gibt es die Antibabypille als Verhütungsmittel. In den östlichen Bundesländern bekamen die Frauen bis 1990 trotzdem deutlich mehr Kinder als in den westlichen Bundesländern.

Deutschland – brauchen wir mehr Kinder?

Heute sind Frauen, bedingt durch die Gleichberechtigung, besser gebildet, haben einen individuellen Lebensstil und bekommen deutlich später und weniger Kinder.
Trotzdem ist ein leichter Anstieg der Geburten, vor allem in den östlichen Landesteilen zu verzeichnen. Das Kindergeld wurde regelmäßig erhöht und Kinderbetreuungseinrichtungen bieten flexiblere Öffnungszeiten an. So hofft man, dass die Frauen zügig nach der Geburt der Kinder wieder ins Berufsleben zurückkehren können.
Zudem wird das Renteneintrittsalter schrittweise auf 67 Jahre erhöht.

Aufgaben

1. Bewerte die unterschiedlichen Lösungsansätze für die Bevölkerungsentwicklung der einzelnen Staaten hinsichtlich ihrer Wirksamkeit (Seiten 76–79).
2. Erkläre den Generationenvertrag (M6).
3. Werte die Karikatur aus (M5).
4. Diskutiert in der Klasse, in welchem Land ihr die Bevölkerungspolitik am sinnvollsten findet (Seiten 76–79).

Verstädterung

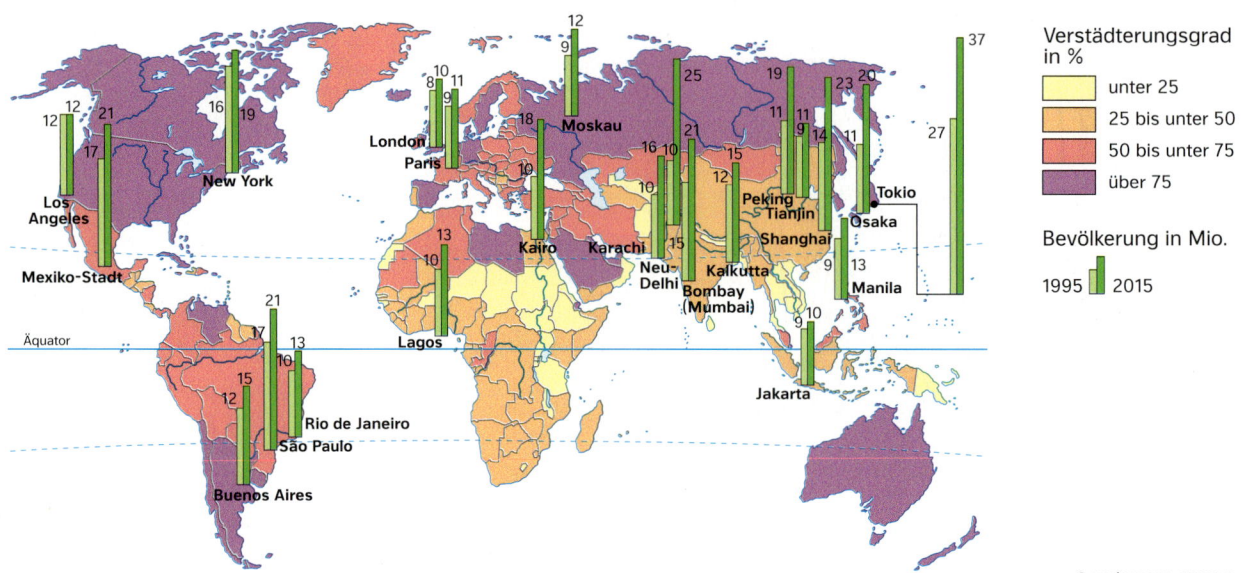

M1 Entwicklung der weltweiten Verstädterung und des Wachstums von Metropolen

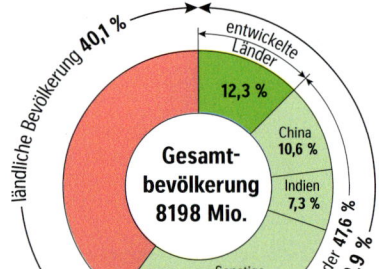

M2 Verstädterungsgrad (2030)

Verstädterung – weltweites Problem

Seit 2008 lebt die Hälfte der Erdbevölkerung in Städten und der Grad der Verstädterung nimmt stetig zu.
Der Begriff Verstädterung beschreibt den Anstieg der Einwohnerzahl und damit die flächenmäßige Ausbreitung von Städten.

Hauptursache für das Wachstum der Städte ist die Landflucht, weil viele Menschen die ländlichen Regionen verlassen. Die Landflucht wird gesteuert durch Push- und Pull-Faktoren: Hier konkret sind Push-Faktoren die negativen Entwicklungen im ländlichen Raum, Pull-Faktoren die besseren Bedingungen in Städten.
Die Zuwanderung in die Städte ist jedoch mit zahlreichen Problemen verbunden. Diese betreffen unter anderem die Bereitstellung von bezahlbarem Wohnraum, den Anstieg des Verkehrsaufkommens sowie die Versorgung mit Wasser und Energie.
Das Ansteigen der Kriminalität und die hohe Arbeitslosigkeit bereiten vielen Städten Sorgen. Zudem entstehen oftmals soziale Konflikte zwischen einzelnen nationalen Minderheiten.

Push-Faktoren
(negative Entwicklungen im ländlichen Raum):
- hohes Wachstum der ärmeren Bevölkerung
- Mangel an landwirtschaftlicher Nutzfläche
- vor allem zu kleine und damit unrentable landwirtschaftliche Betriebe
- Folge: mangelnde Selbstversorgung, Unterernährung
- Arbeitslosigkeit, Armut
- fehlende Arbeitsplätze in Industrie und Handwerk

Pull-Faktoren
(Anziehungskraft der Großstädte):
Vermeintliche Aussicht auf
- Bildungs- und Ausbildungsplätze
- Arbeitsplätze und damit höheres Einkommen
- höheren Standard bei Wohnung, Gesundheit
- gutes Dienstleistungs-, Kultur- und Freizeitangebot

M3 Push- und Pull-Faktoren (Auswahl)

Globale Probleme der Welt

M4 Tokio – die derzeit bevölkerungsreichste Stadt der Welt

Region	Anteil der städtischen Bevölkerung in Prozent		
	1990	2014	2050
Afrika	30	40	56
Europa	70	73	83
Asien	32	48	64
Ozeanien	71	71	74
Nordamerika	75	81	87
Lateinamerika/ Karibik	70	81	86

M6 Weltweite Verstädterung

Urbanisierung

Die Ausdehnung städtischer Lebens-, Wirtschafts- und Verhaltensweisen in das Umland einer Stadt wird als Urbanisierung bezeichnet.
Durch hohe Zuwanderungsraten in die Umlandgemeinden von Städten wird dieser Prozess in Gang gesetzt. Der Wunsch nach besserer Lebensqualität veranlasst viele Menschen in den entwickelten Ländern, dem Stadtleben den Rücken zu kehren. Begünstigt wird dies auch durch vergleichsweise niedrige Boden- und Mietpreise und günstige Verkehrsanbindungen. Dörfliche Strukturen und Lebensweisen werden dadurch zum Teil stark verändert.
Durch diesen Prozess entstehen um die Städte sogenannte Speckgürtel. Dort leben zum großen Teil junge Familien mit gutem Einkommen. Außerhalb der großen Städte ist das Wohnen für sie attraktiv. Die städtische Infrastruktur ist in greifbarer Nähe und die Mieten und Grundstückspreise sind noch bezahlbar. Durch ein gutes Verkehrsnetz sind die Arbeitsstellen in den Städten mit den öffentlichen Verkehrsmitteln oder mit dem Auto erreichbar.

Grundbegriffe
- Verstädterung
- Push-Faktoren
- Pull-Faktoren
- Urbanisierung

Aufgaben

1. Nenne Gebiete der Erde, die einen hohen Verstädterungsgrad aufweisen (M1, Atlas).
2. Beschreibe Ursachen der weltweiten Verstädterung (M3).
3. Erläuterte die Aussage: „Das dritte Jahrtausend wird das Jahrtausend der Städte" (M2).
4. Zeige Folgen der Verstädterung auf (M4, M5).
5. Erstelle ein Diagramm zum erwarteten Anteil der städtischen Bevölkerung auf den einzelnen Kontinenten im Jahre 2050 (M6).

M5 Leben auf der Straße unter Planen (Delhi, Indien)

Metropolisierung

M1 Panoramaaufnahme vom Victoria Harbour der Metropole Hongkong

Anziehungskraft von Metropolen

Wenn man von einer Metropole spricht, benutzt man eine Bezeichnung, die nicht nur einen geographischen Inhalt hat. Der Begriff wird in vielen Zusammenhängen benutzt. Im geographischen Sinne sind Metropolen Städte, die sich durch eine sehr hohe Einwohnerzahl, Wirtschaftskraft und eine herausragende politisch-kulturelle Bedeutung gegenüber den anderen Großstädten eines Landes besonders hervorheben. Das sind Vorteile, die viele Menschen anziehen. Durch die Metropolisierung vergrößert sich der Unterschied zwischen der Metropole und dem ländlichen Raum. Dieser Vorgang ist besonders in den weniger entwickelten Ländern stark ausgeprägt.

● Städte mit mehr als 5 Mio. Einw.

M2 Die größten Metropolen der Welt

Globale Probleme der Welt

M3 Favela in São Paulo

M5 Das Verkehrsnetz São Paulos ist völlig überlastet

Folgen der Metropolisierung – Beispiel São Paulo

São Paulo gehört zu den zehn größten Städten der Welt und ist die am dichtesten besiedelte Stadt der Südhalbkugel. Mit seiner hohen Konzentration von Industriebetrieben – jedes vierte brasilianische Industrieunternehmen hat hier seinen Sitz – ist São Paulo das wirtschaftliche Zentrum Brasiliens. Im siebtgrößten Ballungsgebiet der Welt werden rund 90 Prozent aller Maschinen und Werkzeuge Brasiliens hergestellt.

São Paulo ist aber auch von drastischen Gegensätzen geprägt, da Arm und Reich auf engstem Raum zusammenleben. Neben Villenvierteln, Bürotürmen und Shoppingcentern findet man Favelas, in denen die Menschen ohne Strom und Kanalisation in selbstgezimmerten Hütten leben. Kriminalität und soziale Spannungen bleiben nicht aus und äußern sich in offen ausgetragener Gewalt. Diejenigen, die es sich leisten können, wohnen in abgeschotteten Vierteln mit hohen Mauern, Videoüberwachung und Stacheldraht.

Ein weiteres Problem stellt das hohe Verkehrsaufkommen dar. Um langen Staus zu entgehen, nutzen die wohlhabenden Einwohner Hubschrauber, für die es inzwischen schon mehr als 200 innerstädtische Landeplätze gibt.

Grundbegriffe
- **Metropole**
- **Metropolisierung**

Aufgaben

1 Benenne die größten Metropolen der Welt und ordne sie den Kontinenten zu (M1, M2, Atlas).

2 Beschreibe Zusammenhänge zwischen Bevölkerungswachstum, Verstädterung und Metropolisierung.

3 Erläutere die Folgen der Metropolisierung für die Städte in Südamerika am Beispiel São Paulos (M3–M5).

4 Recherchiere zum Leben in den Favelas von São Paulo (Internet).

5 Vergleiche die Ausdehnung São Paulos mit Entfernungen in Mecklenburg-Vorpommern (Atlas, Internet).

	Anzahl	Einwohner	Prozent aller Einwohner
anerkannte Favelas	1 570	1 540 000	14
illegale Favelas	1 230	1 780 000	16
sanierte Favelas	220	125 000	1
Armenviertel gesamt	3 020	3 445 000	31

M4 Favelas in São Paulo

Ernährungssituation weltweit

M1 Essenverteilung in Ruanda

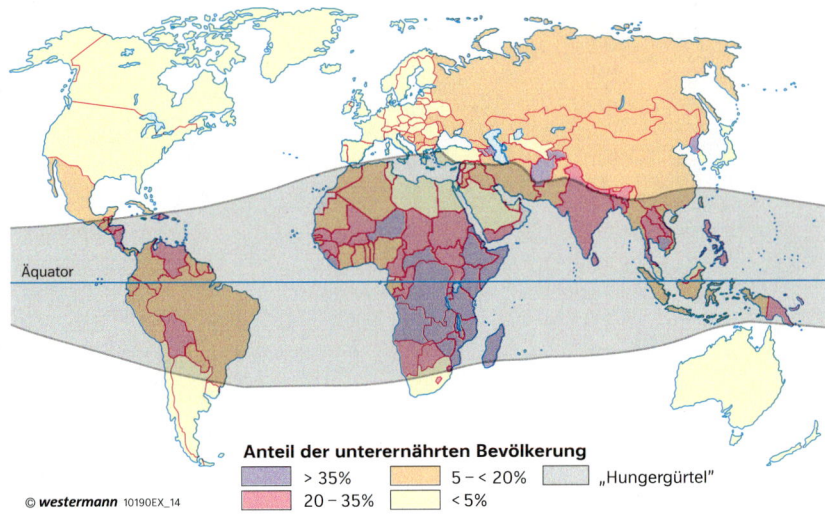

M3 Hunger weltweit

M2 Karikatur

Welt der Hungernden

Die weltweit erzeugte Nahrungsmittelmenge würde ausreichen, um alle Menschen mit der notwendigen Nahrung zu versorgen. Die Welternährungslage ist jedoch zweigeteilt. Während in den Industrieländern eine Überproduktion von Nahrungsmitteln stattfindet, wird in den weniger entwickelten Ländern gehungert. Hier sind die Ernteerträge gering und es kommen Verluste durch Wetterextreme und kriegerische Auseinandersetzungen hinzu.

Auf der Erde leiden etwa 840 Millionen Menschen an Hunger. Das heißt, diese Menschen haben weniger zu essen, als sie täglich brauchen, um leichte Arbeiten verrichten und ihr Körpergewicht halten zu können. Diese Menschen leiden an Unterernährung, die mit Abmagerung, Wachstumsminderung und fehlender Aktivität verbunden ist.
Ihre Lebenserwartung liegt aufgrund ihrer Ernährungssituation bei unter 50 Jahren.

Info

Unterernährung
unzureichende Zufuhr an Nahrungsenergie über einen längeren Zeitraum

Mangelernährung
unzureichende Zufuhr von wichtigen Nahrungsbestandteilen, wie Kohlenhydraten, Fetten, Eiweiß sowie Vitaminen

So etwas haben Uzoma und Keshia noch nie gegessen. Die Geschwister aus Somalia, acht und sieben Jahre alt, stehen am Eingang des größten Flüchtlingslagers der Welt in Dadaab in Kenia und essen ganz langsam einen krümeligen Keks. Es ist das erste Essen, das sie seit drei Tagen bekommen. Helfer haben ihnen den Keks gegeben. Er hat extra viele Nährstoffe, damit die beiden schnell davon satt werden. Uzoma und Keshia gehören zu den vielen Tausenden Kindern aus Somalia in Afrika, die mit ihrer Familie ihre Heimat verlassen mussten, weil sie wegen der großen Dürre nichts mehr zu essen finden konnten. Zusammen mit ihrer Mutter sind sie zehn Tage lang von Afmadow, einer kleinen Stadt im Süden von Somalia, 240 Kilometer durch die somalische Landschaft gelaufen. Ganz erschöpft kamen sie in Dadaab an.

(Quelle: Krahe, Dialika: Flucht vor dem Hunger. In: Dein Spiegel, 10/2011, S. 10–13)

M4 Uzoma und Keshia aus Somalia berichten

Globale Probleme der Welt

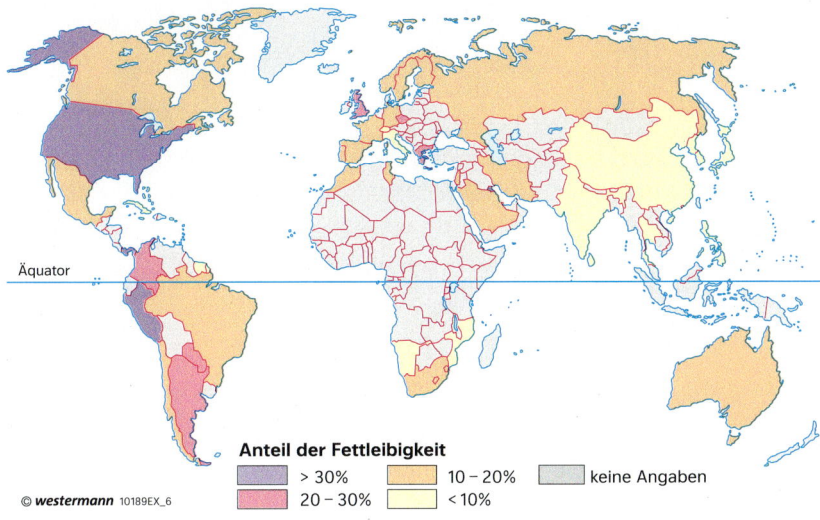

M5 Fettleibigkeit weltweit

M7 Büfett in Deutschland

Welt der Satten

Während Hunger häufig in den Entwicklungsländern vorkommt, werden Millionen von Menschen in Industrieländern krank, weil sie zu viel essen oder sich falsch ernähren. Weltweit sind heute 20 Prozent der Menschen übergewichtig.
Sogenannte Zivilisationskrankheiten wie Herzinfarkt, Bluthochdruck oder Diabetes sind Folgen der Überernährung. Übergewicht und ernährungsbedingte Krankheiten verursachen etwa ein Drittel der Kosten im Gesundheitswesen in Deutschland.
Mittlerweile fordern Experten, dass Zusatzsteuern auf ungesunde Nahrungsmittel erhoben werden, damit diese weniger im Einkaufswagen landen.
Zu dieser falschen Ernährungsweise kommt erschwerend hinzu, dass durch fehlende Bewegung der Stoff- und Energieumsatz so niedrig ausfällt, dass viele Menschen Gewichtsprobleme haben.

Info

Überernährung

Als Überernährung bezeichnet man die Ernährung von Menschen, bei der dem Körper über einen längeren Zeitraum mehr Energie zugeführt wird, als Bedarf besteht. Dauernde Überernährung geht mit Übergewicht und Fettleibigkeit einher.

Bob ist 13 Jahre alt und lebt in der Stadt Charlotte im Bundesstaat North Carolina. Er besucht eine Junior High School und mag keinen Sport. Als Bob acht Monate alt war, bekam er seinen ersten Computer und mit vier Jahren eine PlayStation. In der Wohnung gibt es außerdem vier Fernseher. Bob ist übergewichtig. Er hat die Jeansgröße 40/30. Allerdings hat er in diesem Jahr bereits drei Kilo abgenommen. Bob geht jetzt nur noch zweimal im Monat in Fast-Food-Restaurants.
Sein Lieblingsgericht zu Hause sind Steaks mit Kartoffeln und Kräuterbutter. Zum Nachtisch isst er häufig einen Eisbecher. Seine Mutter kocht diese Menüs am Wochenende für die ganze Familie. Bob bekommt jetzt nur noch eine halbe Portion und muss auf den Nachtisch und die Cola verzichten.

M6 Bob aus Charlotte in den USA berichtet

Aufgaben

1. Nenne Länder, die zum „Hungergürtel" der Erde gehören (M3).
2. Werte die Karikatur aus (M2).
3. Erläuterte die Ausmaße von Hunger (M4).
4. Stelle die Gründe von Überernährung dar (M6).
5. Erstelle eine Präsentation zum Thema „Welt der Hungernden – Welt der Satten" (M1 – M7, Internet).

Bevölkerungsentwicklung und Ernährungssicherung

	Weltweite Produktion (in Mio. t)
Mais	1 021
Reis	741
Weizen	729
Kartoffeln	385
Sojabohnen	308
Zuckerrüben	267

M1 Haupterzeugnisse der weltweiten Landwirtschaft (2014)

M3 Reisanbau auf bewässerten Feldern in Vietnam

Grüne Revolution

Als Grüne Revolution wird die Umstellung der Landwirtschaft in Entwicklungsländern auf moderne Produktionsmethoden bezeichnet. Dazu gehört der Einsatz von verändertem Saatgut, mineralischen Düngemitteln, Pflanzenschutzmitteln und eine gezielte Bewässerung. Dadurch können die Erträge erheblich gesteigert werden.
Zu den negativen Folgen dieser Produktionsweise zählen jedoch der Rückgang der Artenvielfalt, die Überdüngung der Böden und die Gefährdung des Grundwassers. Viele Kleinbauern geraten in die Abhängigkeit von Agrar- und Chemiekonzernen, weil sie von ihnen Saatgut, Dünger und Pflanzenschutzmittel kaufen müssen. Oft verarmen die Bauern und verlieren dadurch ihr Land. Als Zweite Grüne Revolution wird die Gentechnik bezeichnet. Genetisch veränderte Lebensmittel sind jedoch umstritten, da bisher nicht klar ist, ob sie eine Gefahr für die Gesundheit der Menschen darstellen.

Ausweitung der Anbauflächen

- Rodung von Wald
- Bewässerung von Trockengebieten
- Trockenlegung von Sümpfen
- Gewinnung von Neuland (z. B. am Meer)

Intensivierung des Anbaus auf vorhandenen Flächen

- ertragreichere Pflanzen
- Bewässerung (evtl. weitere Ernte möglich)
- Düngung
- Modernisierung der Anbaumethoden (z. B. mit besseren Maschinen)

Steigerung der Nahrungsmittelproduktion

M2 Möglichkeiten zur Steigerung der Nahrungsmittelproduktion

Kein Bereich in der Nahrungsmittelproduktion wächst so schnell wie Aquakulturen. Diese Art der Fischzucht wird auch Blaue Revolution genannt.
Durch die Zucht in Fischfarmen sinken die Preise für Frischfisch. Vor allem die armen Menschen in den dicht besiedelten Küstenregionen der Erde können so mit ausreichend Eiweiß versorgt werden. So helfen die Fischfarmen im Kampf gegen den Hunger und Mangelernährung. Aquakulturen werfen aber auch Probleme auf. Sie führen zu wachsender Umweltverschmutzung. Zudem werden für die Fütterung in der Fischzucht oft Fischmehl und kleinere Fische eingesetzt, was die entsprechenden Wildfischbestände belastet. Dazu kommt der Einsatz großer Mengen Antibiotika und anderer Chemikalien. Andererseits erwarten Experten, dass die Ausweitung der Fischzucht längerfristig zu sinkenden Fischpreisen führt und so den Hochseefischfang weniger attraktiv macht. Davon könnten aber Fischbestände profitieren, die derzeit gefährdet sind.

M4 Vor- und Nachteile der Blauen Revolution

Globale Probleme der Welt

M5 Karikatur

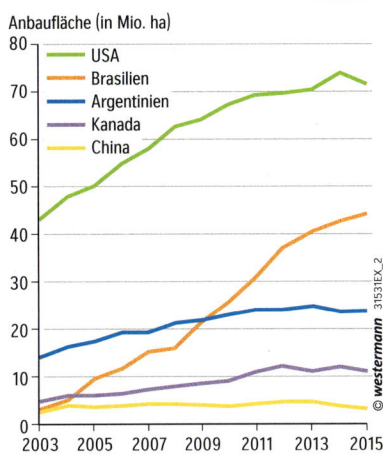

M7 Entwicklung der Anbaufläche von gentechnisch veränderten Pflanzen

Gentechnologie und Welternährung?

Die Gentechnologie wird gegenwärtig von vielen als eine Zukunftstechnologie zur Lösung des globalen Problems der Welternährung angesehen. Gentechniker versuchen, Pflanzen zu züchten, die widerstandsfähiger gegen Kälte, Salz oder Trockenheit sind. Somit können sie sich besser an Extremstandorte anpassen.
Ein wichtiger Forschungsbereich der Gentechnologie ist die Entwicklung schädlings- und krankheitsresistenter Pflanzen.

Dadurch geht der Einsatz von Pflanzenschutzmitteln zurück. Zur Verminderung von Mangelernährung, besonders in den Entwicklungsländern, werden Nutzpflanzen gentechnisch so verändert, dass sie mehr Vitamine und Mineralien enthalten.
Ein weiteres Einsatzgebiet der Gentechnologie ist die Tierzucht. Hier soll sie zu einer besseren Futterverwertung der Tiere beitragen und diese widerstandsfähiger gegenüber Krankheiten machen.

[...] Umwelt- und Naturschutzverbände kritisieren die Übernahme heftig. „Sollten die Kartellbehörden die Fusion durchwinken, würde der neu entstehende Megakonzern eine marktbeherrschende Stellung im Bereich Saatgut, Gentechnik und Pestizide bekommen", sagte Heike Moldenhauer, Gentechnikexpertin beim BUND. Sie fürchtet, dass der Konzern künftig diktieren wolle, was Landwirte anbauen und welche Produkte auf dem Markt verfügbar sind. Zudem würde die Umwelt durch noch mehr Monokulturen und Gentechpflanzen leiden. Auch Greenpeace sprach von einer „schlechten Nachricht für nachhaltige Landwirte, Verbraucher und die Umwelt" und von einer „bislang ungekannten Marktmacht" für Bayer. „Die Lobbymacht des neuen Konzerns wird wachsen", sagte Greenpeace-Experte Dirk Zimmermann. „Die Bundesregierung muss jetzt stark bleiben und verantwortungsvolle Entscheidungen etwa gegen bienengefährdende Pestizide oder den umstrittenen Unkrautvernichter Glyphosat treffen." [...]

(Quelle: Bayer kauft US-Saatguthersteller Monsanto. www.zeit.de, 14.09.2016)

M6 Zeitungsbericht zur Fusion von Bayer und Monsanto

Aufgaben

1. a) Stelle die Produktionsmenge der Haupterzeugnisse der weltweiten Landwirtschaft in einem Balkendiagramm dar (M1).
   b) Werte das Diagramm aus.
2. Beschreibe Möglichkeiten zur Steigerung der Nahrungsmittelproduktion (M2).
3. Erläutere Vor- und Nachteile der „Grünen" und „Blauen Revolution" (M4).
4. Informiere dich über den Anbau von gentechnisch veränderten Lebensmitteln in Deutschland (Internet).
5. Beschreibe Entwicklungen im Anbau von gentechnisch veränderten Pflanzen (M6, M7).
6. Werte die Karikatur aus (M5).

Tragfähigkeit der Erde

M1 Nomaden finden in Nordafrika immer schwieriger ausreichend Weideland für ihre Viehherden

Kann die Erde alle Menschen ernähren?

Die Landoberfläche der Erde beträgt rund 13,6 Milliarden Hektar. Laut Welternährungsorganisation (FAO) sind davon jedoch nur 3,2 Milliarden Hektar landwirtschaftlich nutzbar.
Geofaktoren, wie Klima, Bodenbeschaffenheit sowie Relief (z. B. Steilhanglage), beeinflussen die landwirtschaftlichen Anbaugrenzen. Auch der Entwicklungsstand eines Landes oder einer Region sowie ökonomische Standortentscheidungen haben sowohl Einfluss auf die Produktivität der Nahrungsmittelerzeugung als auch auf die Größe der agrarisch genutzten Fläche.

Theoretisch reichen die Nahrungsmittelbestände der Erde aus, um die gesamte Weltbevölkerung ernähren zu können. Um die Nahrungsmittelversorgung der wachsenden Bevölkerung zu gewährleisten, müssen Maßnahmen zur Ertragssteigerung ergriffen oder die landwirtschaftlichen Nutzflächen ausgeweitet werden. Letzteres ist aber aufgrund des Schutzes natürlicher Lebensräume und der natürlichen Anbaugrenzen nicht uneingeschränkt möglich. Eine intensive Landwirtschaft kann zu Desertifikation, Bodenerosion und Versalzung führen.

Info

Tragfähigkeit

Die Tragfähigkeit eines Lebensraumes gibt darüber Auskunft, wie viele Menschen in einem geographischen Raum bei einem bestimmten Entwicklungsstand leben können. Sie ist abhängig von natürlichen Gegebenheiten, wie Klima, Vegetation und Relief.

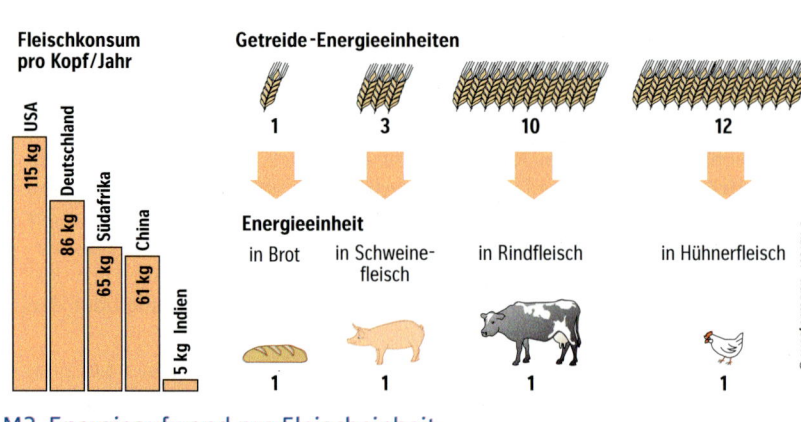

M2 Energieaufwand pro Fleischeinheit

Globale Probleme der Welt

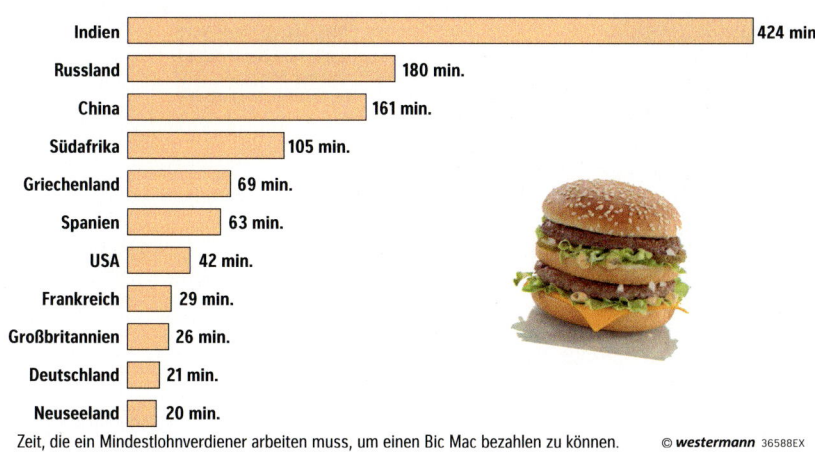

M3 Wie lange muss man weltweit für einen Big Mac arbeiten? (2017)

M5 Weltweiter Getreideverbrauch nach Verwendungszweck (2017)

Teufelskreis zwischen Hunger und Armut

Viele Menschen auf der Erde leben in äußerster Armut. Sie haben nicht genug zu essen, können bei Krankheit nicht zum Arzt gehen und haben keinen Zugang zu sauberem Trinkwasser. Viele sind zu schwach zum Arbeiten und müssen täglich um ihr Überleben ringen. Hunger bedeutet enormes menschliches Leid und ist eine große Belastung für die soziale und wirtschaftliche Entwicklung eines Landes. Besonders wirkt sich der Verlust an Produktivität und Arbeitskraft auf die Gesellschaft aus, die sich dadurch nicht entwickeln kann. Armut ist der Grund dafür, dass Menschen an Unterernährung leiden, oft krank sind, keine Bleibe haben und ungebildet sind. Dadurch ist ihnen die Möglichkeit zur Selbsthilfe genommen. Selbst wenn sie einer Arbeit nachgehen, verdienen viele Menschen in den Entwicklungsländern weniger als 1,25 US-Dollar pro Tag. Nach Kriterien der Weltbank gelten sie als extrem oder absolut arm. Davon sind über eine Milliarde Menschen betroffen. In den Industrieländern gelten Menschen als arm, wenn sie weniger als die Hälfte des Durchschnittseinkommens zur Verfügung haben.

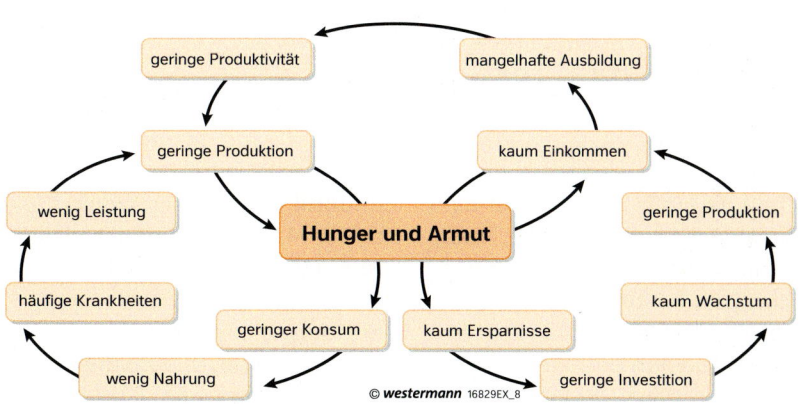

M4 Kreisläufe von Hunger und Armut

Aufgaben

1. Stelle einen Zusammenhang zwischen dem Anwachsen der Viehherden und der Ausbreitung der Wüste her (M1).
2. Erkläre, warum steigender Fleischkonsum den Hunger in der Welt verschärft (M2).
3. Beurteile die derzeitige Tragfähigkeit der Erde.
4. Bewerte den weltweiten Getreideverbrauch (M5).
5. Erkläre, warum der Kreislauf Armut-Hunger als Teufelskreis bezeichnet wird (M4).
6. Diskutiert den Armutsbegriff am Beispiel der Arbeitsleistung für einen Big Mac (M3).

Wir leben in einer Welt

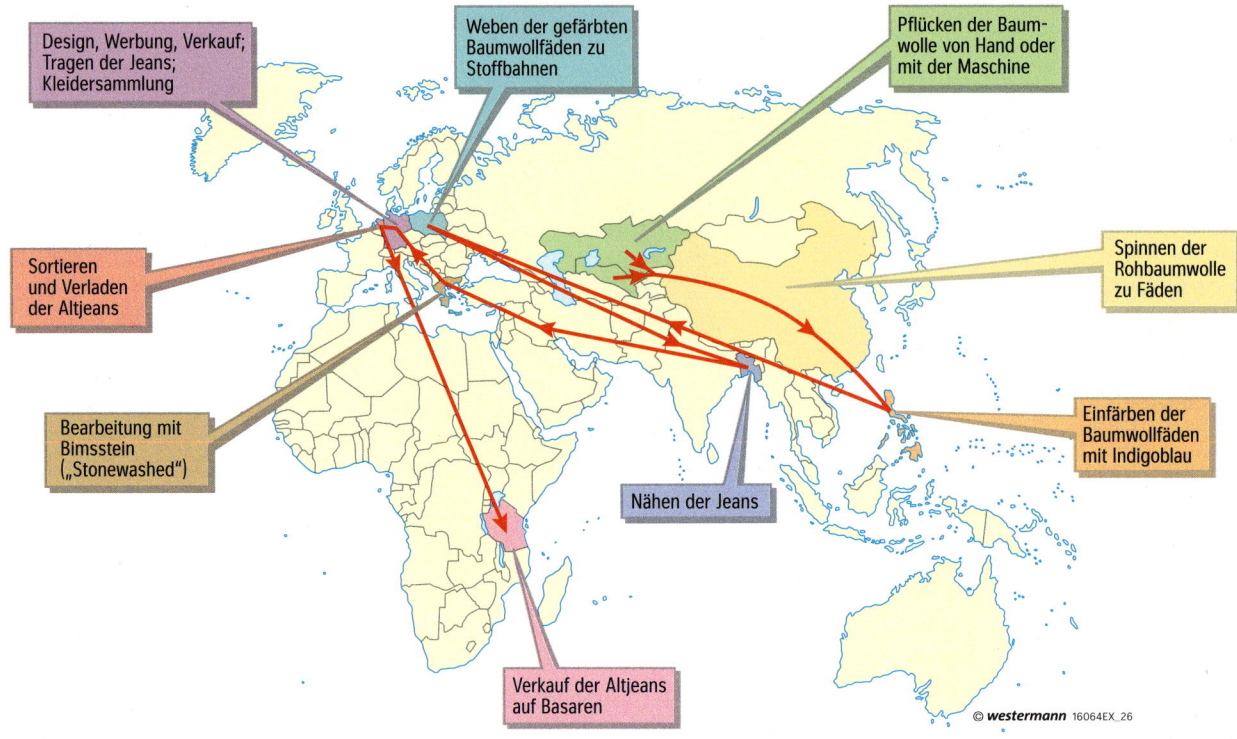

M1 Weltreise einer Markenjeans in neun Etappen (ca. 60 000 km)

Konzerne sind global tätig

Was haben H&M, BMW, Sony und Ikea gemeinsam? Sie zählen zu den sogenannten Global Playern. Diese Firmen haben überall auf der Welt Produktionsstätten und regeln ihre Produktion und ihren Handel in einer Art globaler Arbeitsteilung. Sie wählen die Standorte für ihre Fabriken nach folgenden Gesichtspunkten: preiswerte Rohstoffe, billige Arbeitskräfte und günstige Kosten für Grundstücke, Energie und Kommunikation.
Auch die Nähe zu möglichen Absatzmärkten spielt eine Rolle. Jede Ansiedlung eines Betriebes bringt aber auch dem Land Arbeitsplätze und höhere Steuereinnahmen.

Musterbeispiel Textilindustrie

Die Textilindustrie ist ein Musterbeispiel für die Globalisierung. Schau dir ein T-Shirt an. Auf dem Etikett steht zum Beispiel „Made in China". Aber das stimmt oft nicht. Das T-Shirt hat einen langen Weg durch viele Länder hinter sich. Design und Werbung kommen oft aus Deutschland. Die Herstellung hingegen erfolgt in einem Land, in dem die Löhne sehr niedrig sind, denn eine Textilfabrik benötigt nur wenig Kapital für Maschinen, jedoch viele Arbeitskräfte in den Nähereien. Wenn die Lohnkosten steigen, wandern die Industrien in ein anderes Land ab, in dem die Kosten noch niedriger sind. Dies nennt man Karawanenwirtschaft.

M2 Wer verdient wie viel an einer Jeans?

Globale Probleme der Welt

M3 Produkte aus Fairem Handel

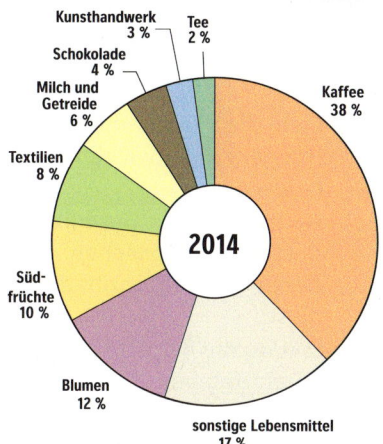

M5 Anteil des Fairen Handels an ausgewählten Produkten

M6 Logo für Fairen Handel

Fair Trade – Fairer Handel

Fair Trade ist die Bezeichnung für einen Fairen Handel. Dieser ist gekennzeichnet durch kontrolliertes Handeln, bei dem die Erzeuger für die gehandelten Produkte einen von der Fair-Trade-Organisation festgelegten Mindestpreis erhalten. Das erste in Deutschland erhältliche Fair-Trade-Produkt war 1992 Kaffee.

Neben sogenannten Bio- oder Eine-Weltläden führen in Deutschland auch schon viele Supermärkte fair gehandelte Produkte wie Schokolade, Kakao, Textilien o. ä. Sie sind oft etwas teurer als vergleichbare Waren aus dem Supermarkt, da die Kleinbauern und Handwerker in den Entwicklungsländern faire Löhne erhalten.

Aufgaben

1. Nenne Beispiele für Fair-Trade-Produkte (M3–M6, Internet).
2. Beschreibe den Produktionsweg einer Jeans (M1).
3. Erläutere den Begriff Karawanenwirtschaft.
4. Berechne am Beispiel deiner zuletzt gekauften Jeans, wer wie viel an ihr verdient hat (M2).
5. Erkundige dich in deinem Heimatgebiet nach Fair-Trade-Geschäften bzw. Eine-Weltläden.
   a) Welche Produkte bieten sie an?
   b) Wo kommen diese Produkte her?

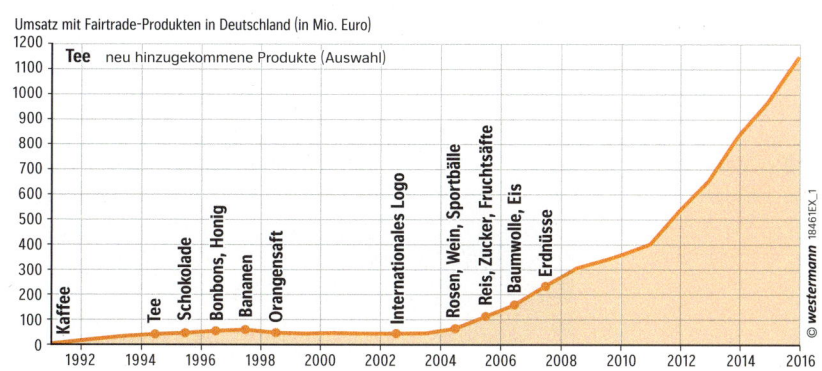

M4 Fair-Trade-Produkte in Deutschland immer beliebter

Gewusst – gekonnt

1 Hunger weltweit

a) Liste die Ursachen des Hungers in Entwicklungsländern auf.
b) Nahrung ist ein Grundbedürfnis des Menschen. Notiere weitere Grundbedürfnisse.
c) Erkläre die Begriffe Mangelernährung und Überernährung.
d) Vervollständige das Schema in deinem Heft und erläutere den Kreislauf.

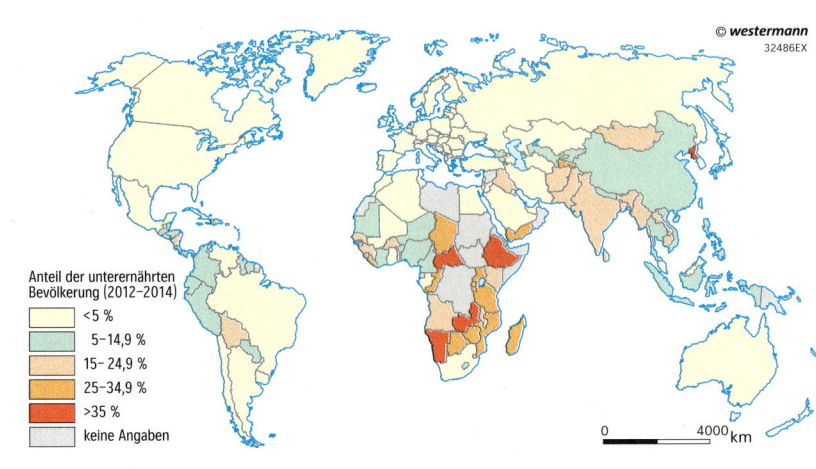

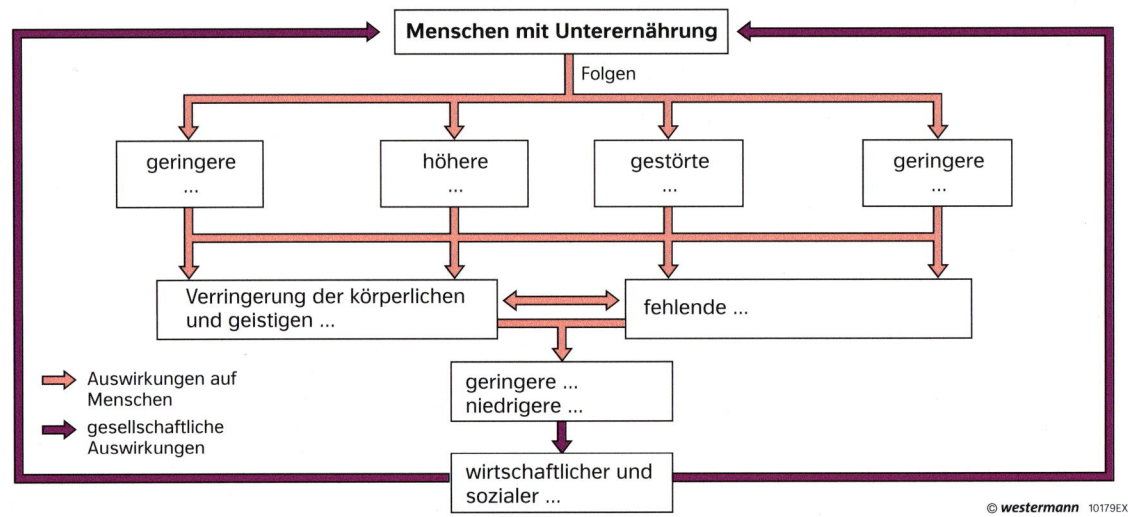

2 Verteilung der Weltbevölkerung

a) Ordne folgende Gebiete den Begriffen Ökumene und Anökumene zu.
b) Begründe deine Entscheidung.
c) Ermittle zu jedem Oberbegriff zwei weitere Gebiete.
d) Entscheide und erläutere, ob das Foto eine Ökumene oder eine Anökumene zeigt.

Ahaggar Niloase Gangesebene Java Victoria-Insel Kunlun Shan Große Sandwüste Ostküste der USA

3 Fast Food

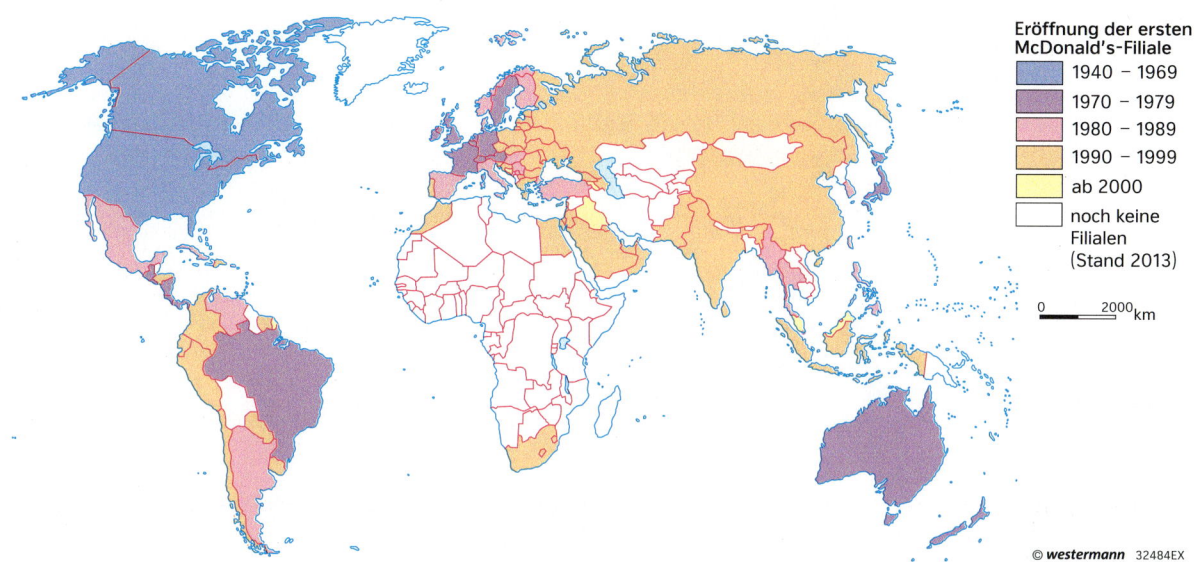

a) Ermittle mithilfe des Atlas die Länder in der Karte (maximal fünf pro Farbe).
b) Beschreibe mögliche gesundheitliche Auswirkungen von zu häufigem Konsum von Fast-Food-Produkten.
c) „Leben in der Fast-Food-Gesellschaft". Diskutiert Nachteile.
d) Recherchiere zur Slow-Food-Bewegung.
e) Überlege dir ein saisonales und regionales Fast-Food-Gericht ohne Fleisch.
f) Erläutere die Auswirkungen des globalen Fleischhungers.

4 Biokraftstoffe – Tank oder Teller

a) Tank oder Teller? Werte die Karikatur aus und nimm Stellung zur thematisierten Problematik.
b) Informiere dich in deinem Heimatgebiet über den Anbau von Kulturpflanzen, die für die Herstellung von Biokraftstoffen verwendet werden.
c) Biokraftstoffe oder Elektroautos? Entscheide dich für eine Variante und begründe deine Entscheidung.

Die Geosphäre – Nutzung, Gefährdung und Schutz

Rathen im Elbsandsteingebirge

Geosphäre als Lebensgrundlage

M1 Bestandteile der Geosphäre

Geosphäre und Landschaft

Das System Erde besteht aus mehreren Hüllen, den Sphären. Die Atmosphäre ist die gasförmige Hülle unserer Erde. Als Lithosphäre wird die feste Gesteinshülle der Erde bezeichnet. Die Böden bilden die Pedosphäre. Der Bereich der Erde, der von Wasser bedeckt ist, sowie das Grundwasser werden Hydrosphäre genannt. Als Biosphäre werden die Bereiche der Erde zusammengefasst, die von lebenden Organismen bewohnt sind. Die einzelnen Teilsphären durchdringen sich gegenseitig und ihre Übergänge sind fließend. In ihrer Gesamtheit bilden sie die Geosphäre.

Eine Landschaft ist ein Ausschnitt aus der Geosphäre, der sich von benachbarten Ausschnitten unterscheidet. Ihre Elemente bezeichnet man als Landschaftskomponenten.
Die Merkmale der sechs Landschaftskomponenten Klima, Wasserhaushalt, Relief, geologischer Bau, Boden und Bios sind durch vielfältige Wechselbeziehungen miteinander verknüpft. Landschaften existieren nur auf dem Festland der Erde.
Durch das Wirken der Menschen werden einzelne Landschaftskomponentenmerkmale und damit auch ganze Landschaften verändert.

Grundbegriff
- Atmosphäre

	Sphären der Erde	Landschaftskomponenten
Geosphäre	Atmosphäre Hydrosphäre Lithosphäre	Klima Wasserhaushalt geologischer Bau Relief
	Biosphäre Pedosphäre	Bios Boden

M2 Sphären der Erde und zugehörige Landschaftskomponenten

Die Geosphäre – Wetter und Klima

Die Steilküste ist geprägt durch das steilwandige Kliff, das am Fuß oft eine Brandungshohlkehle aufweist. Es ist im oberen Bereich mit Bäumen und Sträuchern bewachsen, deren Wurzeln es durchziehen. Vor dem Kliff lagern auf dem Blockstrand viele unterschiedlich große, meist abgerundete Steine. Das Kliff besteht in der Regel aus Geschiebe, also aus von Gletschern abgelagertem Material. Es ist von Grund- und Regenwasser durchfeuchtet, welches mitunter auch austritt. In den oberen Kliffbereichen nisten manchmal Uferschwalben in kleinen Löchern. Das Kliff unterliegt einer ständigen Zerstörung und damit einer Rückverlagerung in das Küstenvorland.

M3 Landschaft Steilküste an der Ostsee

Das Warnow-Mildenitz-Durchbruchstal ist ein Naturschutzgebiet und Teil des Naturparks Sternberger Seenland. Das Tal mit seinen bis zu 30 Meter hohen Steilhängen entstand während der Weichselkaltzeit und ist der Durchbruch eines Endmoränenzuges. Heute haben Gebirgsstelze, Eisvogel, Leberblümchen, zahlreiche Fischarten und neuerdings der Biber in der Flußlandschaft bzw. in den angrenzenden Mischwäldern eine Heimat gefunden. Das Durchbruchstal und die Landschaft des heutigen Naturparks mit seinen zahlreichen Seen stehen für ein nachhaltiges Zusammenwirken von Klima, Relief, Boden, Wasser sowie Flora und Fauna.

M5 Landschaft Durchbruchstal der Warnow

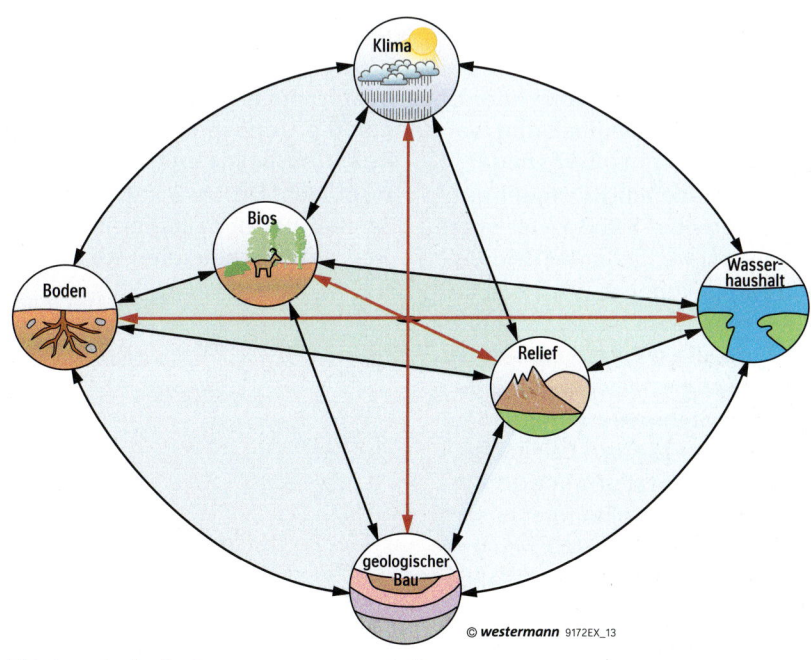

M4 Landschaftskomponentenmodell

Aufgaben

1. Erkläre den Begriff Geosphäre (M1, M2).
2. Erläutere das Zusammenwirken von Merkmalen der Landschaftskomponenten (M3–M5).
3. Verdeutliche den Einfluss des Menschen auf die Landschaft am Beispiel der Elbtalaue, des Aralsees oder der Alpengletscher (Atlas, Internet).
4. Erarbeitet in Gruppen die Merkmale der Komponenten einer ausgewählten deutschen Landschaft und ihr Zusammenwirken. Präsentiert eure Ergebnisse der Klasse (M4, S. 94/95, Atlas).

Atmosphäre/Troposphäre, Wetter und Klima

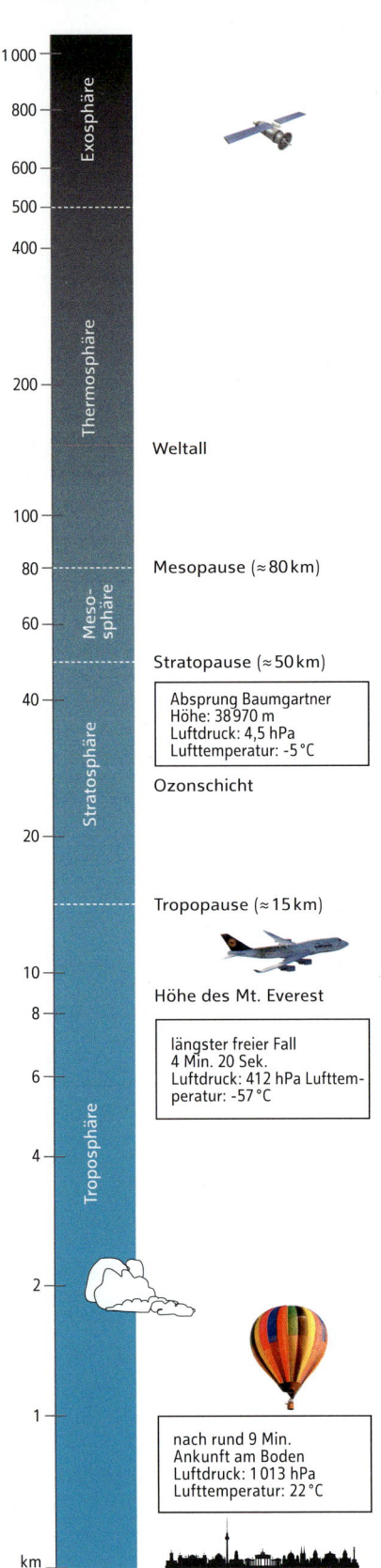

M1 Aufbau der Atmosphäre

M2 Auf dem Mount Everest ist die Atmosphäre besonders dünn

Aufbau der Atmosphäre

Als Felix Baumgartner im Oktober 2012 seinen Rekordsprung mit 1342 Kilometern pro Stunde Überschallgeschwindigkeit aus der 39 Kilometer hohen Stratosphäre erfolgreich absolvierte, hielt die Weltöffentlichkeit den Atem an. Allgemein bekannt war doch, dass bereits Bergsteiger beim Aufstieg auf Hochgebirgsgipfel von über 8000 Meter unter Sauerstoffmangel und Erfrierungen leiden können.

Die Atmosphäre ist die Lufthülle der Erde, die menschliches Leben überhaupt erst ermöglicht, indem sie die Erdtemperatur von -18 auf erträgliche +15 Grad Celsius erhöht. Sie schützt uns vor gefährlicher Sonnenstrahlung ebenso wie vor kosmischen Teilchen und Extremtemperaturen. Vertikal besteht sie aus mehreren Schichten, die durch Pausen voneinander getrennt sind.

Die unterste Schicht der Atmosphäre ist die Troposphäre, auch Wetterhülle genannt. In dieser durchschnittlich 12 Kilometer mächtigen Schicht spielt sich das Wettergeschehen ab. Neben gasförmigen Bestandteilen enthält die Troposphäre auch Staub, Ruß, Eiskristalle und Wassertröpfchen. Druck, Dichte und Temperatur der Luft verändern sich mit zunehmender Höhe.

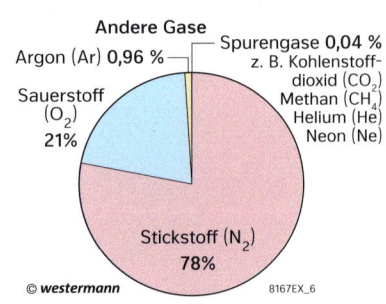

M3 Zusammensetzung der Atmosphäre

Die Geosphäre – Wetter und Klima

[...] Starkregen und Sturmböen vermiesten Tausenden Menschen in Deutschland die Wochenendveranstaltungen: Auf dem Hurricane-Festival im niedersächsischen Scheeßel hatten sich 75 000 Besucher darauf gefreut, mit The Offspring, The Prodigy, den Editors und Fritz Kalkbrenner zu feiern. Stattdessen ging der Samstag ohne auch nur ein Konzert zu Ende. Nachdem der Beginn des Programms aufgrund nahender Gewitter mehrmals verschoben worden war, sagten die Veranstalter die Konzerte am Abend schließlich komplett ab. Immerhin einige Musikfans ließen sich davon die Laune nicht verderben. Sie feierten trotzdem, im Matsch und Regen. Zeitweise mussten die Besucher jedoch aufgrund von Gewitterwarnungen stundenlang im Auto ausharren. [...]
(Quelle: Festivals unterbrochen, Festspiele abgesagt. Unwetter vermiesen uns das Wochenende. www.spiegel.de, 26.06.2016)

M4 Hurricane-Festival 2016 abgesagt

Generell unterscheidet man begrifflich Wetter, Witterung und Klima.

Als Wetter bezeichnet man den Zustand der Troposphäre zu einem bestimmten Zeitpunkt an einem bestimmten Ort.

Eine typische, über mehrere Tage bis zu einer Jahreszeit charakteristische Abfolge troposphärischer Zustände in einem Gebiet nennt man Witterung.

Unter Klima versteht man den beobachteten durchschnittlichen Zustand der Troposphäre an einem Ort über einen Zeitraum von mindestens 30 Jahren.

M5 Begriffsdefinitionen

Wetterbeobachtung und Datenmessung

Ob der tägliche regionale Wetterbericht oder die neuesten Daten des Deutschen Wetterdienstes – kein Tag vergeht ohne das Thema Wetter.
Viele Menschen sind trotz moderner Technik auch heute noch beruflich und privat davon abhängig. Bevor aber eine präzise Wettervorhersage erstellt werden kann, arbeiten viele Meteorologen in ihren Wetterstationen oder Klimainstituten mit verschiedenen Messgeräten, zum Beispiel dem Niederschlagsmesser oder dem Barometer.
Auch wenn Wetterstationen nicht gleichmäßig über die Erde verteilt sind, lassen sich mithilfe von Satellitendaten dennoch Klimawerte z. B. aus Meeres- und Wüstenregionen erschließen.
Der Deutsche Wetterdienst beispielsweise verarbeitet solche Informationen und liefert täglich möglichst genaue Wetterinformationen. Wetterfühlige Menschen spüren manche Wetterumschwünge bereits frühzeitig. Auch wenn eine exakte Vorhersage noch immer schwierig ist, gibt es physikalische Gesetze für das Auftreten bestimmter Wolken- und Niederschlagsarten. Die Höhe der Luftfeuchtigkeit, die Entstehung von Land- und Seewind und die Veränderung von Luftdruck und Temperatur unterliegen dabei einem Komplex regional bedingter Faktoren.
Über einen Zeitraum von etwa 30 Jahren betrachtet und mit den Erfahrungen seit Beginn der Wetteraufzeichnung verglichen, ergeben sie relativ konstante Klimabilder bestimmter Zonen. Besonders wichtig sind dabei zukünftig Messdaten, die Rückschlüsse auf Klimaveränderungen zulassen.

Grundbegriffe
- **Troposphäre**
- **Wetter**
- **Witterung**
- **Klima**

Aufgaben

1. Beschreibe den Aufbau und die Merkmale der Atmosphäre (M1, M3).
2. Erkläre die besondere Bedeutung der Troposphäre für den Menschen (M2, M5).
3. Wetter oder Klima? Begründe, worum es sich bei M4 handelt.
4. a) Nenne Beispiele besonderer Wettersituationen.
   b) Gib Beispiele für verschiedene Witterungen in Deutschland an.

Klimaelemente und Klimafaktoren

M1 Watzmann-Massiv im Frühling

Einflussfaktoren auf Wetter und Klima

Zu den messbaren Klimaelementen gehören Lufttemperatur, Luftfeuchtigkeit, Bewölkung, Niederschlag, Luftdruck und Wind. Diese verändern sich ständig und bestimmen durch ihr Zusammenwirken das Wetter.

Jeder Raum der Erde hat außerdem Eigenschaften, die das Klima beeinflussen. Dazu gehören zum Beispiel die Lage zum Meer, die Höhenlage oder die geographische Breitenlage. Diese und weitere Eigenschaften werden als Klimafaktoren bezeichnet und haben zum Beispiel Einfluss auf Lufttemperaturen, Windverhältnisse oder Niederschlagsmengen. Es gibt nicht nur natürliche Faktoren, die das Klima bestimmen. Auch der Mensch beeinflusst durch bestimmte Besiedlungsformen und wirtschaftliche Nutzung Wetter und Klima.

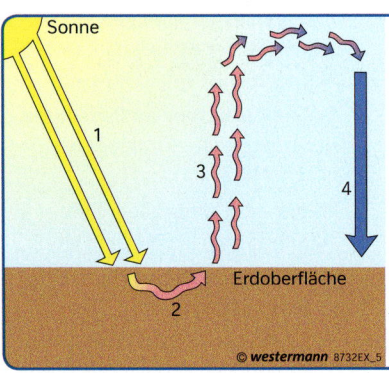

Die Luft wird nicht direkt von der Sonne erwärmt, sondern indirekt über die Erwärmung der Erdoberfläche.

① Die Strahlen der Sonne treffen auf die Erdoberfläche. Vorher wurde ein Teil der Energie, z. B. durch Wolken, reflektiert und absorbiert.

② An der Erdoberfläche wird das Licht in Wärmeenergie umgewandelt.

③ Die Wärmestrahlen erwärmen vorerst die Luftschicht unmittelbar über der Erdoberfläche. Warme, leichte Luft steigt auf und kühlt sich dabei ab. Das bedeutet, dass die Troposphäre von unten nach oben erwärmt wird.

④ Kalte, schwere Luft sinkt nach unten, dabei erwärmt sie sich. Die Luft wird durchmischt.

M2 Die indirekte Erwärmung der Luft

Die Geosphäre – Wetter und Klima

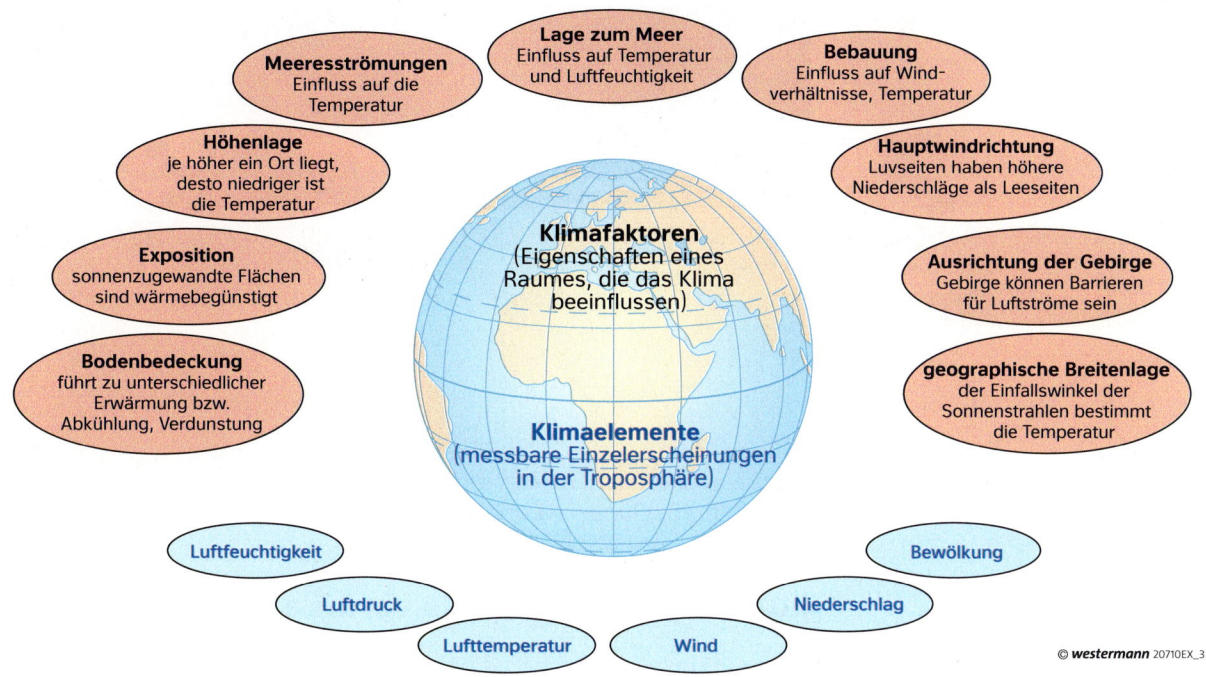

M3 Überblick der Klimaelemente und Klimafaktoren

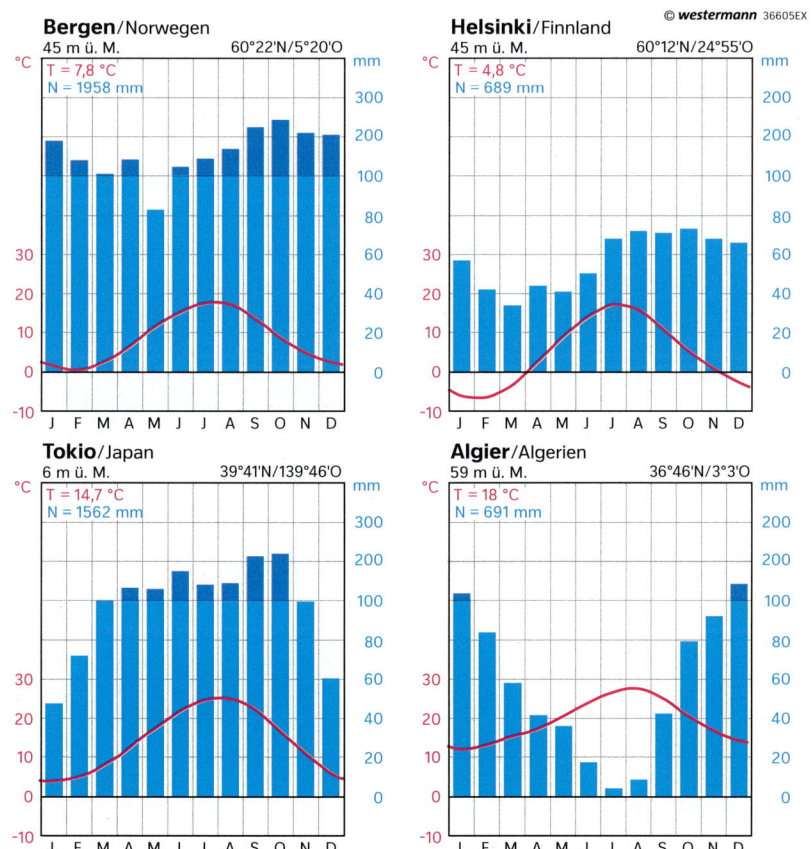

M4 Ausgewählte Klimadiagramme

Grundbegriffe
- **Klimaelement**
- **Klimafaktor**

Aufgaben

1. Erkläre die Begriffe Klimaelement und Klimafaktor sowie deren Zusammenhänge (M3).
2. Erkläre, wie es zum Anstieg der Tagestemperatur kommt (M2).
3. Begründe die Schneefelder auf dem Foto M1 (M3).
4. Vergleiche die Klimadaten der einzelnen Klimastationen und begründe deren Unterschiede (M3, M4, Atlas).
5. Fotografiert den Wetterzustand zu einem bestimmten Zeitpunkt an euren Heimatorten. Vergleicht eure Ergebnisse mit dem offiziellen Wetterbericht oder einer Wetter-App. Zieht Schlussfolgerungen.

Die atmosphärische Zirkulation

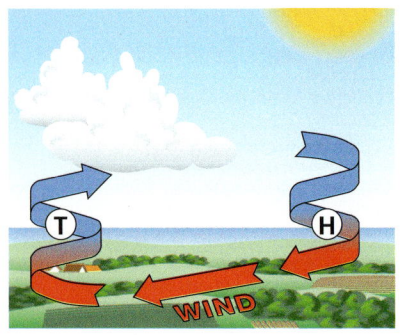

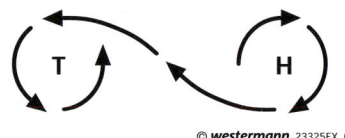

M1 Druckgebilde auf der Nordhalbkugel

M3 Heißluftballone – warme Luft steigt auf

Luftdruckunterschiede verursachen Wind

Das Gewicht der Luft auf einer Fläche wird als Luftdruck bezeichnet. Er wird mit dem Barometer in Hektopascal (hPa) gemessen. Ein Liter Luft wiegt durchschnittlich 1,3 Gramm. Dieses Gewicht ist die Kraft, mit der die Luft auf die Erdoberfläche drückt. Wird diese Kraft durch absinkende Luft über abgekühltem Boden verstärkt, so erhöht sich der Druck und es entsteht ein Hochdruckgebiet. Bei entgegengesetzt wirkender Kraft, also bei aufsteigender Warmluft, sinkt der Druck am Boden. Durch diese Druckentlastung entsteht ein Tiefdruckgebiet.

Der Druckunterschied zwischen Hoch- und Tiefdruckgebiet strebt nach einem Ausgleich. Dabei strömt die Luft immer vom Hoch- zum Tiefdruckgebiet. Diese Ausgleichsströmung der Luft zwischen Gebieten unterschiedlichen Luftdrucks nehmen wir als Wind wahr. Er kann in unterschiedlichen Stärken auftreten.

Wind-stärke	Bezeichnung	Auswirkung
0	Windstille	Rauch steigt senkrecht auf
1 – 2	Zug	Blätter bewegen sich
3 – 4	Brise	Zweige bewegen sich
5 – 6	Wind	Fahnen flattern, Äste bewegen sich
7 – 8	stürmischer Wind	Bäume werden gebogen
9 – 10	Sturm	Bäume werden entwurzelt
11 – 12	Orkan	Zerstörung und Verwüstung

M2 Windstärken

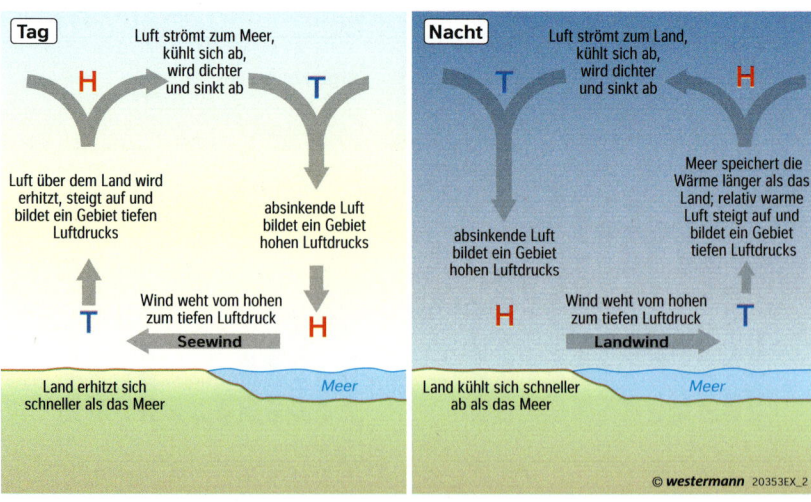

M4 Entstehung von Seewind (Tag) und Landwind (Nacht) an der Küste

Die Geosphäre – Wetter und Klima

Material:
Zeichenglobus, Tafelkreide

Durchführung:
Setze die Kreide (die den Weg einer Luftmasse sichtbar macht) am nördlichen Wendekreis an und zeichne einen Strich in Richtung Äquator
a) bei still stehendem Globus;
b) bei sich drehendem Globus (beachte die Erddrehung von West nach Ost!).
Wiederhole das Experiment, indem du die Kreide vom südlichen Wendekreis aus zum Äquator bewegst.

Auswertung:
Formuliere die Ergebnisse: Auf der Nordhalbkugel wird der Wind nach … (rechts/links) abgelenkt. Auf der Südhalbkugel …

M5 Experiment zum Coriolis-Effekt

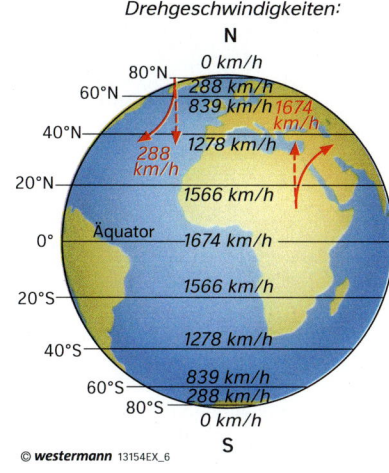

M7 Geschwindigkeiten von Luftteilchen

Atmosphärische Zirkulation

Wie schon die Seefahrer in der Antike nutzen heute Piloten Kenntnisse über Windsysteme und die atmosphärische Zirkulation. Auf der Route New York–Frankfurt fliegen sie mit dem Jetstream zwischen 40 und 60 Grad Nord und verkürzen so die Flugzeit um eine Stunde.
Doch was bringt die Atmosphäre in Bewegung? Aufgrund der unterschiedlichen Sonnenenergiezufuhr entstehen auf der Erde unterschiedliche Druckgebilde und damit Luftströmungen. Im Bereich des Äquators verursacht warme, aufsteigende Luft ein thermisches Tiefdruckgebiet, die äquatoriale Tiefdruckrinne. In den Polargebieten entsteht hingegen durch kalte, absinkende Luft am Boden das Polarhoch. Luftdruckunterschiede lassen die Luft in der Erdatmosphäre zirkulieren. Es entstehen weitere Druckgebilde und Winde von unterschiedlicher Ausrichtung und Stärke.

Grundbegriffe
- Hochdruckgebiet
- Tiefdruckgebiet
- Wind

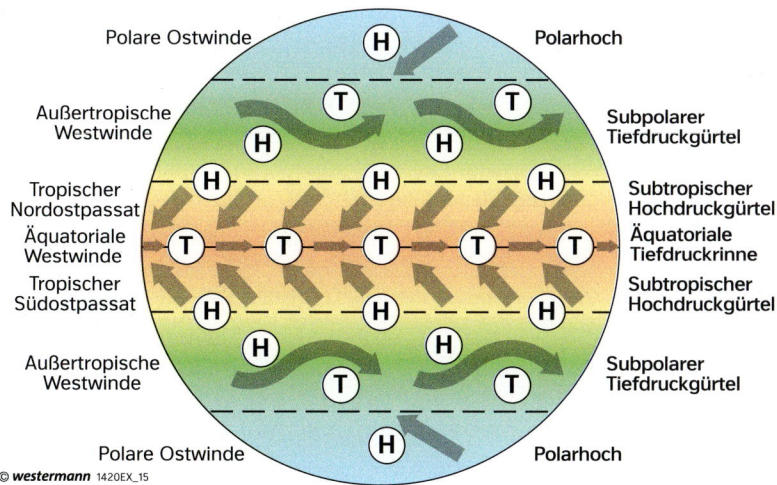

M6 Luftdruck- und Windgürtel

Aufgaben

1. Beschreibe die Entstehung von Wind (M1).
2. Erkläre Folgen und Nutzung des Windes (M2, M3).
3. Beschreibe, wie See- und Landwinde an Küsten entstehen (M4).
4. Führe das Experiment zum Coriolis-Effekt durch und erläutere die Ergebnisse (M5).
5. Erkläre die Wirkung des Coriolis-Effektes für den Flug- oder Seeverkehr (M6, M7).

Wolken, Niederschläge, Hauptluftmassen

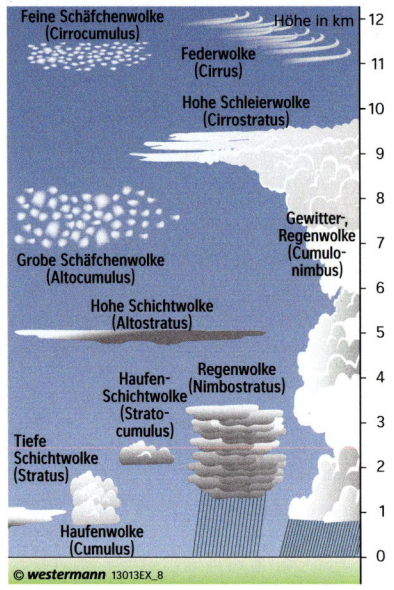

M1 Wolkenarten in verschiedenen Höhen

M3 Wolkenarten

Wolkenbildung und Niederschlag

Eine Wolke ist eine Ansammlung von Wassertröpfchen, die in der Atmosphäre schweben.
Steigt feuchte Luft mit einer bestimmten absoluten Luftfeuchtigkeit auf, kühlt sie sich ab. Die relative Luftfeuchtigkeit wächst. In einer gewissen Höhe wird der Taupunkt erreicht, das bedeutet, die Luft hat eine soweit abgekühlte Temperatur, dass sie mit Wasserdampf gesättigt ist. Die maximale Luftfeuchtigkeit und das Kondensationsniveau sind erreicht.
Bei weiterem Aufsteigen der Luft kondensiert der überschüssige Wasserdampf. Wassertröpfchen bilden sich um sogenannte Kondensationskerne, zum Beispiel feinste Staubteilchen.
Es hat sich eine Wolke gebildet, aus der es zu Niederschlag kommen kann.

M2 Taupunktkurve

Info

absolute Luftfeuchtigkeit
tatsächlich in der Luft enthaltene Wasserdampfmenge, Messgerät: Hygrometer (in g/m^3)

maximale Luftfeuchtigkeit
von der Luft höchstmöglich aufnehmbare Menge an Wasserdampf, steigt mit der Lufttemperatur (in g/m^3)

relative Luftfeuchtigkeit
Verhältnis zwischen absoluter und maximaler Luftfeuchtigkeit (in %)

Niederschlagsart	Erklärung
kein Niederschlag	Tröpfchen in der Wolke sind so klein, dass sie schwebend in der Luft gehalten werden können (kleiner als 1/100 mm)
Sprühregen	Tröpfchengröße kleiner als 0,5 mm
Platzregen	Tropfengröße ca. 5 mm
Schnee	Eiskristalle fallen aus einer Wolke und tauen bis zur Erdoberfläche nicht auf, da dort kalte Frostluft vorherrscht
Graupel	Zusammenfrieren fallender Eiskristalle oder von Eiskristallen mit unterkühlten Wasserteilchen
Hagel	durch mehrfach starke Aufwinde vergrößerte Graupelkörner
Nebel	niedrige Wolken am Boden
Tau	an kalten Objektoberflächen kondensierte Wassertropfen
Reif	an sehr kalten Objektoberflächen gefrorene Wassertropfen

M4 Niederschlagsarten

Die Geosphäre – Wetter und Klima

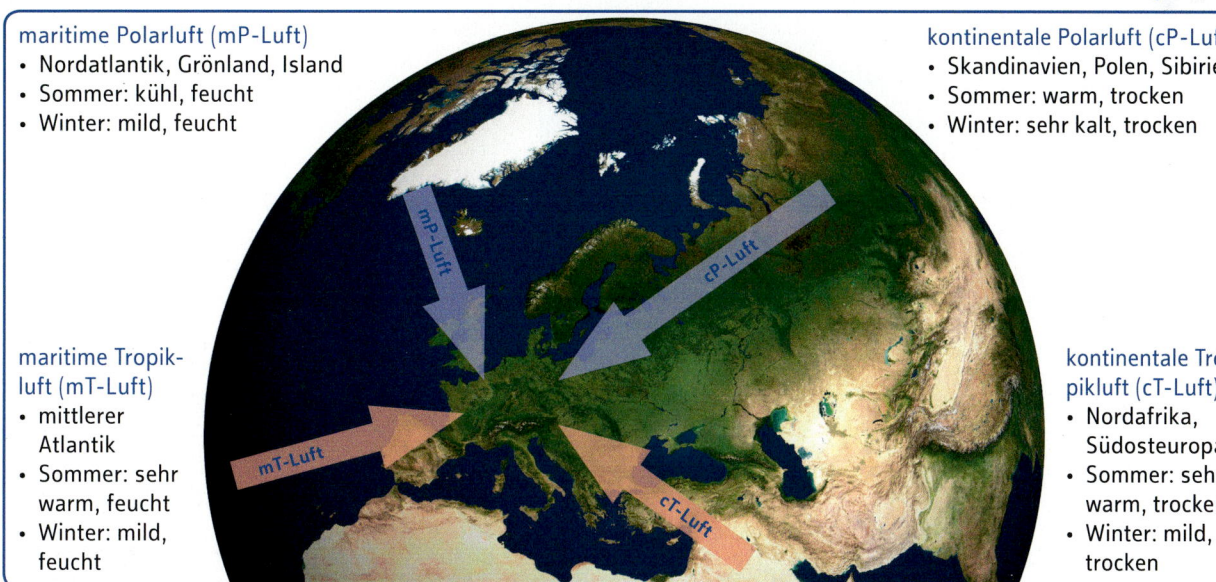

maritime Polarluft (mP-Luft)
- Nordatlantik, Grönland, Island
- Sommer: kühl, feucht
- Winter: mild, feucht

kontinentale Polarluft (cP-Luft)
- Skandinavien, Polen, Sibirien
- Sommer: warm, trocken
- Winter: sehr kalt, trocken

maritime Tropikluft (mT-Luft)
- mittlerer Atlantik
- Sommer: sehr warm, feucht
- Winter: mild, feucht

kontinentale Tropikluft (cT-Luft)
- Nordafrika, Südosteuropa
- Sommer: sehr warm, trocken
- Winter: mild, trocken

M5 Herkunftsgebiete und Eigenschaften der vier Hauptluftmassen in Europa

Luftmassen und Wetterlagen

Teilräume der Troposphäre mit relativ einheitlicher Temperatur oder Luftfeuchtigkeit werden Luftmassen genannt. Sie werden durch Winde transportiert und legen oft große Strecken bis nach Mitteleuropa zurück. Dabei nehmen sie die Eigenschaften (zum Beispiel warm, kalt, trocken, feucht) des Gebietes an, aus dem sie kommen bzw. das sie überqueren.

Das Wetter in Mitteleuropa wird im Wesentlichen von vier Hauptluftmassen bestimmt. Bei den häufig auftretenden westlichen Wetterlagen sorgt maritime Luft für wechselhaftes Wetter mit Niederschlägen sowie sommerliche Kühle oder winterliche Milde. Die Ostwetterlage dagegen bringt durch den Einfluss kontinentaler Luft warme Sommer oder sehr kalte Winter ohne Niederschläge.

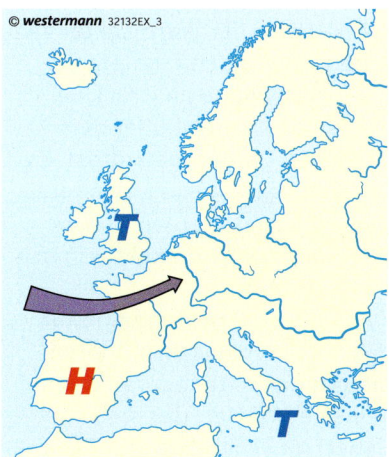

M6 Westwetterlage

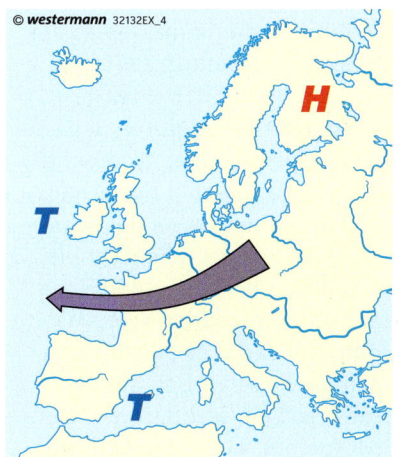

M7 Ostwetterlage

Aufgaben

1. Erkläre die Begriffe absolute, maximale und relative Luftfeuchtigkeit.
2. Erläutere die Wolkenbildung (M2).
3. Bestimme die Wolkenarten auf den Fotos ① – ④ (M1, M3).
4. Beschreibe die Entstehung verschiedener Niederschlagsarten (M4).
5. Begründe die Eigenschaften der vier Hauptluftmassen (M5).
6. Vergleiche West- und Ostwetterlagen in Europa und begründe jeweils das Wetter im Sommer und Winter (M5 – M7).

Zyklone

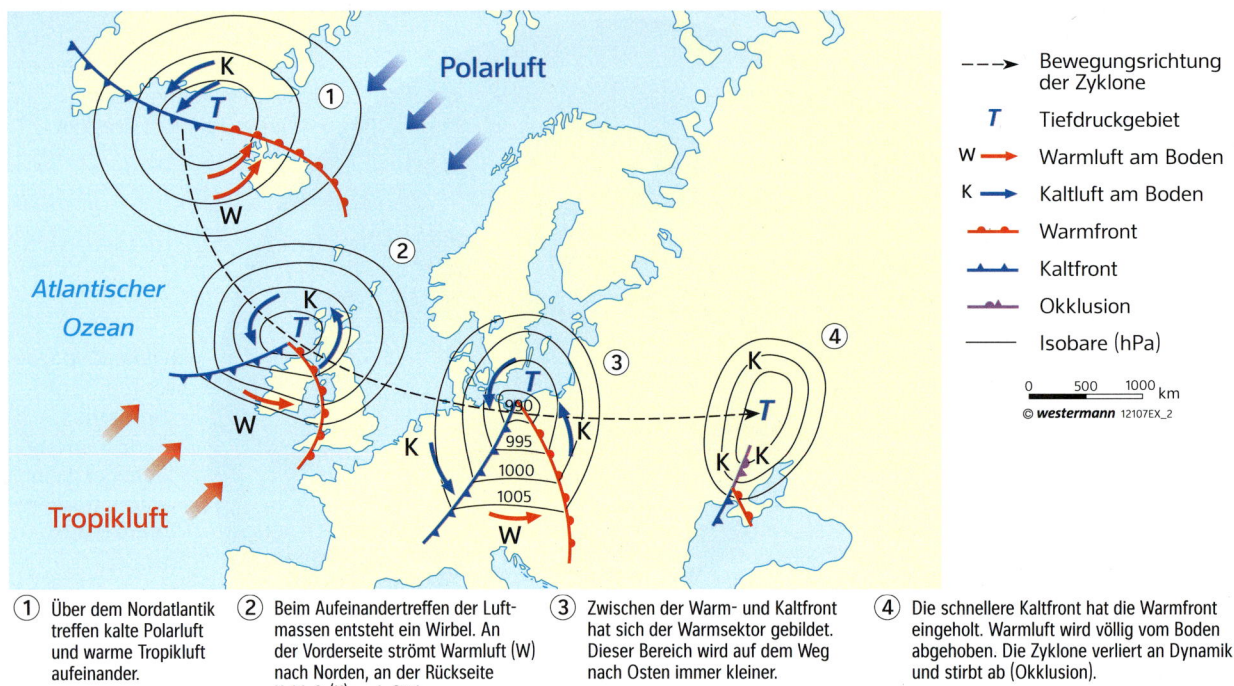

① Über dem Nordatlantik treffen kalte Polarluft und warme Tropikluft aufeinander.
② Beim Aufeinandertreffen der Luftmassen entsteht ein Wirbel. An der Vorderseite strömt Warmluft (W) nach Norden, an der Rückseite Kaltluft (K) nach Süden.
③ Zwischen der Warm- und Kaltfront hat sich der Warmsektor gebildet. Dieser Bereich wird auf dem Weg nach Osten immer kleiner.
④ Die schnellere Kaltfront hat die Warmfront eingeholt. Warmluft wird völlig vom Boden abgehoben. Die Zyklone verliert an Dynamik und stirbt ab (Okklusion).

M1 Entwicklungsstadien einer Zyklone

Aufbau und Entwicklung einer Zyklone

Im Wetterbericht hören wir oft von einem Hoch oder Tief, das unser wechselhaftes Wetter bestimmt. Alte Bauernweisheiten künden von natürlichen Wettervorboten zu bestimmten Jahreszeiten. Doch lassen sich diese Wetterumschwünge auch wissenschaftlich erklären?

Europa liegt in den mittleren Breiten und damit im Gebiet der Ausgleichsströmung zwischen den Tropen und den Polargebieten. Diese wird durch den Coriolis-Effekt zu einer Westwindströmung abgelenkt. Innerhalb Europas nimmt dabei der Luftdruck stark ab und bewirkt bis zu 600 km/h starke Winde in der höheren Troposphäre. Als Jetstream saugt er Luftmassen nach oben, verwirbelt sie und produziert ein wanderndes Tiefdruckgebiet, eine sogenannte Zyklone. Diese besteht aus Warmfront, Kaltfront und einem dazwischen liegendem Warmsektor. Das über dem Nordatlantik entstandene Tiefdruckgebiet wandert mit dem Westwind ostwärts. Dabei wird an seiner Rückseite polare Kaltluft nach Süden und an der Vorderseite tropische Warmluft nach Norden gelenkt. Auf ihrem Weg über Europa verkleinert sich der Warmsektor zwischen den beiden Fronten, sodass die Zyklone an Druck verliert und sich meist über dem südlichen Osteuropa auflöst. Es kommt zur Okklusion, der Vereinigung beider Fronten, die die Warmluft des Warmsektors nach oben drücken.

Zyklonen sind bestimmend für das Wetter in unseren Breiten. Sie bringen Mitteleuropa wechselhaftes Wetter, das sich statistisch gesehen alle drei Tage ändert.

M2 Zyklone über Europa

Die Geosphäre – Wetter und Klima

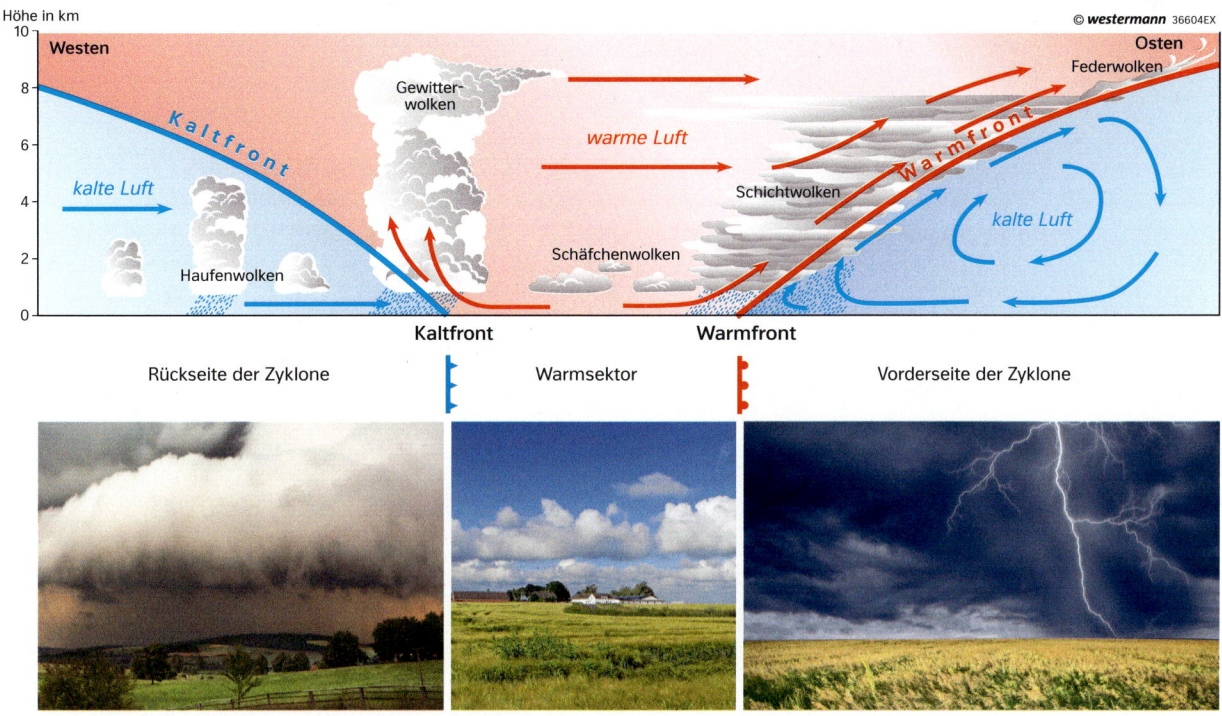

M3 Wettersituation beim Durchzug einer Zyklone

Wetterablauf beim Durchzug einer Zyklone

Ursache unseres wechselhaften Wetters sind die Vorgänge an beiden Zyklonenfronten.
Die Vorderseite mit der Warmfront wird durch Federwolken angekündigt. Bei steigender Temperatur sinkt der Luftdruck. Dieser Wetterfront folgen Schichtwolken mit Sprühregen, der bald in langanhaltenden Landregen übergeht. Ein auffrischender Wind dreht langsam zur einströmenden Warmluft hin. Erreicht uns der Warmsektor, tritt eine Wetterberuhigung ein. Die Temperatur steigt wieder und die Wolkendecke löst sich bei stärkerem Westwind auf. Trifft die Kaltfront bei uns ein, kühlen sich die Lufttemperaturen schnell und stark ab. Hochaufragende Gewitterwolken bringen starke, kurze Gewitter oder Schauer und Windböen aus Richtung Atlantik.

Grundbegriff
- Zyklone

Heute ist es in der Osthälfte zunächst oft sonnig, zum Nachmittag und Abend wird es von Süden und Südwesten wolkiger und nachfolgend fallen Schauer oder Gewitter. In der Westhälfte ist es ganztags wechselnd, teils auch lange dicht bewölkt und wiederholt fallen gewittrige Schauer, teils auch länger anhaltender gewittriger Regen. […] In der Nacht zum Donnerstag beruhigt sich das Wetter im Westen und Norden nach Abzug der Schauer und Gewitter vorübergehend. Lange trockene Phasen und auch größere Wolkenlücken haben eine Chance. Im Osten und Süden sind viele Wolken und gebietsweise Schauer und Gewitter unterwegs. […]

(Quelle: Es kracht in der schwülen Suppe – Unwettergefahr! www.wetter.de, 28.06.2017)

M4 Wetterbericht vom 28.06.2017

Aufgaben

1 Beschreibe den Aufbau einer Zyklone (M1 – M3).

2 Erläutere die Entwicklung einer Zyklone über Europa (M1, M2).

3 Begründe die Existenz von „Zyklonenfriedhöfen" in Osteuropa (M1).

4 a) Erläutere, welcher Teilabschnitt der Zyklone im Wetterbericht beschrieben wird (M4).
b) Entwirf zwei weitere Wetterbeschreibungen für die anderen beiden Abschnitte der Zyklone (M3).

Globale Klimaveränderungen

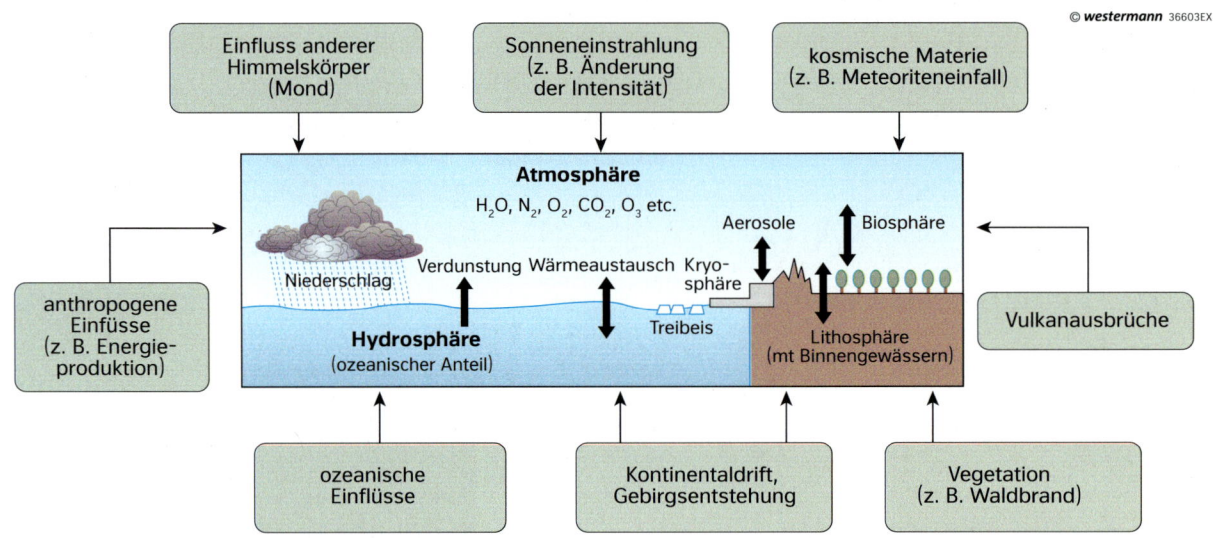

M1 Klimasystem der Erde

Globaler Klimawandel

Der einsame Eisbär auf der schmelzenden Eisscholle klagt die Weltöffentlichkeit an. Klimaforscher mahnen seit Jahren, dass es für uns Menschen auf der Erde fünf vor zwölf sei. Sie verweisen auf die Gletscherschmelze Grönlands ebenso wie auf den Anstieg des Meeresspiegels und die Ausbreitung von Dürregebieten.

Mit Blick auf den weltweiten Temperaturanstieg seit rund 150 Jahren scheint der Mensch die Hauptschuld zu tragen. Seit den 1990er-Jahren finden deshalb jährlich UN-Klimakonferenzen statt, die 2015 erstmals zu einem weltweiten Klimavertrag im Kampf gegen die globale Erderwärmung geführt haben.

Doch gibt es auch Klimaexperten, die aus erdgeschichtlicher Sicht langanhaltende Warm- und Kaltzeiten als Normalität einstufen. Sie begründen dies mit natürlichen Ursachen, z. B. der Verschiebung der Kontinentalplatten, der schwankenden Sonnenaktivität bei Sonnenflecken, Vulkanausbrüchen und Veränderungen der Erdbahn um die Sonne.

Ein Meteoriteneinschlag vor 65 Millionen Jahren veränderte wahrscheinlich das Klima der Erde soweit, dass die Dinosaurier aufgrund einer eintretenden Kälteperiode ihre Lebensgrundlage verloren und ausstarben. Die Debatte zwischen den Kritikern und Befürwortern des anthropogenen Klimawandels dauert an. Fest steht jedoch, dass der Klimawandel allgemein für das Leben auf der Erde weitreichende Folgen mit sich bringt und der Mensch daran einen erheblichen Anteil hat.

Der Trend zur Eisschmelze in der Arktis setzt sich fort. Wie jedes Jahr im September hat die Ausdehnung des arktischen Meereises ihr Sommerminimum erreicht. Es ist der zweitniedrigste je beobachtete Wert. […] Eine neue Studie im Fachmagazin „The Cryosphere" gibt zusätzlich Grund zur Sorge. Für die Studie wurde das Meereis in den verschiedenen Regionen untersucht, in denen Eisbären leben. Das Eis entfernt sich im Sommer immer weiter von den Küsten. In allen diesen Regionen verkürzt sich dadurch die Zeit, in der Meereis vorhanden ist. Teilweise beträgt die Abnahme 19 Tage pro Dekade. Eisbären sind jedoch darauf angewiesen, vom Meereis aus zu jagen. Eine verkürzte Meereisbedeckung bedeutet also weniger Zeit zum Jagen, was zu weniger Geburten führt. Es besteht sogar das Risiko, dass in Zukunft mehr Eisbären verhungern. Auch andere arktische Meeressäugetiere, wie Robben, Wale und Walrosse, sind vom arktischen Meereis abhängig.

Selbst um den Nordpol herum gibt es keine geschlossene Eisdecke mehr.

(Quelle: Arktisches Meereis erreicht Minimum für 2016. www.klimahaus-bremerhaven.de, 28.09.2016)

M2 Eisbär in Gefahr

Die Geosphäre – Wetter und Klima

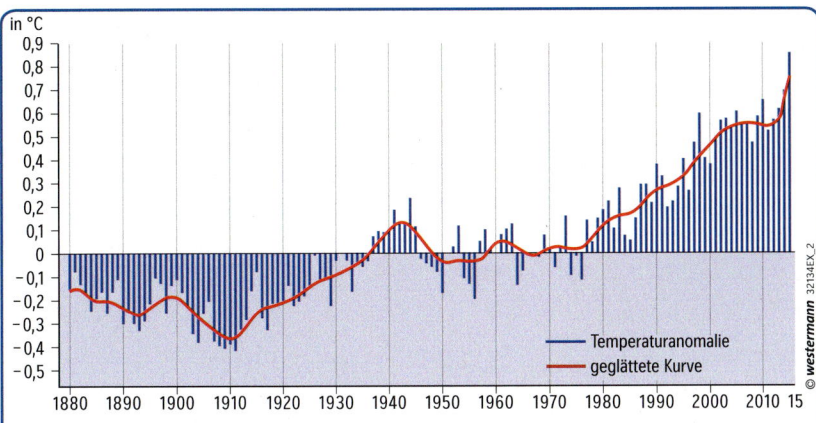

M3 Global ermittelte Temperatur der Erde 1860 bis 2015

Ein Vergleich der globalen Mitteltemperatur seit 1860 zeigt einen besonders drastischen Temperaturanstieg seit den 1970er-Jahren. Aufgrund des Zusammenhangs mit Wirtschaftsentwicklung und Bevölkerungswachstum sprechen Wissenschaftler von einem anthropogen verstärkten Treibhauseffekt.

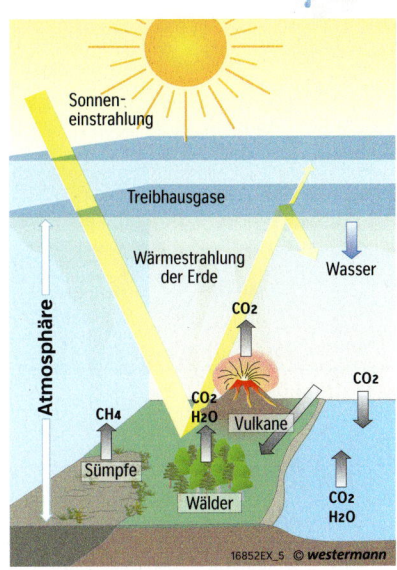

M5 Natürlicher Treibhauseffekt

Treibhaus Erde – natürlicher Treibhauseffekt

Grundsätzlich funktioniert unser Planet wie ein Treibhaus. Die Sonne liefert uns die Energie zum Leben und treibt das Wetter an. Ihre Strahlung variiert jedoch je nach Einfallswinkel erheblich und so würde auf der Erdoberfläche im Durchschnitt nur eine Temperatur von -18 Grad Celsius herrschen. Die Atmosphäre mit ihren Gasen wirkt jedoch wie die Glasscheiben eines Gewächshauses und bewirkt durch einen Wärmestau die Erhöhung der Durchschnittstemperatur auf lebenswerte 15 Grad Celsius.

Ohne diesen natürlichen Treibhauseffekt und ohne die Ozonschicht wäre menschliches Leben auf unserem Planeten nicht möglich.
Dennoch hat es auch vor der menschlichen Existenz auf der Erde zahlreiche Klimaschwankungen gegeben, die die Vegetation und damit den Lebensraum vergangener Erdbewohner stark beeinträchtigt haben. So gab es in der Erdgeschichte immer wieder langanhaltende Warm- und Kaltzeiten ohne menschlichen Einfluss.

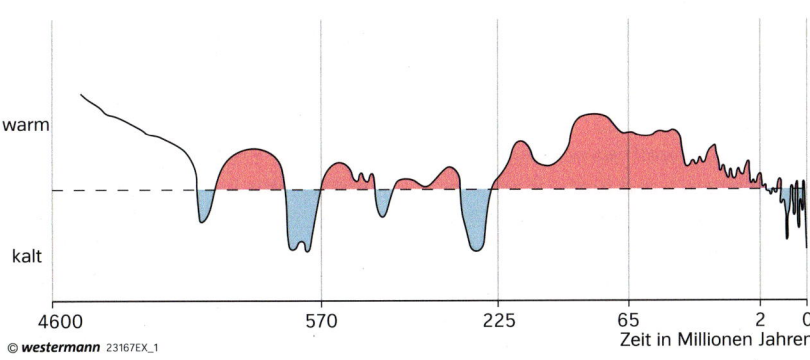

M4 Entwicklung der Erdtemperaturen

Aufgaben

1 Beschreibe das Klimasystem der Erde (M1).

2 Begründe, warum man beim Klimawandel von einer tickenden Zeitbombe mit weitreichenden Folgen für die Menschen und die Tierwelt sprechen kann (M2).

3 Erläutere mögliche Ursachen für Temperaturschwankungen auf der Erde (M1, M3–M5).

4 Charakterisiere den natürlichen Treibhauseffekt (M5).

Mögliche Ursachen für den Klimawandel

M1 Güllewagen

M2 Stau auf der Autobahn

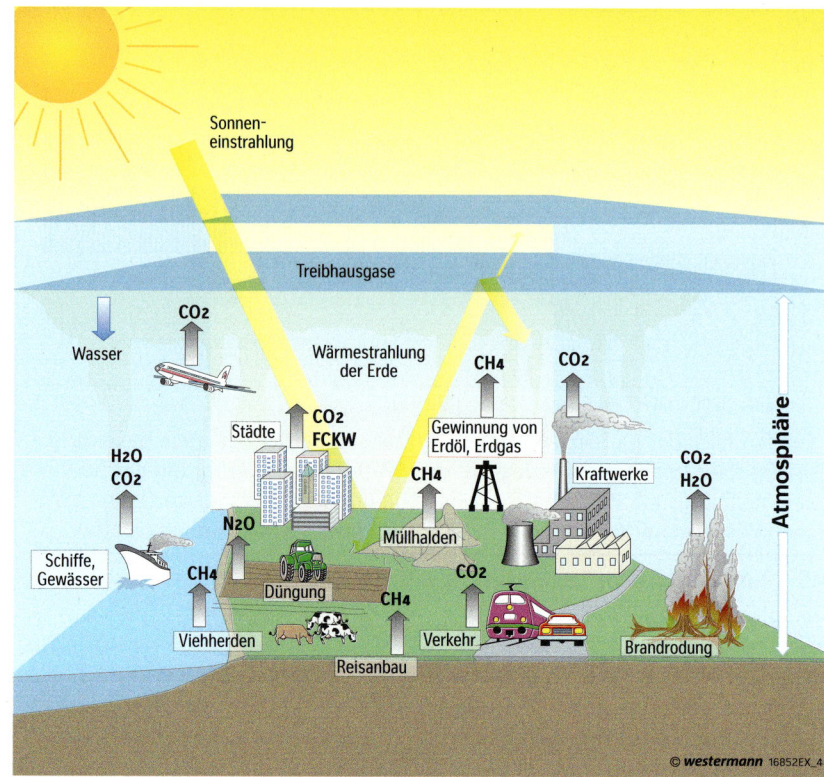

M4 Treibhaus Erde – der anthropogen verstärkte Treibhauseffekt

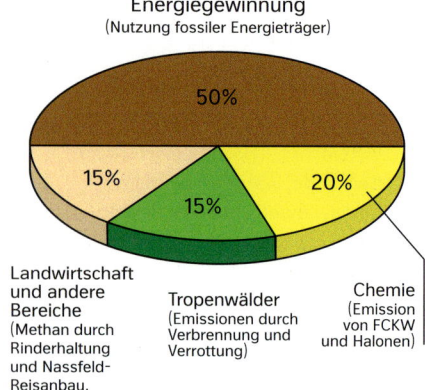

M3 Anteile am anthropogenen Treibhauseffekt

„Treibhaustäter" Mensch

Seit Jahrhunderten haben die Menschen das Klima beeinflusst, wenn sie zum Beispiel Wälder zur Gewinnung von Acker- und Weideland abholzten, Sümpfe entwässerten oder Städte bauten. Die Auswirkungen beschränkten sich vorerst vor allem auf die betroffenen Gebiete, das großräumige Klima blieb davon weitgehend unberührt.

Das änderte sich mit dem Beginn der industriellen Revolution im 19. Jahrhundert. Die Energienachfrage stieg. Das Verhältnis Mensch-Umwelt wandelte sich grundlegend und hinterlässt bis heute Spuren in der Zusammensetzung der Atmosphäre. Das geschieht insbesondere durch die Nutzung von fossilen Energieträgern, die Ausbreitung der industriellen Produktion und die Intensivierung der Landwirtschaft infolge der wachsenden Weltbevölkerung.

Angestiegen ist dadurch zum Beispiel der Anteil der Treibhausgase Kohlenstoffdioxid (CO_2), Methan (CH_4) und Distickstoffoxid (N_2O) in der Atmosphäre. Der Mensch hat auf diese Weise eine Verstärkung des Treibhauseffektes, den sogenannten anthropogenen Treibhauseffekt, ausgelöst.

In den vergangenen 100 Jahren stieg die Durchschnittstemperatur auf der Erde so um 0,8 °C. Der menschliche Einfluss auf das Klimageschehen hat weitreichende Folgen. Der anthropogen beeinflusste Klimawandel ist nicht mehr zu leugnen. Das zeigt der enorme Temperaturanstieg seit den 1970er-Jahren.

Die Geosphäre – Wetter und Klima

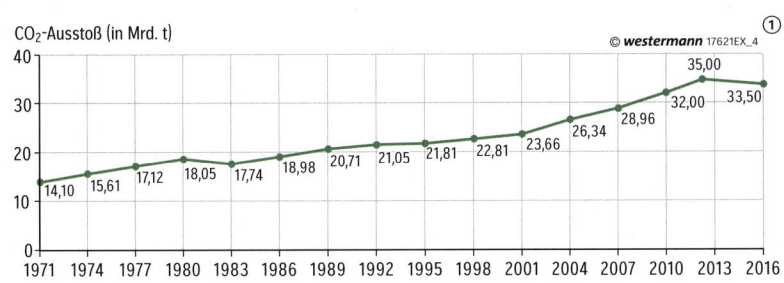

①

② Ein Deutscher verbraucht siebenmal so viel Energie wie ein Ägypter. Selbst wenn die Menschen aus den Industrieländern nachts schlafen, verbraucht jeder von ihnen durchschnittlich mehr Energie als ein Mensch in den Entwicklungsländern tagsüber.

③ In den Industrieländern fahren 92 Prozent aller Autos, deren Verbrennungsmotoren Kohlenstoffdioxid produzieren.

④ Ein Deutscher verbraucht täglich durchschnittlich 15 l Erdöl, ein Bewohner der Entwicklungsländer 0,75 l. Bei heutigem CO_2-Ausstoß dürften nur zwei Liter Erdöl pro Erdbewohner am Tag verbraucht werden.

⑤ Die Industrienationen des Nordens erzeugen 75 Prozent des weltweiten Kohlenstoffdioxidausstoßes.

M5 Treibhaustäter: Menschen in den Industrieländern

„Schon irgendwie kurios, wenn man im tiefsten Winter hochsommerlich gekleidet das Thermostat der Heizung anbetet."
„Schon irgendwie bedenklich, wenn ohne elektrischen Dosenöffner die Küche kalt bleiben würde ..."
„Schon irgendwie erstaunlich, dass zwischen Wäschetrockner und Wäscheklammern mehrere hundert Euro Anschaffungskosten liegen – den Energieverbrauch nicht mitgerechnet, aber bei beiden die Wäsche gleich trocken wird."

M6 Gedanken zum Klimaschutz

Angeklagt: Produzenten und Verbraucher

Die Industrieländer sind derzeit die größten Treibhaustäter. Durch die rasante Wirtschaftsentwicklung seit 150 Jahren stiegen die Emissionen von Treibhausgasen um ein Vielfaches an. Gerade die Industrieländer wirtschaften heute mit einem hohen Energieaufwand auf Kosten der gesamten Menschheit. Dabei werden die meist begrenzt vorhandenen fossilen Brennstoffe verbraucht. Diese hinterlassen in der Atmosphäre Kohlenstoffdioxid, das in seiner hohen Konzentration erst nach 100 Jahren wieder abgebaut ist und zur Erderwärmung ebenso beiträgt wie das erhöhte Aufkommen an Autos, Flugzeugen und Schiffen. Aber auch die weniger entwickelten Länder Afrikas, Lateinamerikas und Asiens tragen eine Mitschuld am anthropogenen Klimawandel. Sie produzieren noch mit veralteten, umweltbelastenden Anlagen.
Mit dem Voranschreiten der industriell geprägten Landwirtschaft haben die Staaten der modernen Welt zusätzlichen Raubbau an der Erde betrieben. Für steigende Erträge und eine erhöhte Fleischproduktion wurden großflächig Wälder gerodet, Sümpfe trockengelegt und Viehherden vergrößert. Damit riskierten sie eine erhöhte Konzentration von Methan und Kohlenstoffdioxid in der Luft. Diese Treibhausgase müssen die Fleischproduzenten nun schrittweise reduzieren.
All diese Gründe erfordern ein Umdenken im Handeln der Menschen in der gesamten Welt.

Aufgaben

1. Erkläre den anthropogenen Treibhauseffekt (M3, M4).
2. Erläutere, wie sich der Mensch durch seine Lebensweise am Klimawandel schuldig macht (M1, M2, M5, M6).
3. Stellt an den Menschen als Treibhaustäter Forderungen zur Entlastung der Atmosphäre von Treibhausgasen. Gestaltet dazu in Gruppenarbeit eine Petition an die nächste Klimakonferenz.

Mögliche Ursachen für den Klimawandel

1992: Rio de Janeiro (Brasilien)
- Reduzierung der FCKW bis 2000 auf den Stand von 1990

1997: Kyoto (Japan)
- Reduzierung der Treibhausgase der Jahre 2008 bis 2012 im Durchschnitt um 5,2 Prozent im Vergleich zu 1990

2001: Bonn (Deutschland)
- Klimavertrag der Industrieländer: Zugeständnisse an Länder mit hohem Ausstoß; Ausscheren der USA und Chinas
- keine weitere Treibhausgasreduzierung geplant

2003: Mailand (Italien)
- bessere Umsetzung des Kyoto-Protokolls durch Gewinnung von mindestens 55 % der Emissionsländer für die Umsetzung
- Festlegung von verbindlichen Fristen für die CO_2-Reduktion
- Emissionshandelsbeschluss scheitert an Russland

2008: Posen (Polen)
- Schaffung von Hilfsfonds für die Anpassung der ärmsten Länder an die Bedingungen des Klimawandels

2009: Kopenhagen (Dänemark)
- Begrenzung des globalen Temperaturanstiegs bis 2100 auf 2 °C

2010: Cancún (Mexiko)
- 100 Mrd. Dollar Fonds für Entwicklungsländer ab 2020 zur Hilfe beim Klimaschutz
- Kyoto-Protokoll-Mitglieder senken die CO_2-Emission um 25 bis 40 Prozent unter den Wert von 1990

2015: Paris (Frankreich)
- Begrenzung der Erderwärmung auf weniger als 2 °C, möglichst 1,5 °C
- bis 2030 mindestens vierzig Prozent weniger Treibhausgasausstoß als 1990

M1 Klimakonferenzen und ihre wichtigsten Ergebnisse

M2 Karikatur

Klimaforschung und Klimapolitik

Nicht nur die Industrieländer sind für die Erderwärmung verantwortlich. Durch das weltweite Bevölkerungswachstum wird immer mehr Landwirtschaftsfläche für die Versorgung gebraucht und für die Schaffung neuer Industriegebiete und Verkehrswege wird verstärkt Flächenversiegelung betrieben. Die Bevölkerung wächst aber besonders in den Entwicklungsländern. Darüber hinaus streben diese Staaten eine Entwicklung nach dem Vorbild der Industrieländer an und verursachen dadurch einen höheren Energieverbrauch und mehr Treibhausgase in der Atmosphäre. Doch immer mehr Länder erkennen die Notwendigkeit des Emissionsschutzes und die Anpassung ihrer Lebensweise an den Klimawandel. Erste Erfolge sind durch die Einschränkung des FCKW-Ausstoßes bei Kühlschränken und durch den Einsatz alternativer Energien und schadstoffarmer Autos in den Industrieländern erzielt worden.

Um auch die wirtschaftlich schwächeren Länder in die Verantwortung für das Erdklima nehmen zu können, beschloss die Klimakonferenz 2008 entsprechende Hilfsfonds. 100 Milliarden Dollar sollen ab 2020 den Entwicklungsländern für den Klimaschutz zur Verfügung gestellt werden. Nur gemeinsam wird es gelingen, den globalen Temperaturanstieg auf weniger als zwei Grad Celsius zu begrenzen.
Die Klimakonferenz im Dezember 2015 in Paris verabschiedete ein Abkommen, das einen weiteren Kohlenstoffdioxidanstieg in der Atmosphäre ab 2060 vermeiden und so den weiteren globalen Temperaturanstieg auf 1,5 Grad Celsius begrenzen soll.
Dies könnte erreicht werden, indem Länder zum Beispiel neue Wälder anpflanzen, die dieses ungewollte Treibhausgas aufnehmen. Bis zum Oktober 2016 haben 74 der 130 beteiligten Staaten der Konferenz das Abkommen verabschiedet.

Die Geosphäre – Wetter und Klima

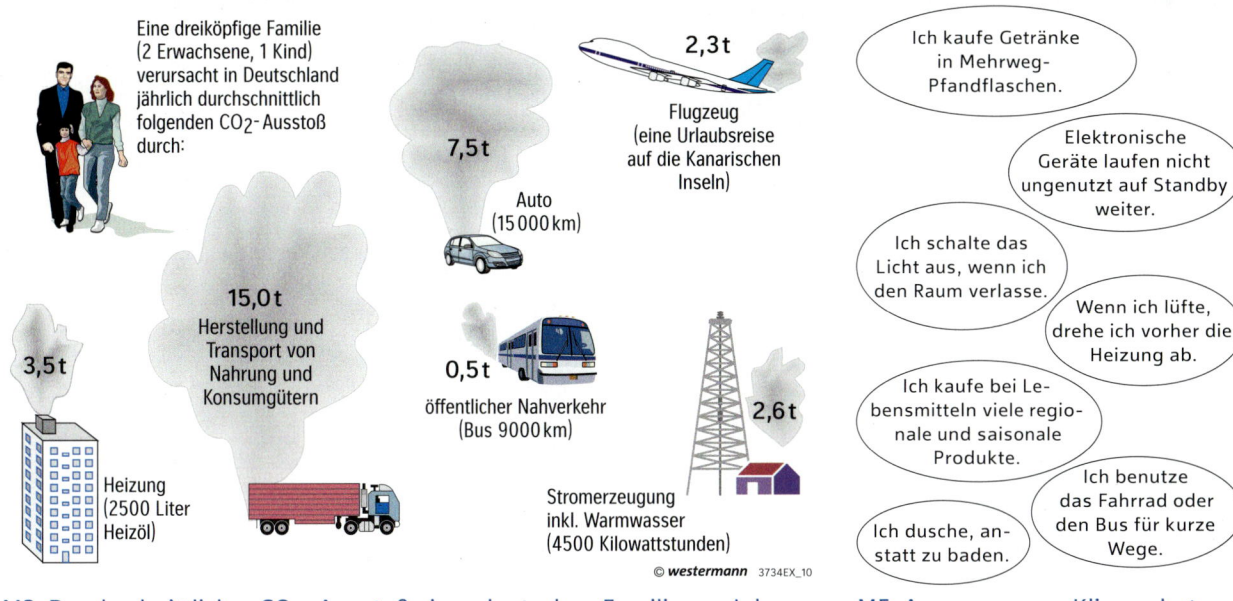

M3 Durchschnittlicher CO_2-Ausstoß einer deutschen Familie pro Jahr

M5 Aussagen zum Klimaschutz

Klimaschutz als persönliche Aufgabe

Das Verantwortungsbewusstsein der Menschheit hat sich seit den Klimakonferenzen der Vergangenheit deutlich verändert. Häuser mit Energiepass, Autos mit Katalysatoren und Energiesparlampen sind Versuche, den CO_2-Ausstoß in die Atmosphäre zu begrenzen. Dennoch zahlt unser Planet für unseren Lebensstandard einen hohen Preis. Aufgrund unseres energieaufwendigen Lebensstils verbrauchen wir unzumutbar viele begrenzt vorhandene Ressourcen wie Kohle, Erdöl oder Erdgas, die auch für nachfolgende Generationen noch zur Verfügung stehen müssen. Mit unserer Lebensweise hinterlassen wir einen ökologischen Fußabdruck. Dieser beinhaltet die biologisch produktive Landfläche, die für die Bereitstellung der Ressourcen und für die Aufnahme von Abfallprodukten erforderlich ist, um ein Produkt herzustellen oder eine Dienstleistung zu erbringen. Dazu zählen die Ressource Kohlenstoff ebenso wie Fischgründe, Acker- und Weideland, Wald und bebaute Fläche.

Heute verbraucht die Menschheit jährlich die 1,5 fache Biokapazität der Erde. Diese Überbeanspruchung schlägt sich auf das zukünftige Klima nieder.

Dabei kann jeder durch ein umweltbewusstes Konsumverhalten einen verträglichen ökologischen Fußabdruck hinterlassen.

M4 Jeder hinterlässt Spuren

Aufgaben

1 Erläutere aktuelle Entwicklungen in der Klimaschutzpolitik (M1, Internet).

2 Beurteile die Rolle der Entwicklungsländer im Klimawandel.

3 Erörtere die Umweltnachteile einer modernen Lebensweise (M3, M4).

4 Überprüfe an Alltagsbeispielen, ob du persönlich Klimaschutz betreibst (M5).

5 Werte die Karikatur aus (M2).

6 Gestalte ein Portfolio zum Thema „Klimawandel – mögliche Ursachen und Gegenmaßnahmen" (M3, M5, Internet).

„Gradwanderung" um die Erde

① Osnabrück, Deutschland (52°17'N/8°36'O)
Die Erderwärmung verändert auch die Lebensräume vieler Tierarten. Manche werden zu regelrechten Klimagewinnern. So z.B. der Admiral, ein Schmetterling, der auf fast allen Kontinenten zu Hause ist. Durch die Erderwärmung kann er sich den Flug in den Süden Europas sparen und in Deutschland überwintern – als Ei, Puppe, Raupe oder Falter.

④ Spitzbergen, Norwegen (78°11'N/10°34'O)
Einerseits beklagt der norwegische Staat den Temperaturanstieg und unterstützt die internationale Klimaforscherbasis in Ny Ålesund. Andererseits fördert er mit dem Kohleabbau den Klimasünder Nr. 1. Die längere Eisfreiheit des Meeres sorgt jedoch für den Anstieg von Kreuzfahrten zu den Fjorden und Inseln der Polarregion und so für eine zusätzliche Einnahmequelle.

② Oristano, Sardinien/Italien (39°54'N/8°35'O)
Die Bewohner von Oristano haben verstärkt mit Waldbränden und Wasserknappheit zu kämpfen. Durch die Trockenheit fällt die Bewässerung der Zitrusplantagen immer schwerer. Die Zusammensetzung der Tierwelt verändert sich stark.

⑤ Altdorf, Schweiz (46°52'N/8°38'O)
Bergbauernfamilien müssen ihr Dorf verlassen. Verheerende Geröllawinen donnern die Hänge hinunter. Der nahe gelegene Gletscher und der Dauerfrostboden der hohen Bergregionen sind abgetaut, sodass das Geröll nicht mehr gehalten werden kann.

③ Zinder, Niger (13°48'N/8°59'O)
In der ohnehin schon trockenen Region nimmt die Dürre weiter zu. Wasser holen und tragen gehören zum Alltag. Kämpfe ums Wasser führen zum Bürgerkrieg zwischen den Stämmen. Die Bewohner Zinders ziehen in ein Flüchtlingslager.

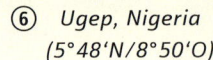

⑥ Ugep, Nigeria (5°48'N/8°50'O)
Für die Bewohner der kleinen Dörfer südlich von Ugep bildeten über viele Jahre die Jagd und der Holzeinschlag im tropischen Regenwald die Lebensgrundlage. Nun ist der artenreiche Wald verschwunden. Starkregen schwemmt den Boden weg.

Die Geosphäre – Wetter und Klima

⑦ **Gambell, Alaska/USA (63°46'N/171°42'W)**
Die Kultur der Ureinwohner ist bedroht. Die Yupik sind Inuit und leben vor allem von der Waljagd. Durch die Meereserwärmung hat sich die Öffnung im arktischen Meereis vergrößert. Nun tauchen Wale zum Atmen immer weiter entfernt vom Festland auf. Mit ihren Kajaks wird es für die Yupik immer schwieriger, in der dort rauen See zu jagen.

⑧ **Samoa (14°1'S/172°37'W)**
Die Bewohner des Inselreichs müssen sich von den bedrohten Küsten zurückziehen. Durch weltweit höhere Luft- und Wassertemperaturen steigt der Meeresspiegel. Die Wirbelstürme häufen sich. Die höheren Wassertemperaturen führen zum Bleichen der Korallen und die Riffe sterben ab. Der Kalk wird abgebaut und die Riffe bieten keinen Schutz mehr vor der Gewalt der Wellen.

Folgen des Klimawandels

Die Warnung der Klimaforscher vor den Folgen des Klimawandels ist noch nicht von allen Staaten ernst genug erhört worden. Noch hoffen viele Menschen darauf, dass sie nicht in den betroffenen Gebieten leben. Jedoch zeigt die Forschung, dass der Anstieg von Temperatur und Meeresspiegel die Lebensweise auf unserer Erde nachhaltig verändern wird.

Durch die wachsende Anzahl an Dürreperioden sowie verschwindende Küsten- und Schneegebiete werden zukünftig immer mehr Menschen die Wirtschaftsgrundlagen entzogen. Dennoch gibt es auch Gebiete, in denen positive Aspekte des Klimawandels beobachtet werden können. Vor- und Nachteile langfristig abzuwägen, ist im Interesse der gesamten Menschheit.

Aufgaben

1 Benenne vom Klimawandel besonders betroffene Gebiete (① – ⑧, Atlas).
2 Erkläre, wie es jeweils zu den Verhältnissen an den Orten ① – ⑧ gekommen ist.
3 Beurteile am Beispiel Spitzbergens, ob der Klimawandel auch positive Folgen haben kann.

Ressource Wasser

M1 Andrang an einem Trinkwasserbrunnen in Kenia

M3 Brunnen in Rostock

Wasser – vielfältig genutzt und kostbar

Wir selbst bestehen zu 70 Prozent aus Wasser und würden wir nur ein Fünftel davon verlieren, würde das den Tod für uns bedeuten. Wasser ist nicht nur unser wertvollstes und bedeutendstes Lebensmittel, es ist auch der Lebensraum vieler Tiere und Pflanzen.

Trinkwasser ist eine knappe Ressource: 97,5 Prozent des weltweit verfügbaren Wassers sind Salzwasser und damit für die Menschen kaum verwertbar. Selbst das meiste Süßwasser ist für den Menschen unzugänglich, weil es in Gletschern gebunden ist, unerreichbar tief unter der Erde liegt oder in Sümpfen gebunden ist.

Ohne Wasser gäbe es kein Leben auf der Erde. Als Energiequelle trägt es zu unserem Lebensstandard bei. Wir benötigen es für die Produktion fast aller Konsumgüter, für Industrieanlagen und Kraftwerke.

Umso bedenklicher ist, wie wir mit dieser kostbaren Ressource umgehen. Wir verwenden sie oft gedankenlos und verschmutzen sie mit Abfällen aus Haushalt und Industrie. Wasser wird durch Pflanzenschutzmittel und Schädlingsbekämpfungsmittel verunreinigt. Jeden Luftschadstoff und jede Bodenverunreinigung finden wir darin wieder.

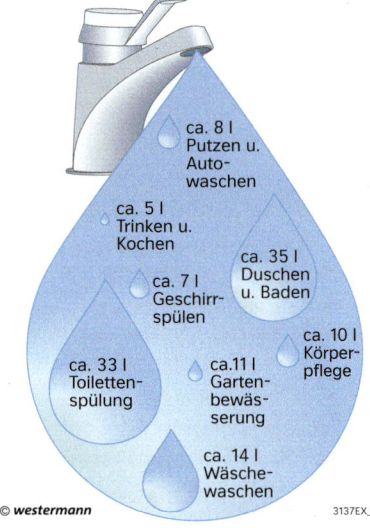

M2 Realer durchschnittlicher Wasserverbrauch pro Tag und Einwohner in Deutschland

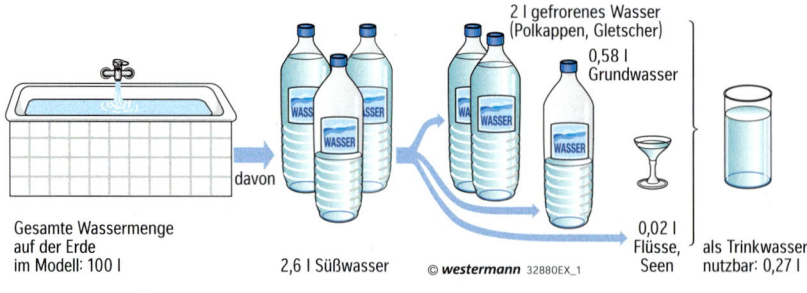

M4 Wasser der Erde

Die Geosphäre – Wasser ist Leben

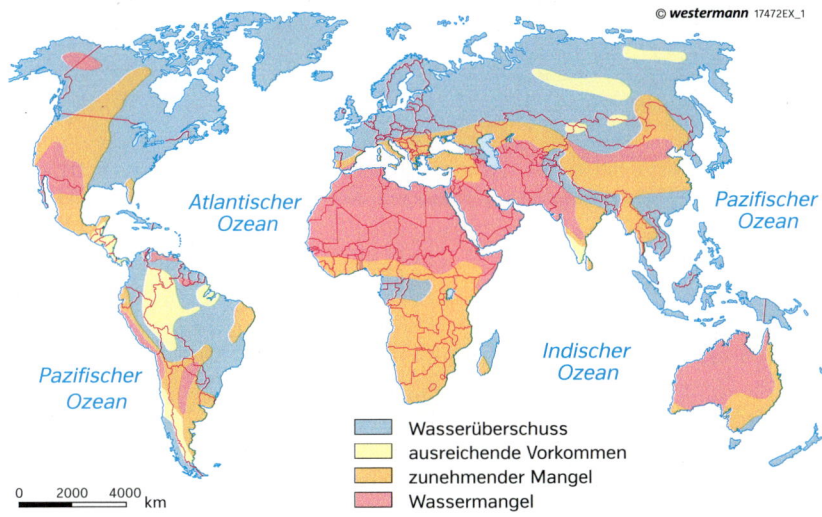

M5 Weltweite Wasserverfügbarkeit

[...] Laut UNO haben 748 Millionen Menschen keinen Zugang zu sauberem Trinkwasser. 90 Prozent davon leben in Asien und in Afrika südlich der Sahara. Das Kinderhilfswerk Unicef warnt, dass jeden Tag fast tausend Kinder unter fünf Jahren an Durchfallerkrankungen sterben, verursacht durch verschmutztes Trinkwasser, fehlende Toiletten und mangelnde Hygiene. Unicef fordert, dass bis 2030 erstmals alle Menschen [...] Trinkwasser und sanitäre Anlagen haben sollen. [...]
(Quelle: Es droht verheerende Wasserknappheit. www.spiegel.de, 20.03.2015)

M7 Zeitungsbericht

Wasser – lebenswichtig, aber ungleich verteilt

Trinkwasser auf der Erde ist eine knappe Ressource und weltweit unterschiedlich verteilt. Es gibt Wasserüberschuss- und Wassermangelgebiete auf der Erde.

Während die Industrieländer oft in Regionen mit Wasserüberschuss liegen, haben viele Entwicklungsländer in den trockenen Tropen mit zunehmendem Wassermangel zu kämpfen.
Den Wasserhahn aufzudrehen und genügend Trinkwasser zu haben, ist für uns selbstverständlich. Weltweit haben rund 748 Millionen Menschen diesen Zugang nicht. Sie müssen ihr Trinkwasser meist über viele Kilometer heranschleppen, da die für die Wasserverteilung notwendige Infrastruktur meist unzureichend ausgebaut ist oder komplett fehlt.
Darüber hinaus fehlen in vielen Entwicklungsländern die technischen Anlagen, um Grundwasser zu fördern und zu reinigen oder genutztes Wasser für die Wiederverwendung aufzubereiten.
Die Verschmutzung des Trinkwassers durch Ausscheidungen und chemische Abfälle führt zu schweren Krankheiten wie Cholera, oft mit Todesfolge. Deshalb hat die UNO den Zugang zu sauberem Trinkwasser zum Menschenrecht erklärt.

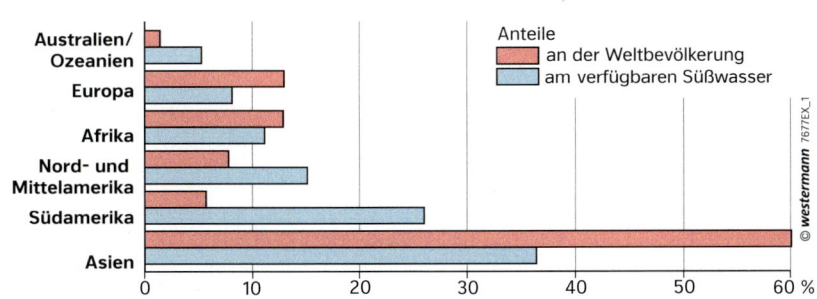

M6 Anteile am verfügbaren Süßwasser und an der Weltbevölkerung

Aufgaben

1 Begründe, warum Wasser auf dem blauen Planeten eine eigentlich knappe Ressource ist (M4, M5).

2 Bewerte die Unterschiede der Süßwasserverfügbarkeit auf der Erde (M1, M3, M5 – M7).

3 Erläutere Maßnahmen zur Reduzierung deines Wasserverbrauchs (M2).

Ressource Wasser

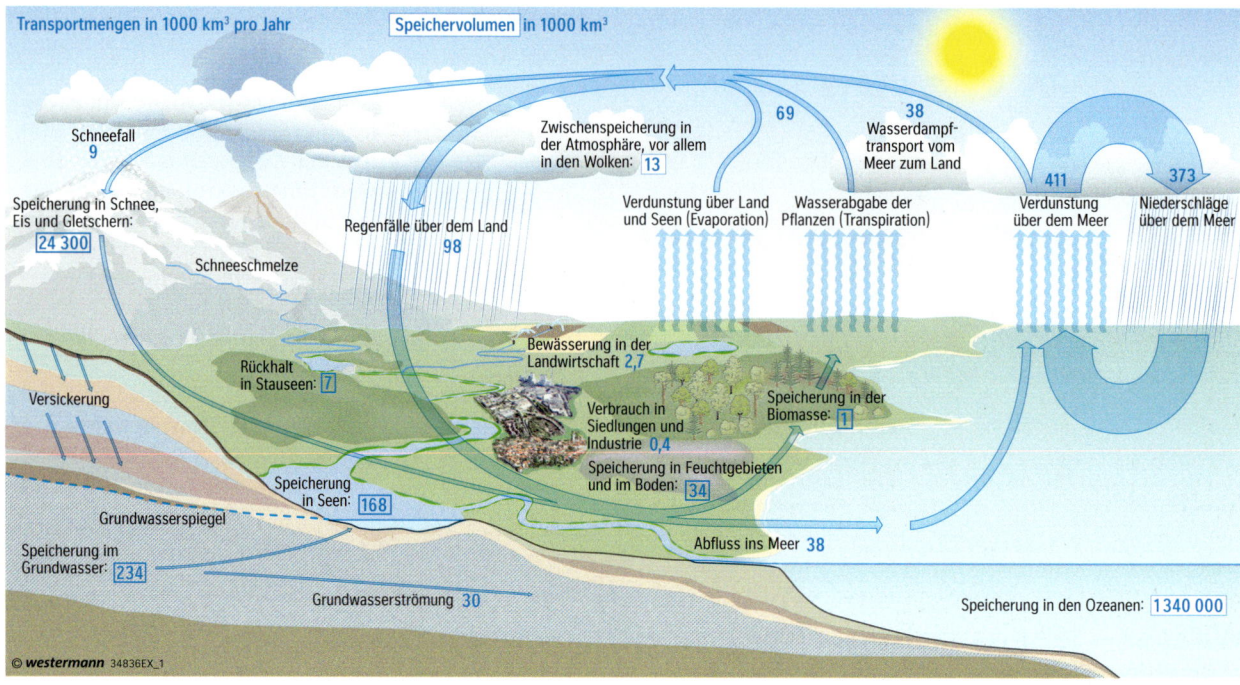

M1 Der Wasserkreislauf

Der Kreislauf des Wassers

Das Gesamtwasservorkommen auf der Erde beträgt rund 1,45 Milliarden Kubikkilometer. Wenn diese Wassermasse gleichmäßig über die Erdoberfläche verteilt wäre, wäre diese mit einer 2,5 Kilometer mächtigen Wasserhülle überzogen. Tatsächlich sind aber nur rund drei Viertel des Blauen Planeten mit Wasser bedeckt. Die restlichen Anteile des gesamten Wassers sind in gasförmigem oder festem Aggregatzustand, also in Form von Wasserdampf oder Eis gebunden. All diese Teile der Gesamtwassermenge der Erde nehmen am Wasserkreislauf teil, wobei das Wasser ständig seinen Aggregatzustand ändert. Allein über die Zufuhr an Sonnenenergie finden Verdunstung, Kondensation und Niederschläge in einem ständigen Kreislauf statt. Sie ist die Voraussetzung dafür, dass aus dem für den Menschen ungenießbaren Salzwasser immer wieder auch Süßwasser entsteht.

M2 Eisberg im Nordpolarmeer

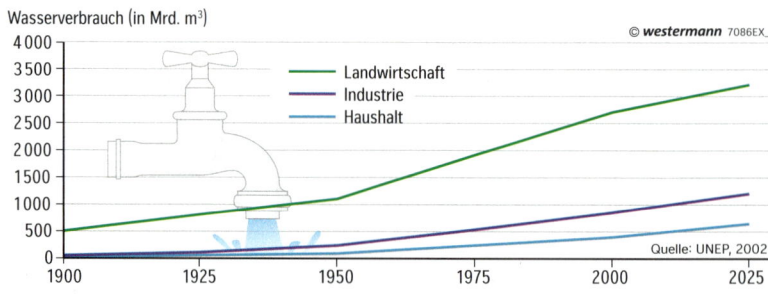

M3 Entwicklung des globalen Wasserverbrauchs

Die Geosphäre – Wasser ist Leben

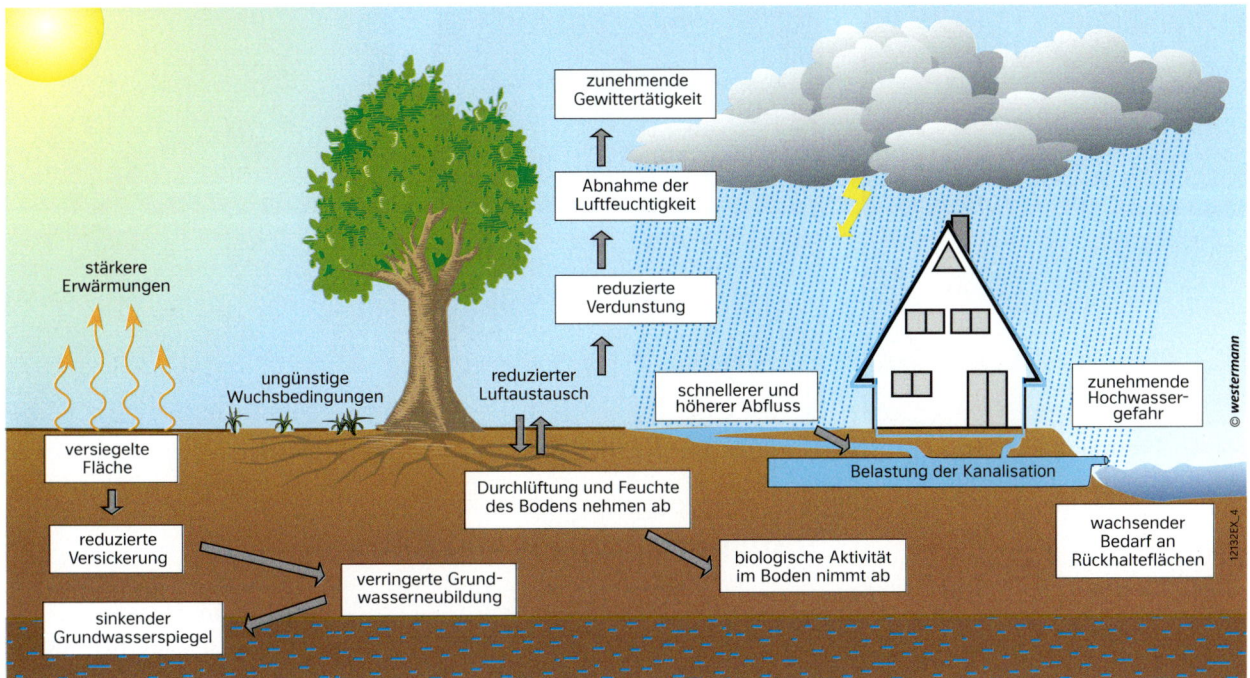

M4 Einfluss der Flächenversiegelung auf den Wasserhaushalt

Die Wasserhaushaltsgleichung

Die Sonne als Motor und die Schwerkraft der Erde halten das Wasser in ständiger Bewegung. Zwischen dem Weltmeer, dem Festland und der Atmosphäre findet der Austausch der Wassermassen statt.
Durch die Luftzirkulation wird den Kontinenten ständig Wasser aus den Meeren zugeführt, das in Form von Niederschlägen auf die Erdoberfläche gelangt. Die Niederschlagsmengen, die auf das Festland fallen, sind höher als die Feuchtigkeitsmengen, die über dem Festland verdunsten. Die dabei entstehenden Wasserreserven ermöglichen das Leben auf dem Land.
Mit der Wasserhaushaltsgleichung $N = V + A + (R - B)$ lassen sich Aussagen zur Wasserbilanz eines Festlandgebietes über einen längeren Zeitraum treffen. N steht dabei für Niederschlag, V für Verdunstung, A für Abfluss, R für Rückhalt (z. B. Schnee im Winter) und B für den Verbrauch.

Grundbegriff
- Wasserkreislauf

Info

humid oder arid

Ist die langjährige mittlere Niederschlagsmenge größer als die Verdunstung, spricht man von humiden Gebieten oder humidem Klima. Überwiegt die Verdunstung gegenüber dem Niederschlag, wird der Raum oder das Klima als arid bezeichnet. Als nival wird ein Klima bezeichnet, wenn der Niederschlag überwiegend als Schnee fällt.

Aufgaben

1. Beschreibe den Wasserkreislauf unter Verwendung folgender Begriffe: Verdunstung, Kondensation, Niederschlag und Abfluss (M1, M2).
2. Erkläre, wie die Flächenversiegelung den Wasserhaushalt eines Gebietes beeinflussen kann (M4).
3. Bewerte die Entwicklung des globalen Wasserverbrauchs (M3).
4. Führt in Gruppen ein Experiment zum Wasserkreislauf durch und präsentiert eure Ergebnisse der Klasse (Internet).
5. Organisiert einen Besuch in einem Wasserwerk.

Tätigkeiten des fließenden Wassers

M1 Trichtermündung des Connecticut River (USA)

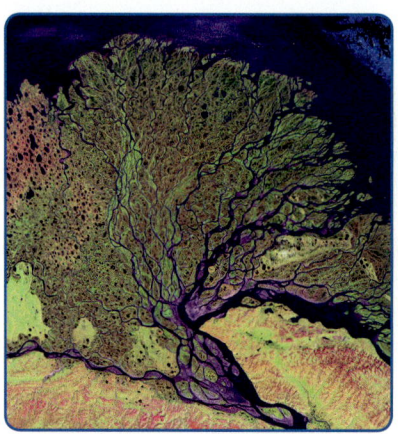

M3 Lena-Delta (Sibirien)

M5 Schwemmfächer (Iran)

Transporttätigkeit von Flüssen

Auf ihrem Weg zum Meer nehmen Flüsse eine große Materialfracht auf. Das vom Fluss transportierte Material bezeichnet man als Geröll. Der Transport des Gerölls erfolgt rollend, schiebend und springend im Flussbett. Dabei wird das mitgeführte Gestein gerundet. Der Fluss transportiert zudem Schwebeteilchen, die die Flusstrübe erzeugen, sowie gelöste Stoffe.

Info

kinetische Energie

Fließendes Wasser besitzt kinetische Energie (W_{kin}). Diese wird durch die Fließgeschwindigkeit (v) und die Wassermenge (m) bestimmt. Die Gleichung dazu lautet: $W_{kin} = 0,5 \cdot m \cdot v^2$.

Erosionstätigkeit fließender Gewässer

Unter Erosion versteht man die zerstörende und abtragende Tätigkeit eines Flusses. Die im Flusswasser transportierten gröberen und feineren Gesteinsteilchen schleifen während der Fließtätigkeit das anstehende Gestein im Flussbett ab. Dies geschieht auf dem Grund und an den Ufern des Flussbettes.

Man unterscheidet daher Tiefen- und Seitenerosion. Durch die Tiefenerosion schneidet sich der Fluss in seinen Untergrund ein und verlagert sein Flussbett tiefer. Die Seitenerosion bewirkt, dass die Uferhänge unterspült werden und nachrutschen (Hangdenudation). So verbreitert der Fluss sein Bett.

M2 Strudeltopf mit Mahlsteinen

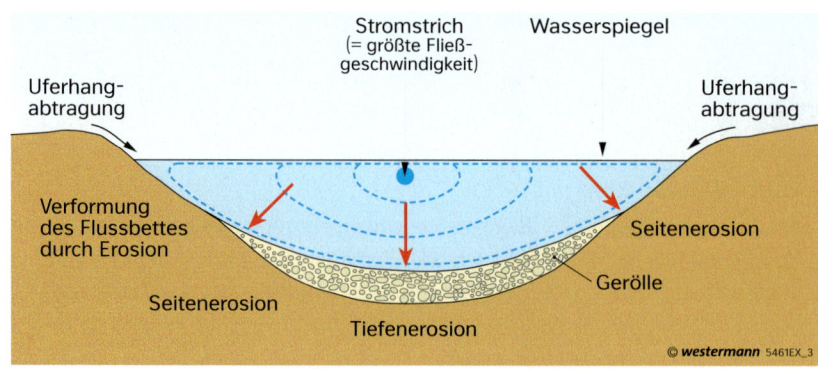

M4 Fließ- und Erosionsverhalten von Flüssen mit geradem Lauf

Die Geosphäre – Wasser ist Leben

M6 Mäander des Flusses Alagon (Spanien)

Info

Mäander

Bäche und Flüsse können bei mäßiger Fließgeschwindigkeit und geringem Gefälle Flussschlingen, sogenannte Mäander, ausbilden. Typisch für Mäander sind die unterschiedlich ausgeprägten Uferbereiche mit Prall- und Gleithang.

Akkumulation fließender Gewässer

Durch die Verminderung der Fließgeschwindigkeit des Flusses kommt es zur Ablagerung von Material. Dieser Vorgang wird als Akkumulation oder Sedimentation bezeichnet. So bildeten sich in Jahrtausenden mächtige Aufschüttungsebenen an den Unterläufen von Flüssen oder es wurden riesige Deltas mit Flussverzweigungen akkumuliert. Die Flüsse Ganges und Brahmaputra münden gemeinsam im größten Delta der Erde. Wenn Flüsse in andere Flüsse münden, können sich Schwemmkegel bilden.

Grundbegriffe
- Erosion
- Akkumulation

Info

Delta

Als Delta bezeichnet man eine Aufschüttung von Lockersedimenten vor einer Flussmündung in das Meer oder in einen See mit einem dreiecksähnlichen Grundriss. Durch Sedimentzufuhr wächst das Delta in den See oder in das Meer hinaus. Die Form des Deltas ist von der Materialfracht und der Gestalt des Flussuntergrundes abhängig.

Aufgaben

1. Nenne Faktoren, von denen die Transportkraft eines Flusses abhängt.

2. a) Skizziere eine Trichtermündung und ein Delta (M1, M3).
   b) Ordne ihnen jeweils folgende Merkmale zu: starke Akkumulation, starke Seitenerosion, Flussverzweigung, Schwemmkegel, Gezeitenwirkung, nachlassende Fließgeschwindigkeit.
   c) Ordne folgenden Flüssen ihre Mündungsart zu: Elbe, Amazonas, Rhein, Nil, Kongo, Loire (Atlas).

3. a) Skizziere einen Mäander und beschrifte ihn (M6).
   b) Beschreibe wo Erosion bzw. Akkumulation stattfindet.

Tätigkeiten des fließenden Wassers

M1 Unterschiedliche Talformen

Das fließende Wasser – eine exogene Kraft

Fließendes Wasser ist maßgeblich an der Formgebung der Erdoberfläche beteiligt und wird daher auch als exogene Kraft bezeichnet.
Wasser fließt immer dem Gefälle folgend von der meist im Gebirge liegenden Quelle bis ins Meer.

Der Weg der Flüsse wird daher in drei Abschnitte gegliedert: Ober-, Mittel- und Unterlauf.
In diesen drei Abschnitten wechseln die Intensität der Erosion von Gesteinsmaterial, des Transports und der Akkumulation des mit-geführten Gerölls.

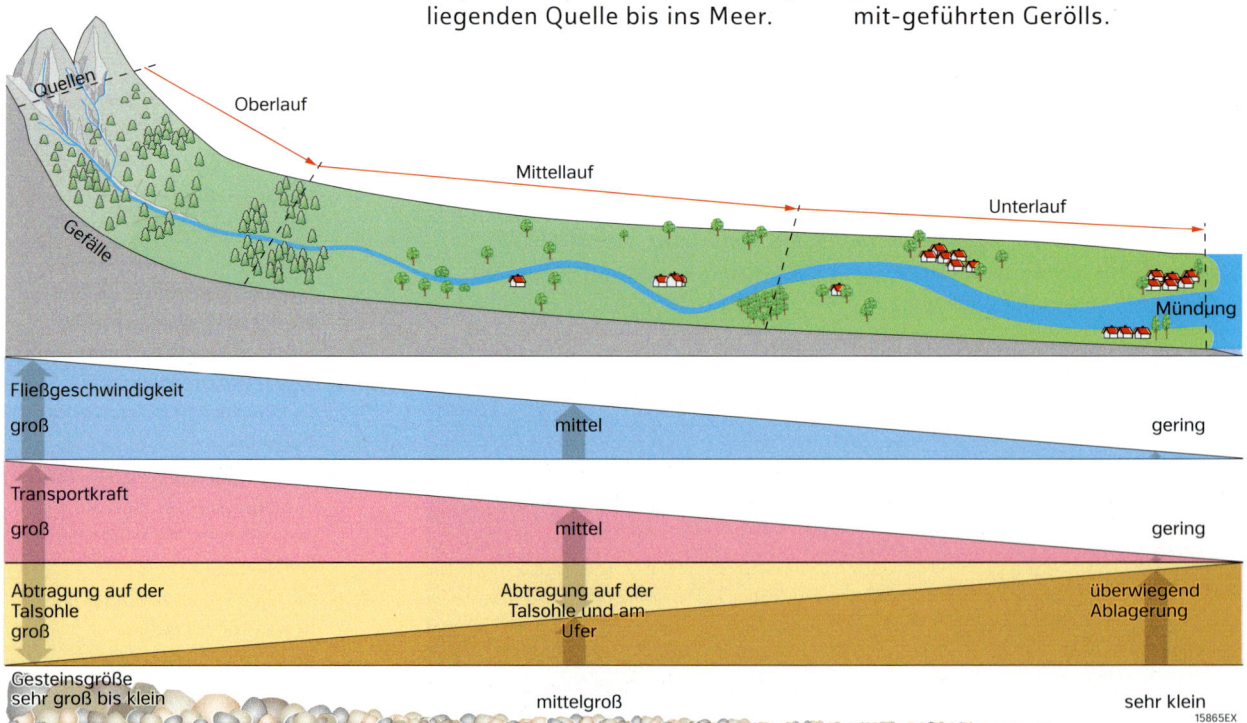

M2 Längsprofil eines Flusses mit seinen Flussabschnitten und Tätigkeiten

Die Geosphäre – Wasser ist Leben

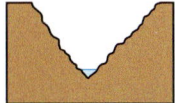
Kerbtal
- im Oberlauf des Flusses (Fluss trägt ab)
- steile Talhänge
- sehr schmale Talsohle

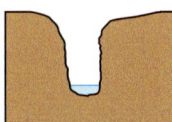
Klamm
- im Oberlauf des Flusses (Fluss trägt ab)
- sehr steile Talhänge
- Fluss nimmt oft gesamte Talsohle ein

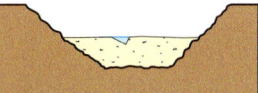
Sohlenkerbtal
- im Mittellauf des Flusses (Wechsel der Ablagerung und Abtragung)
- mäßig geneigte Talhänge
- flache, breite Talsohle

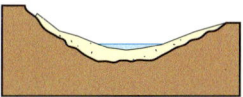
Muldental
- im Unterlauf (Fluss lagert ab)
- abgerundete Talhänge
- flache, breite Talsohle

M3 Merkmale von Talformen

Am Oberlauf
Aufgrund hoher Niederschlagsmengen in Gebirgsregionen entspringen dort zahlreiche Flüsse. Sobald ein Fluss einen Berghang mit starkem Gefälle herabfließt, hinterlässt er im Laufe der Zeit tiefe Einschnitte im Gestein. Besonders nach starken Regenfällen reißt das Wasser große Mengen von Gestein mit. Selbst große Gesteinsbrocken können so abgetragen werden. Am häufigsten bilden sich am Oberlauf Kerbtäler. Schneidet sich ein Fluss in besonders hartes Gestein ein, entsteht eine Klamm.

Am Mittellauf
Lässt das Gefälle im Mittellauf am Rand des Gebirges nach, verlangsamt sich die Fließgeschwindigkeit. Es entstehen Sohlenkerbtäler mit Ablagerungen von kleineren Geröllgrößen, die sich durch das Aneinanderreiben beim Transport abgeschliffen haben. Die Talsohle verbreitert sich durch zunehmende Erosion an den Flussufern.

Am Unterlauf
Nahe der Mündung, am Unterlauf eines Flusses, ist das Gefälle gering. Das Wasser fließt träge dahin und lagert mitgeführtes Material ab. Der Fluss transportiert hier nur noch feines Material. Bei niedrigem Wasserstand wird das Material abgelagert. Es bildet sich ein Muldental mit einer flachen, breiten Talsohle und niedrigen Talhängen.

Grundbegriff
- **exogene Kraft**

Aufgaben

1. a) Erkläre den Begriff exogene Kraft.
   b) Begründe, warum Wasser eine exogene Kraft ist.
2. Beschreibe, wie sich die Tätigkeit eines Flusses von der Quelle zur Mündung ändert (M2).
3. Ordne den Fotos die entsprechenden Talformen zu (M1, M3).
4. „Wasser formt." Erkläre diese Aussage (M1–M3).

Das Weltmeer

Rund drei Viertel unserer Erde sind mit Wasser bedeckt. Die größte miteinander verbundene Wasserfläche wird als Weltmeer bezeichnet. Das Weltmeer nimmt mehr als zwei Drittel der Erdoberfläche ein und ist somit das größte zusammenhängende Ökosystem der Erde. Es ist bis heute weniger erforscht als die Oberfläche des Mondes. Erst etwa 250 000 marine Pflanzen- und Tierarten von vermuteten ein bis zehn Millionen Arten sind bekannt.

M1 Barrakuda Fischschwarm

Vertikale Gliederung des Weltmeeres

Der Meeresboden gliedert sich in Schelfe, Kontinentalabhänge, Ozeanbecken mit mittelozeanischen Rücken und Tiefseegräben. Die Schelfe sind von Verwitterungsschutt bedeckt, der durch Flüsse ins Meer transportiert wird. Diese Meeresteile sind bis -200 Meter tief. Daran schließen sich die steil abfallenden Kontinentalabhänge an. Einen Großteil des Meeres nehmen die Ozeanbecken ein, die 3 000 Meter bis 6 000 Meter unter den Meeresspiegel reichen. Die mittelozeanischen Rücken sind Bestandteile der Ozeanbecken und ragen vereinzelt über die Meeresoberfläche hinaus.

Tiefseegräben sind Meerestiefen, wobei sich die größten in Ostasien befinden. Die tiefste Stelle der Erdoberfläche ist das Witjastief (-11 034 m) im Marianengraben.

Ozean	Graben mit Tiefe
Pazifischer Ozean	Marianengraben, -11 034 m (Witjastief)
Atlantischer Ozean	Puerto-Rico-Graben, -9 219 m
Indischer Ozean	Sundagraben, -7 450 m

M2 Ozeane und ihre Tiefen

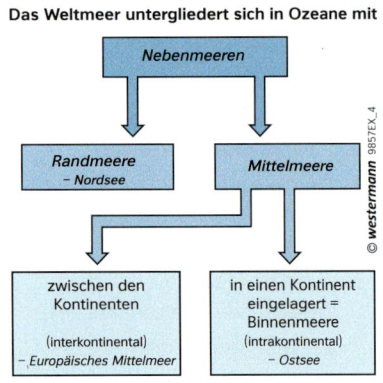

M3 Gliederung des Weltmeeres

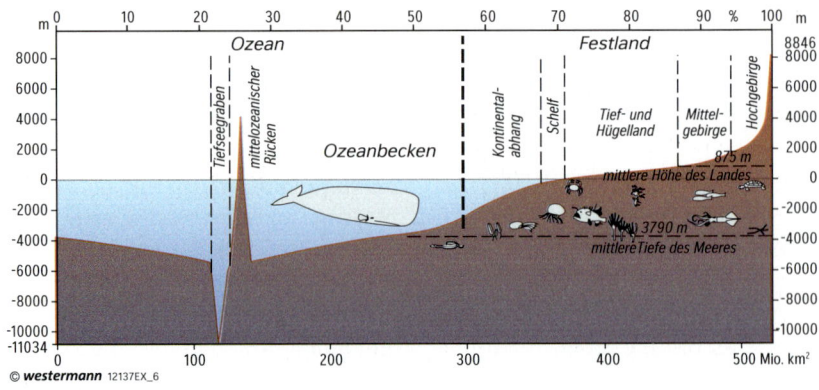

M4 Vertikale Gliederung des Weltmeeres

Die Geosphäre – Wasser ist Leben

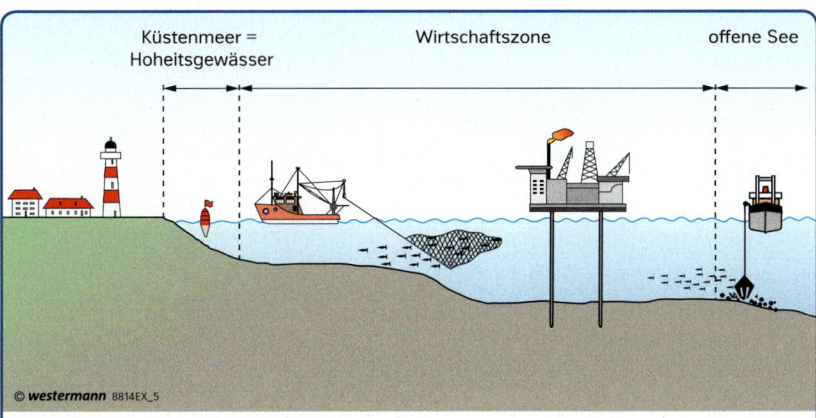

1. Küstenmeer
Das Küstenmeer reicht zwölf Seemeilen (circa 22 km) ins Meer hinaus. Dieser Bereich wird auch Hoheitsgewässer genannt, da die Gesetze des betreffenden Küstenstaates gelten.

2. Wirtschaftszone
Die Wirtschaftszone, 200 Seemeilen breit, grenzt an das Hoheitsgewässer an. Der betreffende Küstenstaat hat das Recht, dort Fischfang zu betreiben und Bodenschätze abzubauen.

3. Offene See
Außerhalb der Hoheitsgewässer und der Wirtschaftszonen liegt die offene See. Internationale Behörden regeln hier Rechtsfragen.

M5 Politische Gliederung des Weltmeeres

Info

Moderne Piraterie

Piraterie wird als unrechtmäßiger Übergriff auf ein Schiff außerhalb der Wirtschaftszone eines Anrainerstaates und auf der offenen See definiert. Immer wieder finden Überfälle statt, zum Beispiel in den internationalen Gewässern vor Somalia oder in der Straße von Malakka. Piraten kapern Schiffe und geben diese erst nach der Zahlung eines hohen Lösegeldes frei. So haben sich Staaten zum Schutz vor Piraterie zusammengeschlossen. Sie kontrollieren gefährdete Gewässer und schützen Handels- und Kreuzfahrtschiffe.

Erforschung des Weltmeeres

Seit rund 100 Jahren wird das Weltmeer mit moderner Tauchtechnik, Laborschiffen und Satelliten erforscht. Heute werden vermehrt Unterwasserroboter eingesetzt. Sie erkunden große Tiefen und werden problemlos von einem Schiff oder U-Boot aus gesteuert. Beispielsweise taucht die „Nautik" bis 6 000 Meter tief. Die 3-Mann-Besatzung kann bis zu fünf Tage lang Fotos vom Meeresboden machen und Sedimentproben mit den beweglichen Armen aufnehmen. Der Regisseur James Cameron ist 2012 als erster Mensch mit einem Spezial-U-Boot 10 898 Meter in den Marianengraben getaucht, um Daten zu sammeln. Die weitere Erforschung des Weltmeeres mit seiner Flora und Fauna wird auch in Zukunft die Ozeanologen beschäftigen.

Tiefseetauchboot wird zu Wasser gelassen

M6 Erforschung der Tiefe

Aufgaben

1. Ordne den Ozeanen Neben-, Rand- und Mittelmeere zu. Fertige eine Tabelle an (M3, Atlas).
2. Beschreibe die Lage der tiefsten Stelle im Pazifik (M2, Atlas).
3. a) Erläutere die vertikale Gliederung des Weltmeeres (M4).
   b) Nenne nahe der Tiefseegräben liegende mittelozeanische Rücken (Atlas).
4. Erkläre die politische Gliederung des Weltmeeres (M5).
5. Erstelle eine Präsentation zu einem der beiden Themen:
   a) Die Erforschung der Tiefsee (M6, Internet).
   b) Die Artenvielfalt im Weltmeer (M1, Internet).

Nutzung des Weltmeeres

M1 Fischkutter vor Offshorewindpark in der Nordsee

Vielfältige Nutzung des Weltmeeres

Die Nutzung des Weltmeeres durch den Menschen hat eine lange Tradition. Nutzten die Menschen es anfangs hauptsächlich als Nahrungsquelle und Verkehrsraum, so dient es heute auch als Energie- und Rohstofflieferant, Transport- und Freizeitraum, Forschungsgebiet sowie als Abfalldeponie.

Das Weltmeer versorgt derzeit mehr als zwei Milliarden Menschen mit Nahrungsmitteln. Um dem hohen Bedarf gerecht zu werden, wurden die Fangmethoden immer weiter optimiert. Dadurch kommt es jedoch in vielen Gebieten zur Überfischung, was das Artensterben im Weltmeer beschleunigt.

Um der Überfischung entgegenzuwirken, hat man begonnen, an den Küsten Aquakulturen anzulegen. Aber auch hier gibt es negative Aspekte, da die Tiere in engen Räumen gehalten und teilweise mit Antibiotika behandelt werden.

M2 Aquakulturen in Norwegen

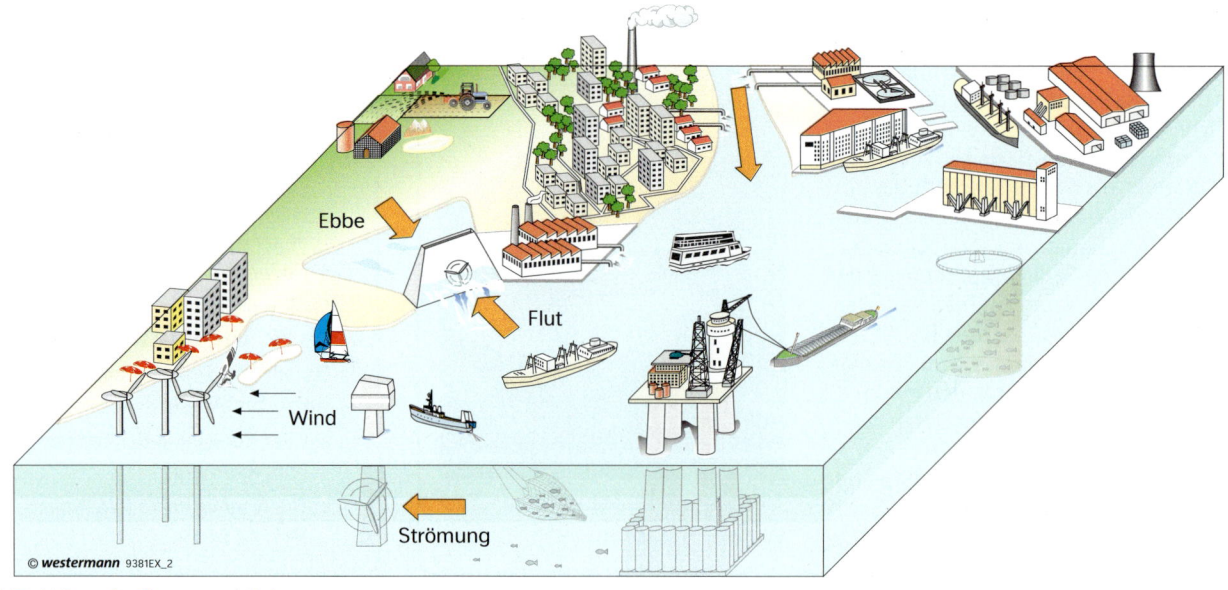

M3 Wirtschaftsraum Weltmeer

Die Geosphäre – Wasser ist Leben

Die Meersalzgewinnung war zu allen Zeiten ein wichtiges Verfahren der Salzproduktion. Möglich ist sie dort, wo die Temperaturen so hoch sind, dass Wasser rasch verdunstet. Die Salzgewinnung erfolgt in sogenannten Salzgärten. Das in diese flachen Becken eingeleitete Meerwasser verdunstet. Salz bleibt zurück. Mithilfe eines Schabers schiebt dann ein Salzgärtner das Salz zusammen und schüttet es zum Trocknen neben den Becken auf.

M4 Arbeiter auf einer Meersalzgewinnungsanlage

M6 Ölplattform in der Nordsee

Rohstoff- und Energielieferant Weltmeer

Mit dem absehbaren Ende der Förderung und des Abbaus fossiler Rohstoffe auf dem Festland, gewinnt das Weltmeer als Rohstoff- und Energielieferant immer mehr an Bedeutung.
Hier wird auf Bohrinseln Erdöl und Erdgas gefördert.
Zudem wird an den Gezeitenküsten in Gezeitenkraftwerken Elektroenergie gewonnen. Offshoreanlagen mit großen Windrädern liefern in Europa bereits drei Viertel der Windenergie. Sie sind jedoch nicht unumstritten, da es zu Konflikten mit der Schifffahrt und der Fischerei kommen kann.
In den Schelfgebieten und an den Küsten der Ozeane sind Schwerminerale weit verbreitet. Die eisen-, gold- und platinhaltigen Minerale können einen Reinheitsgrad von über 90 Prozent erreichen und sind daher sehr wertvoll. Die Gewinnung von Kochsalz aus dem Weltmeer hat ebenfalls eine große Bedeutung.

M7 Manganknolle

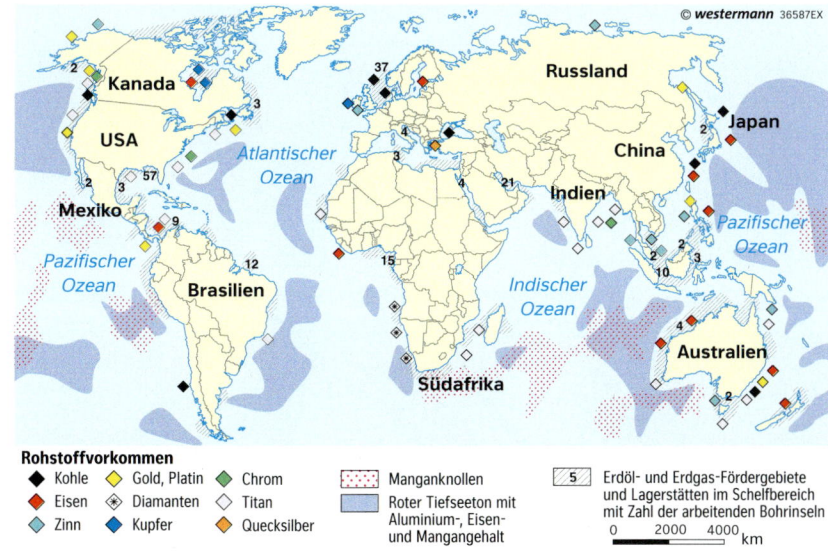

M5 Ausgewählte Rohstoffvorkommen im Weltmeer

Aufgaben

1. Erläutere die Bedeutung des Weltmeeres im 21. Jahrhundert (M3).
2. Fertige eine Mindmap zum Thema Nutzung des Weltmeeres an (M1 – M7).
3. Erstelle einen Kurzvortrag zum Thema Aquakulturen oder Manganknollenabbau (M2, M7).
4. Erarbeite eine Übersicht zu Lagerstätten, Förderung und Nutzung von Rohstoffen aus dem Meer (M4 – M7).

Nutzung des Weltmeeres

[...] Wer die deutsche Flagge einholt auf seinen Schiffen, der entlässt auch die deutschen Seeleute und ersetzt sie durch solche anderer Nationen [...]. Das Geld ist der Hauptgrund, warum nur noch sehr wenige Reedereien ihre Schiffe unter heimischer Flagge fahren lassen. [...] Vor wenigen Jahren beschäftigte die Reederei NSB aus Buxtehude noch mehr als 1 000 deutsche Seeleute, fest angestellt, viele seit Jahrzehnten. Derzeit sind es noch wenige Hundert. Von Juni 2017 an wird es kein einziger mehr sein. [...] Seither wissen sie bei NSB, dass sie keine Wahl haben: Entweder werden sie so billig wie die anderen, oder sie gehen unter. Sie können es sich schlicht nicht leisten, auf die Heimat zu setzen [...]. Im Dezember 2014 war es soweit, die Reederei verschickte eine Mitteilung: Alle 486 Matrosen werden entlassen. Alle 38 Schiffe, die noch unter deutscher Flagge fahren und deshalb laut Gesetz eine Mindestzahl deutscher Seeleute an Bord haben müssen, werden ausgeflaggt. [...]

(Quelle: Widmann, Marc: Adieu, Matrosen. www.zeit.de, 12.06.2015)

M1 Zeitungsbericht

M3 Schiffsverkehr auf dem Nord-Ostsee-Kanal

Transportraum Weltmeer

Jährlich werden rund sieben Milliarden Tonnen Handelsgüter über das Weltmeer transportiert. Das ist die fünffache Menge des Transports von Gütern, der mit Eisenbahnen erfolgt. Haupttransportgüter sind Rohprodukte und Industriegüter, die meist in Containern verschifft werden. Weltweit sind mehr als 4 200 Containerschiffe unterwegs, die zur Ausweitung des Welthandels beitragen. Die Welthandelsflotte verfügt heute über rund 51 000 Schiffe.

An den Hauptrouten des Weltseeverkehrs erkennt man die globalen wirtschaftlichen Verflechtungen. In der internationalen Seefahrt fahren viele Schiffe unter sogenannten Billigflaggen. Reedereien melden aus Kostengründen ihre Schiffe in Staaten an, in denen geringere Sozialabgaben zu leisten und die Sicherheitsvorschriften lockerer sind.

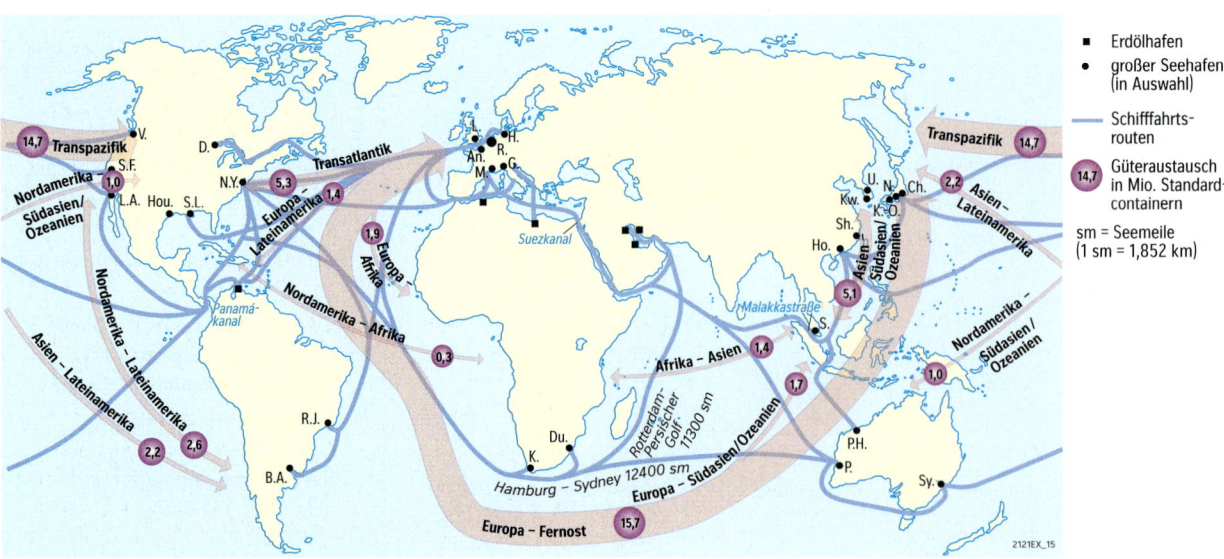

M2 Wichtige Seehäfen und Schifffahrtsrouten

Die Geosphäre – Wasser ist Leben

Auch für Rostock-Warnemünde ist der Kreuzfahrttourismus zu einem Markenzeichen geworden. Mit großen Infrastrukturmaßnahmen, wie zum Beispiel dem Bau des „Warnemünde Cruise Center", wurde der Standort noch einmal aufgewertet. In Rostock hat die „Aida Cruises" inzwischen ihren Hauptsitz.

M4 Kreuzfahrtschiff im Hafen von Warnemünde

Erholungsraum Weltmeer

Noch vor ein paar Jahrhunderten waren die Seefahrt und die damit verbundenen Widrigkeiten der rauen See den Männern vorbehalten. Als Geschäftsleute, als Abenteurer, als Gesandte von Königen und auch als Forscher begaben sie sich an Bord von Schiffen. Frauen an Bord galten sogar lange Zeit als Unglücksbringer. Heute hat man das Weltmeer als Erholungsraum erkannt. Gerade aus den entwickelten Industriestaaten können es sich immer mehr Menschen leisten, Urlaub auf dem Meer zu machen. Riesige Kreuzfahrtschiffe bieten den Reisenden Hotel-Luxus auf dem Meer. Der Kreuzfahrt-Tourismus ist ein wichtiger Wirtschaftszweig geworden. Immer mehr Menschen nehmen an Kreuzfahrten teil. Waren es vor Jahren meist ältere Passagiere, so entdeckt ein zunehmend jüngeres Publikum diese Art zu reisen für sich.

Technische Daten der Allure of the Seas

Länge:	361 m
Breite:	66 m
Höhe:	72 m
Passagiere:	6 360
Kabinen:	2 704

Die Allure of the Seas hat die Größe von 35 Fußballfeldern.

M6 Daten zu einem der größten Kreuzfahrtschiffe der Welt

M5 Strand von Rimini (Italien)

Aufgaben

1. Beschreibe den Verlauf der wichtigsten Schifffahrtsrouten auf dem Weltmeer (M2, Atlas).
2. Erläutere die Bedeutung von Kanälen für die Seeschifffahrt (M2, M3).
3. Erörtere Vor- und Nachteile des Kreuzfahrttourismus (M4, M6).
4. Diskutiert in der Klasse die Bedeutung des Weltmeeres als Erholungsraum (M4–M6).
5. Fertige einen Kurzvortrag zur Ausflaggung deutscher Schiffe an (M1, Internet).

Gefährdung des Weltmeeres

M1 Plastikmüll im Meer bedroht die Tierwelt

M4 Löscharbeiten an einem havarierten Tanker

M2 Algenteppich auf dem Mittelmeer

Das Weltmeer in Gefahr

Der Mensch nutzt nicht nur das Meer, er belastet es auch im erheblichen Ausmaß. Immer wieder verunglücken Öltanker im Schelfbereich der Meere. Dadurch bilden sich riesige Ölteppiche, die die Meerestiere vergiften, die Vogelwelt schädigen und die Küsten verschmutzen.

Eine bewusste Verschmutzung des Meeres durch den Menschen ist das sogenannte Verklappen. Frachtschiffe fahren dabei auf das offene Meer und entsorgen Problemmüll und andere Abfälle auf hoher See. Negativ wirken sich auch die Nähr- und Schadstoffe aus, die von den Flüssen ins Meer eingetragen werden. Diese stammen von den Industrie- und Haushaltsabwässern, aber auch aus der Düngung landwirtschaftlicher Flächen.

Zu viele Nährstoffe fördern im Meer das Wachstum riesiger Algenteppiche.

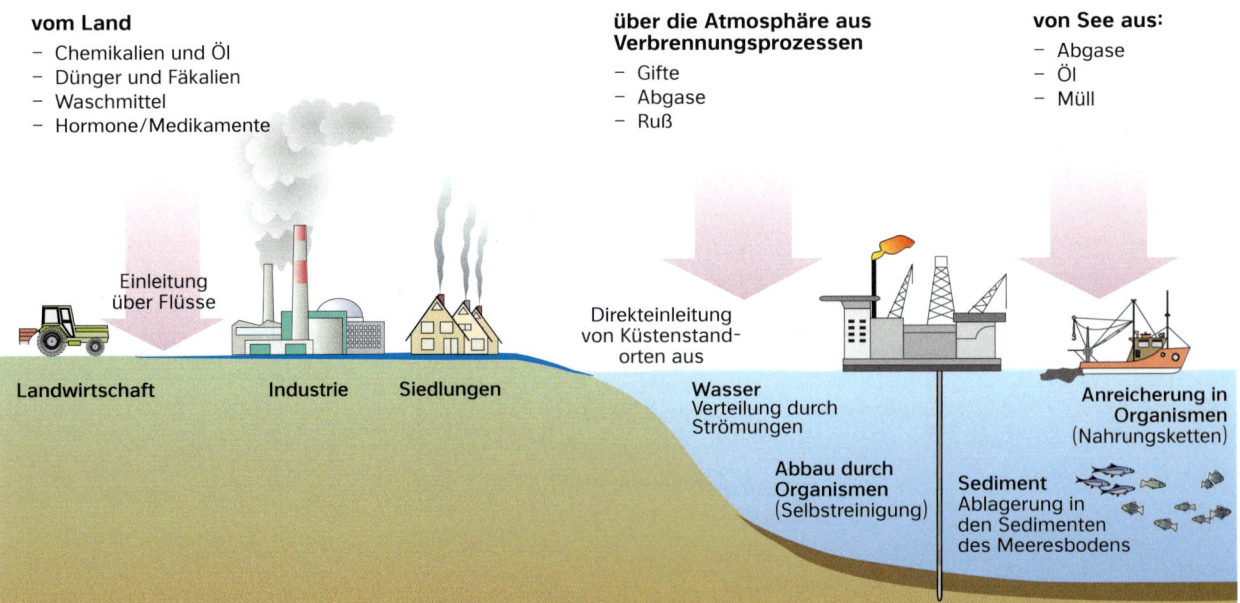

M3 Herkunft und Eintragspfade der Meeresverschmutzung

Die Geosphäre – Wasser ist Leben

M5 Offshorewindpark in der Ostsee

M7 Plastikmüll verschmutzt die Ostsee und ihre Strände

Die Ostsee in Not

Die Ostsee ist ein nahezu geschlossenes intrakontinentales Binnenmeer, welches nur enge und flache Zugänge zur Nordsee aufweist. Durch diese schmalen Meeresengen kommt es bloß zu einem begrenzten Wassermassenaustausch und es entsteht ein Süßwasserüberschuss. Der Salzgehalt der Ostsee nimmt in Richtung Osten ab. Im Westteil der Ostsee weist das Wasser einen Salzgehalt von 1,9 Prozent auf, im Finnischen Meerbusen liegt er nur noch bei etwa 0,5 Prozent. Im Einzugsgebiet der Ostsee leben rund 90 Millionen Menschen. Durch die intensive Landwirtschaft und die Industrie gelangen Phosphor, Stickstoff und andere organische Substanzen in das Wasser der Ostsee. Hinzu kommt, dass ständig ca. 2000 Schiffe die Ostsee befahren. Besonders der Tankerverkehr ist dramatisch angestiegen.

M8 Logos von deutschen Naturschutzorganisationen

Elektroschrott und Plastikmüll: Was Ostsee-Fischern an Müll ins Netz geht, spricht nicht gerade für Umweltbewusstsein. Der oft illegal entsorgt Abfall gefährdet Fische und Seevögel. [...] Auch in der Ostsee verenden Seevögel und Meeressäuger, wenn sie zum Beispiel glitzernde Plastikfolie mit Fischen verwechseln – und die unverdauliche Masse auffressen. Der Plastikmüll sei vor allem für Schweinswale und Robben ein Problem, sagt der Chef des Deutschen Meeresmuseums, Harald Benke. „Müll im Meer ist eine tickende Zeitbombe" [...].

(Quelle: Rathke, Martina: Tragödie unter Wasser. Plastikmüll verdreckt die Ostsee. www.n-tv.de, 19.03.2013)

[...] 2020 wollte [Boyan] Slat mit dem Projekt „Ocean Cleanup" beginnen, eines der fünf großen Plastikmüllfelder in den Weltmeeren, das „Great Pacific Garbage Patch" im Pazifik, zu säubern. [...] Mit meterlangen Fangvorrichtungen, die wie gigantische, träge Arme mit der Meeresströmung an der Wasseroberfläche treiben und den Plastikmüll einsammeln. Hin und wieder kommen dann Schiffe vorbei und schaufeln den Müll aus dem Wasser, um ihn an Land zu recyceln. Natürlich für Geld, so der jugendliche Start-Up-Umweltschützer, Gewinne in Millionenhöhe seien möglich. [...]

(Quelle: Schöbel, Sebastian: Plastikmüll in Weltmeeren. „Ocean Cleanup" schon 2018? www.tagesschau.de, 12.05.2017)

M6 Zeitungsberichte

Aufgaben

1 Benenne alle Ostsee-Anrainer-Staaten und notiere sie mit ihren Hauptstädten (Atlas).

2 Nenne Faktoren, die zur Belastung des Weltmeeres führen (M1 – M7).

3 Erläutere die Eintragspfade, die zur Verschmutzung des Weltmeeres führen (M3).

4 Beschreibe und bewerte Möglichkeiten zum Schutz des Weltmeeres (M6).

5 Informiere dich über Maßnahmen zum Schutz der Ostsee (M8, Internet).

Gefährdung und Schutz der Gewässer

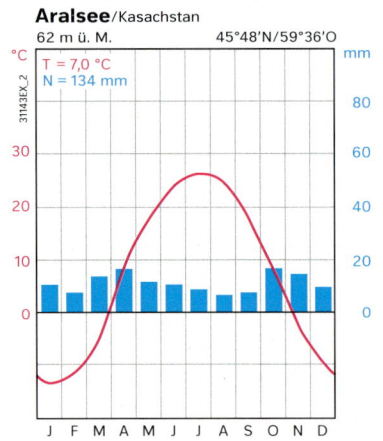

M1 Klimadiagramm

M3 Am Aralsee – Fischerboote auf dem ausgetrockneten Seegrund

Der Aralsee stirbt

Vor einigen Jahrzehnten war der Aralsee der viertgrößte See der Erde. Heute liegt er auf dem 40. Platz der „Weltrangliste". Was ist passiert?

Das Klima der Region ist trocken, im Sommer sehr heiß und die Vegetation nur sehr spärlich. Seit jeher wurde der Aralsee durch zwei große Zuflüsse, den Amudarja und den Syrdarja, gespeist. Beide sind Fremdlingsflüsse, da sie die Wüsten Karakum und Kysylkum durchqueren müssen.

Zur Zeit der Sowjetunion wurden im Aralsee-Gebiet riesige Baumwoll- und Reisfelder angelegt. Das Wasser für die Bewässerung wurde den beiden Flüssen entnommen.

Mit der Zeit versiegten diese Zuflüsse und der Aralsee teilte sich in den Großen und Kleinen Aralsee. Auf dem ausgetrockneten Seeboden des Großen Aralsees entstand eine Salzwüste, die heute die Größe der Schweiz erreicht hat.

Baumwolle wird zur Herstellung von Stoffen genutzt. Kleidung aus Baumwolle kann Wasser oder Schweiß leicht aufnehmen. Die Baumwollpflanze benötigt 200 Tage bei Temperaturen über 20 °C von der Aussaat bis zur Reife. Sie braucht während der Wachstumszeit sehr viel Wasser.

M2 Baumwollpflanze

M4 Das Aralsee-Gebiet

Die Geosphäre – Wasser ist Leben

M5 Entwicklung des Aralsees zwischen 2000 und 2016

M7 Vor wenigen Jahren undenkbar: Fischfang am Kleinen Aralsee

Die Zukunft des Aralsees

Da sich die Länder am Aralsee nicht auf ein gemeinsames Vorgehen zur Rettung des Sees einigen konnten, hat Kasachstan gehandelt. Mit Unterstützung der Weltbank baute das Land eine 13 Kilometer lange Staumauer. Der Kok-Aral-Damm am Kleinen Aralsee hat ein kleines Wunder bewirkt. Innerhalb von nur fünf Jahren stieg der Wasserspiegel im Kleinen Aralsee um drei Meter und die Seefläche vergößerte sich um 900 Quadratkilometer.

Mit der größeren Wasserfläche sind die Temperaturen gesunken. Die Salzkonzentration verdünnte sich so stark, dass wieder Süßwasserfische im Kleinen Aralsee leben können. In der Hochsaison beschäftigt der Fischereibetrieb Prikejew mehr als 100 Fischer und Helfer. Er liefert Hechte und Karpfen nach Russland, Georgien und in die Ukraine. Heute sucht der Betrieb bereits nach neuen Absatzmärkten in Europa und plant den Bau eines Kühlhauses.

M6 Folgen des Baumwollanbaus im Aralseegebiet

Aufgaben

1 Beschreibe die geographische Lage des Aralsees (M4, Atlas).
2 Stelle Ursachen und Folgen der Schrumpfung des Aralsees dar (M1 – M6).
3 Erkläre das Schema zu den Folgen des Baumwollanbaus in der Wüste (M6).
4 Informiere dich über neue Entwicklungen am Aralsee (M7, Internet).

Gesteine

M1 Basaltsäulen „Panská Skála" in Tschechien

Die Gesteine der Lithosphäre

Gesteine bilden unsere Lithosphäre, die feste Gesteinshülle der Erde. Sie werden nach ihrer Entstehung in drei große Hauptgruppen gegliedert:

Magmatische Gesteine – Erstarrungsgesteine

65 Prozent der Erdkruste sind aus magmatischen Gesteinen aufgebaut. Sie haben ihren Ursprung im Erdinneren und werden durch das Erstarren von Magma bzw. Lava gebildet. Chemisch bestehen diese Gesteine hauptsächlich aus Silizium, dem zweithäufigsten Element der Erde.
Während der Entstehung von Faltengebirgen, neuem Ozeanboden oder bei Vulkantätigkeit steigt Magma aus der Tiefe auf. Innerhalb der Erdkruste kann es bereits erkalten und erstarren. So entstehen Tiefengesteine, sogenannte Plutonite. Diese Gesteine haben eine kristalline Struktur, da sie sehr langsam erstarren und so gut sichtbare Minerale ausbilden können, z. B. Granit.

Gelangt das Magma an die Meeresbodenoberfläche oder fließt als Lava aus dem Krater eines Vulkans, bilden sich Ergussgesteine, die Vulkanite. Die Lava erkaltet relativ schnell und bildet dabei eine dichte Grundmasse. Die Minerale haben keine Zeit, ein Kristallgitter auszubilden, z. B. Basalt.
Magmatische Gesteine verwittern nur sehr langsam. Sie werden deshalb häufig als Straßenbelag oder Pflastersteine eingesetzt. Häufig findet man magmatische Gesteine auch als Gleisbett bei Gleisanlagen.
In der Bauindustrie wird das Gestein aufgeschmolzen und für besonders widerständige Bodenplatten, Fliesen oder als Bestandteil von Mineralwolle genutzt.

Granit

„Feldspat, Quarz und Glimmer – das vergess' ich nimmer." Das sind die Hauptminerale, aus denen das grobkörnige und harte Erstarrungsgestein Granit besteht.
Nutzung: Rand- und Pflastersteine, Grabsteine, Treppen, Fassadenverkleidung
Vorkommen: Harz, Fichtelgebirge, Oberpfälzer Wald, Bayerischer Wald

Basalt

ist ein dichtes dunkelgraues bis schwarzes und sehr hartes Erstarrungsgestein. Sein Vorkommen zeugt von Vulkanismus. Als Fels ist Basalt oft säulenartig ausgebildet.
Nutzung: Schotter, Wärmeschutz, Brandschutz
Vorkommen: Rhön, Erzgebirge, Oberpfalz

M2 Magmatische Gesteine

Die Geosphäre – vom Gestein zum Boden

M3 Sandsteinformation „The wave" in Arizona (USA)

Grundbegriffe
- magmatisches Gestein
- Tiefengestein
- Sedimentgestein

Aufgabe

1 Erkläre an je einem Beispiel die Entstehung und Nutzung von Gesteinen der drei Hauptgesteinsgruppen (M1 – M5).

Sedimentgesteine – Ablagerungsgesteine

Verwitterte Gesteine werden durch exogene Kräfte abgetragen und an einem anderen Ort wieder abgelagert. Dabei kommt es zu einer Schichtung des Gesteinsmaterials. Diese Schichten verfestigen sich im Laufe vieler Jahrtausende. Je nach Ort der Ablagerung unterscheidet man marine, im Meer abgelagerte und terrestrische, auf dem Festland abgelagerte Sedimentgesteine. Aber auch abgestorbene Pflanzen und Tiere oder chemische Stoffe können Sedimentgesteine bilden. So entstand die Kohle, die heute als Energieträger Verwendung findet. Die Kreide, z.B. auf Rügen, nutzte man früher als Schreibmaterial in der Schule, heute in der Kosmetikindustrie. Sandstein ist ein hervorragender Baustoff und wird hauptsächlich in der Bauindustrie verwendet.

Sandstein
ist ein Sedimentgestein aus feinen bis groben Sandkörnern, das durch ein Bindemittel (zum Beispiel Ton oder Kalk) zusammengehalten wird.
Nutzung: Baustein, Steinmetzarbeiten
Vorkommen: Spessart, Buntsandsteingebiet Thüringer Becken, Elbsandsteingebirge

M4 Sedimentgestein

Metamorphe Gesteine – Umwandlungsgesteine

Diese Gesteine entstehen durch die Umwandlung (Metamorphose) von magmatischen oder Sedimentgesteinen.
Geraten diese Gesteine in der Tiefe unter hohen Temperatureinfluss und hohen Druck, werden sie mechanisch verformt. Bei weiter ansteigenden Temperaturen (550 °C) kommt es zur Um- bzw. Neubildung von Mineralen. Unterschieden werden zwei Arten der Metamorphose. Zu einer Kontaktmetamorphose kommt es, wenn Magma in Kontakt mit benachbarten festen Gesteinen kommt. Die Regionalmetamorphose tritt bei Gebirgsbildungen auf, wenn Gesteine in der entstehenden Gebirgswurzel umgeschmolzen werden.
Dabei entstehen beispielsweise Gneis oder Tonschiefer. Schiefer wurde früher zum Beispiel zur Eindeckung von Dächern oder Hausfassaden genutzt. Im 19. Jahrhundert dienten sie auch als Schreibtafeln in der Schule.

Gneis
ist ein aus Quarz, Feldspat und Glimmer bestehendes metamorphes Gestein. Es entsteht durch Umwandlungsprozesse aus Granit und hat ein geschichtetes Aussehen.
Nutzung: Schotter, Splitt, Bildhauerei
Vorkommen: Erzgebirge, Schwarzwald, Fichtelgebirge

M5 Metamorphes Gestein

Entstehung und Verwendung von Gesteinen

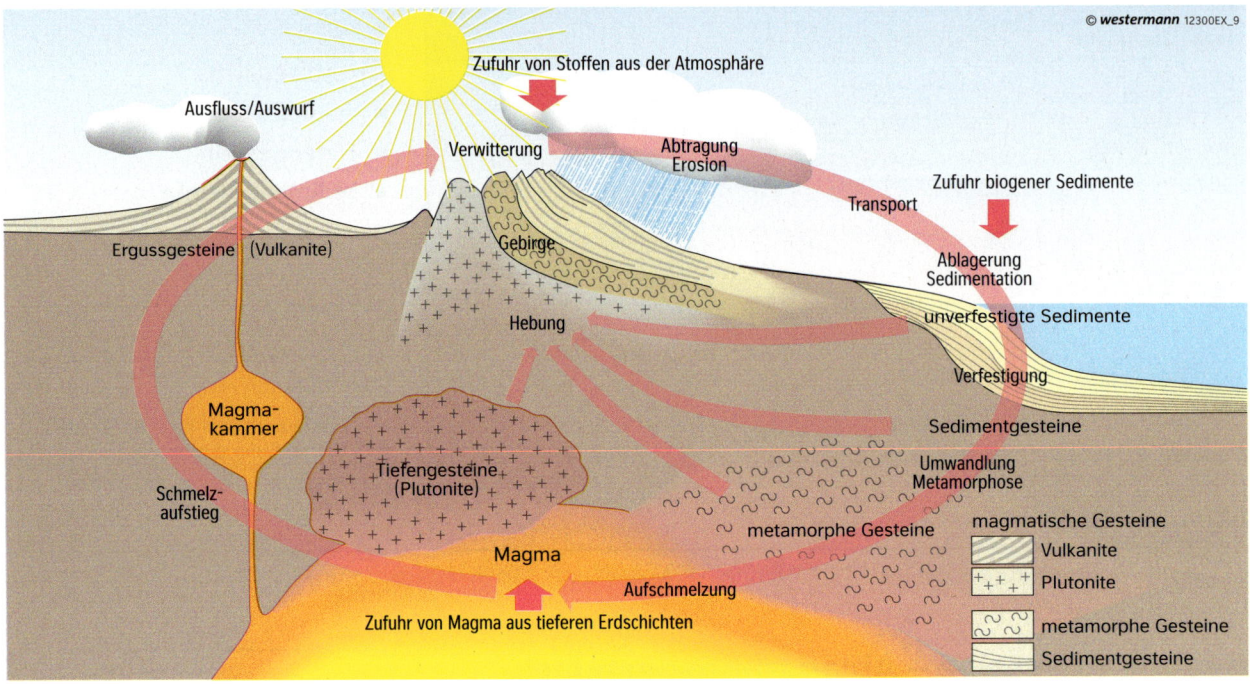

M1 Gesteinskreislauf

Der Kreislauf der Gesteine

Der Kreislauf der Gesteine beginnt mit der Entstehung der Erdkruste auf unserem Planeten. Magma entsteht im Erdmantel, wo Gesteine aufgeschmolzen werden. Der Schmelzprozess ist oft die Folge von Plattenbewegungen.

Gelangt Magma als Lava an die Erdoberfläche, entstehen Vulkanite, welche sofort nach ihrer Bildung der Verwitterung und Abtragung ausgesetzt sind. Tiefengesteine verwittern erst, wenn die darüber lagernden Gesteinsschichten erodiert sind. Der entstehende Gesteinsschutt wird zum Beispiel durch Flüsse ins Meer verfrachtet und dort als Schichten aus Sand und Ton abgelagert.

Verfestigen sich diese Sedimentschichten, entstehen Sedimentgesteine. Salze sind im Meer gelöst und fällen durch Verdunstung in sehr flachen Becken am Meeresrand aus. Sedimentgesteine und Magmatite können durch weitere Schichten von Sedimenten überdeckt werden und gelangen so in tiefere Bereiche der Erdkruste. Dort werden sie immer höheren Temperaturen und Drücken ausgesetzt. Steigen die Temperaturen über 200 Grad Celsius, bilden sich erste neue Minerale, die Gesteine werden umgewandelt. Diesen Vorgang nennt man Metamorphose. Dabei werden aus Sedimentgesteinen bzw. Magmatiten metamorphe Gesteine gebildet. Steigen die Temperaturen weiter an, schmilzt das Gestein und es entsteht wieder Magma, aus dem wiederum Magmatite in der Tiefe auskristallisieren können, die so den Kreislauf schließen.

So kann jede Gesteinsart in eine andere Gesteinsgruppe umgewandelt werden.

Die Geosphäre – vom Gestein zum Boden

Der Königsstuhl ist ein Teil der Rügener Kreidefelsen im Nationalpark Jasmund. Er liegt 118 Meter über dem Meeresspiegel und ist die bekannteste Kreidefelsformation Deutschlands. Der Königsstuhl besteht aus einem sehr reinen und feinkörnigen Kalkstein. Dabei hat das Calciumcarbonat (Kalk) eine geringe Festigkeit. Die Kreide entstand vor rund 70 Millionen Jahren aus organischen Materialien wie Algen, Muschel- und Schneckenschalen. Nach dem Tod sanken die Überreste der Organismen auf den Meeresboden und wurden von Sedimenten überdeckt. Dabei wurden die Reste verfestigt. Deshalb gehört die Kreide in die Gruppe der marinen Sedimentgesteine. In der Kreide können auch Fossilien, z. B. Donnerkeile (Reste von urzeitlichen Tintenfischen), enthalten sein.

M2 Königsstuhl

1813 war Leipzig Schauplatz der Völkerschlacht. Die verbündeten Heere Russlands, Preußens, Österreichs und Schwedens errangen dabei den entscheidenden Sieg über Napoleon und dessen Alliierte auf deutschem Boden. Mit dem 1913 eingeweihten Denkmal sollen die Gefallenen dieser Schlacht geehrt werden. Das Völkerschlachtdenkmal zählt mit 91 Metern Höhe zu den größten Denkmälern Europas. Es wurde aus Beton und rund 26 000 Beuchaer Granitporphyr-Natursteinblöcken errichtet. Der Granitporphyr zählt zu den magmatischen Gesteinen, speziell zu den Vulkaniten.

M3 Völkerschlachtdenkmal

Der Mount Rushmore ist ein Berg in den Black Hills im US-Bundesstaat South Dakota. Der Berg verdankt seinen Namen Charles Rushmore, der ursprünglich die Goldschürfrechte für das Gebiet erworben hatte. Die Köpfe der vier US-Präsidenten George Washington, Thomas Jefferson, Theodore Roosevelt und Abraham Lincoln wurden zwischen 1927 und 1941 in den Fels gehauen, um den Tourismus in der Region anzukurbeln. Der Berg ist 1 745 Meter hoch und besteht aus Granit, einem magmatischen Gestein. Der Granit entstand vor ca. 2,5 Milliarden Jahren in der Erdkruste.

M4 Mount Rushmore

Das Taj Mahal wurde vom fünften Großmogul Shah Jahan in Erinnerung an seine geliebte Frau erbaut und gilt als das schönste Grabmal der Welt. Das Bauwerk wurde zwischen 1631 und 1648 in Agra errichtet. Es besteht aus Marmor, einem metamorphen Gestein, dessen Ausgangsgestein Kalkstein ist. Aufgrund starker Umweltbelastung hat der Marmor angefangen eine leicht gelbe Färbung anzunehmen, worauf seit 2007 sämtlicher Auto- und Busverkehr im Umkreis von zwei Kilometern verboten wurde.

M5 Taj Mahal

Aufgaben

1. Erkläre den Kreislauf der Gesteine (M1).
2. Erarbeite einen Kurzvortrag zu einem Bauwerk aus Naturstein. Gehe dabei auf die Entstehung des verwendeten Gesteins, dessen Herkunft und die heutige Nutzung ein (M2–M5, Internet).
3. Seit 2007 wird jährlich das Gestein des Jahres gekürt. Erstelle einen Steckbrief zum aktuellen Gestein des Jahres.

Verwitterung als Voraussetzung für Bodenbildung

Felssturz am Eiger

[...] Im Felssturzgebiet am Eiger oberhalb von Grindelwald ist [...] knapp ein Drittel der absturzgefährdeten rund zwei Millionen Kubikmeter großen Felsmasse abgebrochen. Rund 500 000 bis 700 000 Kubikmeter Fels krachten auf den unteren Grindelwaldgletscher. [...] Das Gestein sei nach Aussage des Wirtes im Berggasthaus Bäregg, das auf der gegenüberliegenden Talseite liegt, kurz vor 20 Uhr zu Tal gedonnert. [...] Es wird damit gerechnet, dass der Rest der zwei Millionen Kubikmeter Fels auch noch abbrechen wird. [...]

(Quelle: Felssturz an der Ostflanke des Eigers bei Grindelwald. www.nzz.ch, 14.07.2006)

M1 Pressemeldung

Gesteine verwittern

Die Oberflächenformen der Erde entstehen im Zusammenspiel von exogenen (erdäußeren) und endogenen (erdinneren) Kräften. Exogene Kräfte sind Gletscher, Wind, fließendes Wasser und die Sonneneinstrahlung.
Bei der Verwitterung wird das Gestein gelockert und langsam zerstört. Im Gebirge erfolgt die Verwitterung vor allem durch Frostsprengung.
Wenn der Fels im Sommer durch lange Sonneneinstrahlung erwärmt wird, dehnt er sich langsam aus. Dabei können feine Risse entstehen. In die Risse dringen Regen, Schnee oder Schmelzwasser ein. Sinken die Temperaturen über Nacht oder im Winter auf unter Null Grad Celsius, gefriert dieses Wasser. Das entstandene Eis dehnt sich dabei aus und lockert den Fels, bis sich schließlich einzelne Gesteinsblöcke lösen. Das bezeichnet man als Erosion. Meist ist daran Wasser beteiligt, aber auch durch Wind oder Gletscher kann das Gestein erodieren.
Die abgesprengten Gesteinsteile stürzen die Berghänge hinunter und lagern sich am Fuß des Berges als Schutthalde ab.

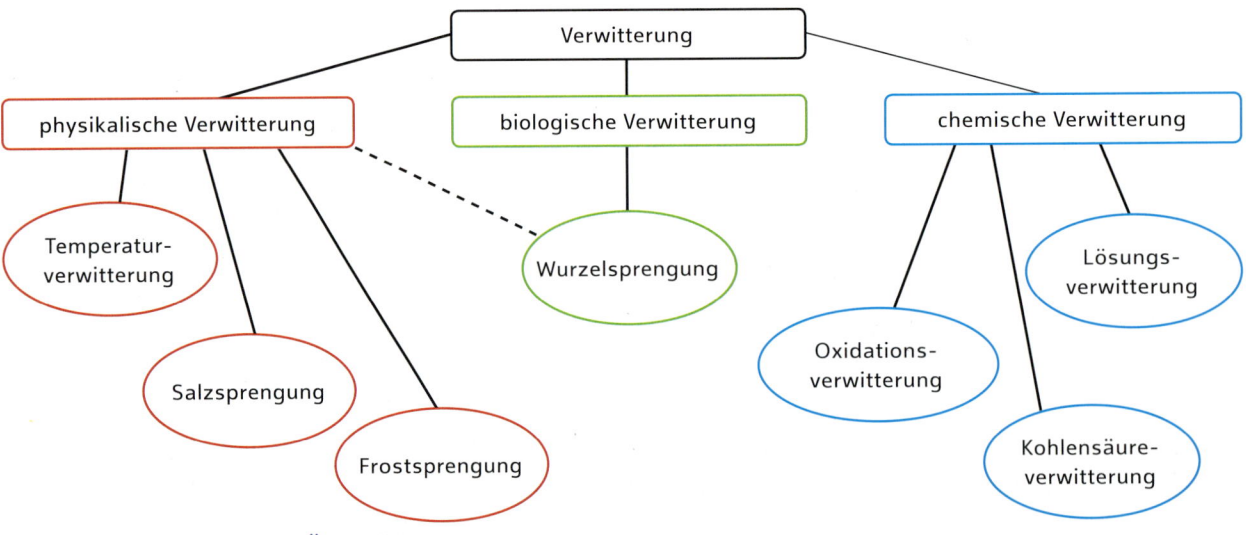

M2 Verwitterungsarten im Überblick

Die Geosphäre – vom Gestein zum Boden

Bei der Mineralisierung eines Buchenblattes treten Bodenlebewesen an der für sie charakteristischen Abbaustelle in großer Zahl auf. Regenwürmer spielen mehrfach eine wichtige Rolle: Zunächst reißen sie aufgeweichte und von Springschwänzen oder Milben angefressene Gewebestücke aus dem Blatt. Später vermischen sie Zersetzungsreste mit feinsten Gesteinsteilchen.

M3 Vom Blattfall zum Zerfall – kleine Helfer bei der Arbeit

Die Bodenbildung

Der Boden ist die oberste Verwitterungsschicht der Gesteinshülle. Er ist wenige Zentimenter bis mehrere Meter mächtig. Der Boden ist ein Gemisch aus Mineralen, Wasser, Luft und Organismen. Die oberste organische Auflage nennt man Humus. Einem Boden sieht man sein Alter nicht an. Die Böden in Mecklenburg-Vorpommern begannen sich vor ca. 12 000 Jahren zu bilden. Im Laufe der Zeit verändert ein Boden seine Zusammensetzung, seine Farbe und weitere Eigenschaften. Bodenbildung braucht Zeit, damit Organismen den Boden durchmischen, chemische Prozesse und Verlagerungsvorgänge ablaufen können. Auch Temperatur und Sickerwasser tragen entscheidend zur Bodenbildung bei. Die Umwandlung von organischem Material findet bei höheren Temperaturen wesentlich schneller und intensiver statt. Merkmale aller Landschaftskomponenten sind an der Bodenbildung beteiligt. Durch die Verwitterung des Ausgangsgesteins entstehen verschiedene Bodenarten. Durch Umbildungs- und Verlagerungsprozesse bilden sich verschiedene Bodentypen heraus.

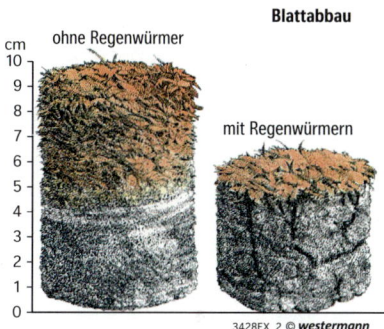

M4 Leistungsschau des Regenwurms

Info

Bodenfunktionen

Böden bilden die Lebensgrundlage für Pflanzen, Tiere und Menschen. Sie übernehmen wichtige Funktionen:
- Lagerstätte für Rohstoffe
- Fläche für Infrastruktur, Siedlungen
- Erholungsraum
- Grundlage für unsere Ernährung
- Lebensraum für die Bodenbewohner
- Filterung von Schadstoffen (z. B. Nitrate)
- Speicherung von Kohlenstoffdioxid und von Niederschlägen (Bodenwasser)
- Bildung der Grundlage für die forstwirtschaftliche Nutzung
- Archiv der Natur- und Kulturgeschichte

Grundbegriffe
- endogene Kraft
- Bodenart
- Bodentyp

Aufgaben

1 Beschreibe mögliche Ursachen für den Felssturz am Eiger (M1, M2).

2 Erkläre die Entstehung von Böden (M3, M4).

3 Ermittle die Bodenmächtigkeit, die durch Regenwurmtätigkeit abgebaut wurde (M4).

Bodentypen

- Braunerde
- Parabraunerde
- Stauwassergley
- Podsol
- Podsol und Gley
- Moorböden
- Regosol

M1 Böden in Mecklenburg-Vorpommern

Entstehung von Bodentypen

In Mecklenburg-Vorpommern gibt es viele verschiedene Bodentypen. Sie sind durch unterschiedliche äußere Einflüsse aus den Bodenarten Sand-, Schluff- und Tonböden entstanden. Diese werden je nach Korngröße klassifiziert.

Unsere Böden sind erdgeschichtlich sehr jung, da sie sich erst nach dem Ende der Eiszeit vor rund 12 000 Jahren entwickeln konnten.

Das Ausgangsmaterial war häufig Geschiebemergel, eine lehmige und kalkhaltige Schicht, die von den Gletschern abgelagert wurde.

Das Klima mit unterschiedlichen Temperatur- und Niederschlagsverhältnissen prägte die Herausbildung des Bodens. So können bei höheren Temperaturen Pflanzen- und Tierreste schneller umgewandelt werden als bei Frost. Ausreichend Sickerwasser aus Niederschlägen durchdringen den Boden bis in tiefer liegende Schichten und transportieren Stoffe (z. B. Eisenoxid) dorthin.

M2 Bodenprofil

Pflanzen
Streu und Rohhumus
Oberboden (A) Humus mit Mineralstoffen gemischt
Unterboden (B) Mineralstoffe
verwittertes Gestein
Ausgangsgestein (C)

Als Bodenprofil bezeichnet man einen von der Erdoberfläche ausgehenden senkrechten Schnitt durch den Boden.

Dabei fallen verschiedenfarbige Abschnitte im Profil auf, die sogenannten Bodenhorizonte. Sie unterscheiden sich durch Farbe, Zusammensetzung und chemische Eigenschaften. Die Bodenhorizonte sind mit den Großbuchstaben A, B und C sowie, zur weiteren Beschreibung, mit Kleinbuchstaben bezeichnet.

M3 Definition Bodenprofil

Die Geosphäre – vom Gestein zum Boden

Podsol – ein Auswaschungsboden

Der Podsol ist ein Bodentyp, der in feuchten, kühl- bis kaltgemäßigten Breiten auf Sand und Verwitterungsdecken entsteht. Das Bodenprofil zeigt oben eine dünne, stark saure Rohhumus- oder Moderschicht. Darunter liegt ein mineralarmer Auslaugungshorizont, der bis zu einem braunen bis rostroten Anreicherungshorizont reicht. Hier wurden durch das Sickerwasser Hydroxide und Humus angereichert. Podsole sind nährstoffarm, trocken und mit Nadelwäldern und Heiden bewachsen. Für eine landwirtschaftliche Nutzung muss der Podsol stark gekalkt, gedüngt und bewässert werden.

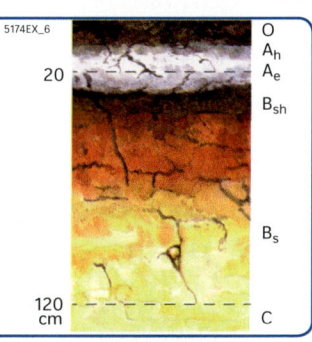

Braunerde – ein guter Ackerboden

Die Braunerde ist ein im gemäßigt-humiden Klimabereich weit verbreiteter Bodentyp, der auf kalkarmem und silikatischem Ausgangsgestein entsteht. Auffällig ist die Braunfärbung des Unterbodens, die dem Bodentyp seinen Namen gibt. Die Bezeichnung B_v steht für eine intensive Verwitterung. Dabei werden zum Beispiel Eisenoxide gebildet, die dem Boden seine charakteristische braune Färbung verleihen. Braunerde entsteht in der kühlgemäßigten Laub- und Mischwaldzone der mittleren Breiten. Sie zählt zu den Bodentypen mit guter Qualität für den Ackerbau, da sie auch gut durchfeuchtet und durchlüftet ist.

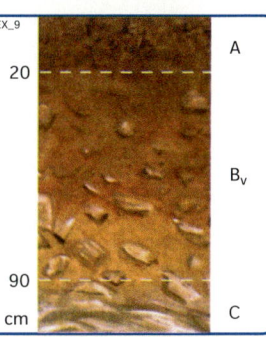

Gley – ein Boden in Feuchtgebieten

Gleyböden haben sich vorwiegend in grundwassernahen Talauen und Niederungen entwickelt. Dort kommt es zu regelmäßigen Schwankungen des Wasserstandes. Der Einfluss von Grund- bzw. Stauwasser bewirkt Luftabschluss und damit eine Graufärbung des Bodens. Ein Wechsel zwischen Austrocknen und Vernässen ist bei Gleyen typisch. Im trockenen Zustand zeigt der Gley eine plattige Struktur. Im nassen Zustand löst sich diese Struktur auf und der Boden gleicht einem strukturlosen Brei.

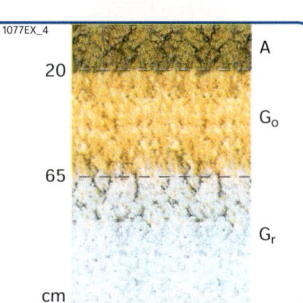

Parabraunerde – ein sehr guter Ackerboden

Parabraunerden entwickeln sich auf lockeren Mergelgesteinen sowie auf Lehm und Sand. Die von oben nach unten gerichtete Verlagerung von Tonmineralen ist typisch für den Bodentyp Parabraunerde. Er hat eine lockere Oberbodenstruktur, die sich positiv auf die Durchlüftung und den Wasserhaushalt auswirkt, sowie einen hohen Tongehalt des Unterbodens, der eine gute Nährstoffversorgung möglich macht. Darum ist er ein leistungsfähiger Boden für den Ackerbau. Auf ihm werden unter anderem Getreide und Kartoffeln angebaut.

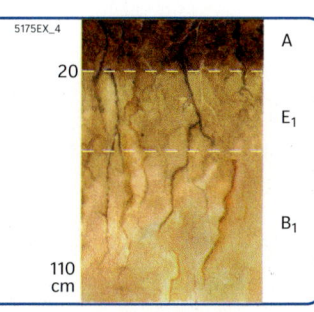

M4 Bodentypen in Mecklenburg-Vorpommern

Aufgaben

1 Beschreibe die Bodenverteilung in Mecklenburg-Vorpommern (M1, M4).
2 Stelle den Aufbau eines Bodenprofils dar (M2–M4).
3 Erläutere die typische Nutzung der Bodentypen in Mecklenburg-Vorpommern (M1, M4, Atlas).

Grundbegriff
- Bodenhorizont

Ein Bodenpraktikum durchführen

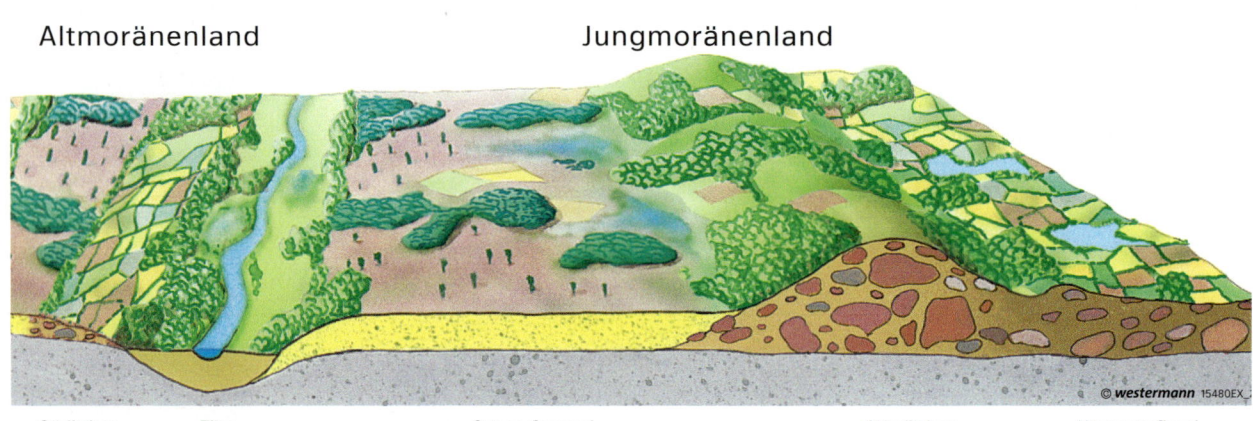

Altmoränenland — Jungmoränenland

Südlicher Landrücken | Elbe-Urstromtal | Griese Gegend, Mecklenburgische Seenplatte | Nördlicher Landrücken | Küstentiefland

Süden — **Norden**

Glaziale Serie	Urstromtal	Sander	Endmoräne	Grundmoräne
Boden-arten	Sand Feinsand Ton	Sand Kies	Sand Lehm Steine (blockreich)	Geschiebelehm sandiger Lehm
Boden-typen	Gley Podsol	Podsol	Podsol	Braunerde Parabraunerde
Nutzung	Gemüse, Obst Viehhaltung Grünland	Kiefernforste Kartoffeln Spargel	Laub- und Mischwälder, im Altmoränengebiet Kiefernforste	Weizen Gerste Zuckerrüben Kartoffeln

M1 Landschaften und Ablagerungen aus dem Eiszeitalter und ihre Nutzung

Bodenpraktikum

Viel zu wenig wird der für uns so wertvolle Boden beleuchtet, dabei sind Bodenuntersuchungen sehr interessant.

Nach dem Ausheben einer Bodengrube von ca. 150 Zentimeter Tiefe können eure Untersuchungen beginnen.

Profilaufnahme an einem Bodenaufschluss

1. Stich mit einem Spaten eine möglichst glatte Fläche an einem Hang oder in einer Baugrube ab. Deutlich sichtbar sind jetzt Unterschiede in der Farbe und der Struktur des Bodens.
2. Du kannst auch eine Bodengrube von einem Quadratmeter und einer Tiefe von 150 Zentimeter ausheben. Dann nimm das Profil an der Schattenseite der Grube.
3. Zeichne eine Skizze des Bodenprofils. Markiere die Grenzen zwischen den Horizonten und die Farben. Notiere die Mächtigkeit in Zentimeter.

M2 Bodenaufschluss

Bodenart – Fingerprobe

Knete eine kleine Probe zwischen Daumen und Zeigefinger. Rolle sie dann zwischen den Handflächen.

Sand: Die Probe ist nicht formbar. Es knirscht.
Schluff: Die Probe ist schlecht formbar. Man spürt einzelne Körner.
Lehm: Eine feuchte Probe ist formbar. Trockener Lehm ist fest.
Ton: Die Probe ist dünn ausrollbar. Die Oberfläche glänzt.

Schlämmprobe

Nimm eine kleine Probe und gib sie in einen Messzylinder. Fülle diesen bis zur letzten Markierung mit Wasser auf. Schüttle das Gefäß kräftig. Bestimme nach zehn Minuten die unterschiedlichen Anteile der entstandenen Schichten in Millimeter.

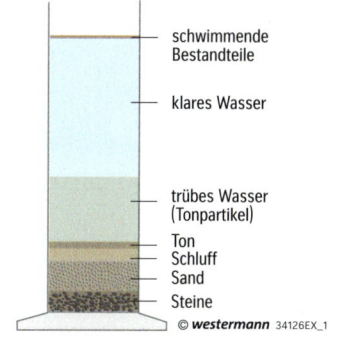

Sedimentation der Bestandteile nach 10 Minuten:

Sand	90 %
lehmiger Sand	75 %
sandiger Lehm	65 %
Lehm	35 %
Ton	< 35 %

ph-Wert ermitteln

Nimm eine kleine Probe und schlämme sie mit destilliertem Wasser auf. Miss nach zwei Minuten den ph-Wert mit einem Indikatorpapier oder Unitest.

Hinweis: Der ph-Wert beeinflusst die Art der Bodenorganismen, die Verwitterung und die Verfügbarkeit von Nährstoffen.

ph-Wert	Eigenschaft
0 – 4	sehr stark sauer
4 – 5	stark sauer
5 – 6	mäßig sauer
6 – 7	schwach sauer
7	neutral
7 – 8	schwach basisch
8 – 9	mäßig basisch
9 – 10	stark basisch
10 – 14	sehr stark basisch

Wasserhaltefähigkeit

Fülle in einen Trichter mit Filterpapier eine kleine Probe. Stelle den Trichter in einen Messzylinder. Gieße nun 50 ml Wasser in den Trichter.

- 10 – 30 ml Wasser fließen durch. Der Boden war sehr trocken oder ist nicht wasserdurchlässig.
- 30 – 50 ml Wasser fließen durch. Der Boden war bereits sehr feucht oder ist sehr wasserdurchlässig.

Kalkgehalt bestimmen

Nimm eine kleine Probe und träufle 10-prozentige Salzsäure (HCl) darauf. Beobachte.
- keine Bläschenbildung bedeutet kalkfrei
- wenige Bläschen bedeutet schwach kalkhaltig
- viele Bläschen bedeutet kalkhaltig
- anhaltend viele Bläschen (aufschäumend) bedeutet stark kalkhaltig

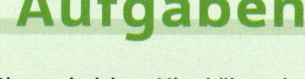

Hinweis: Kalk kann Wasserstoffionen (H^+) binden und damit einem ph-Wert unter 7 entgegenwirken.

Aufgaben

1 Plane mit deinen Mitschülern ein Bodenpraktikum. Beachte:
- Ort und Zeit für das Praktikum
- geeignete Standorte auswählen
- Anzahl der Gruppen
- benötigte Materialien (z.B. Spaten, Messbecher, …)
- Ergebnissicherung

2 Wertet das Bodenpraktikum in der Klasse aus.

3 Vergleicht eure Ergebnisse der Bodentypen mit der Atlaskarte und Seite 140 M1. Zieht Schlussfolgerungen.

Bodennutzung

30,6 % Waldflächen

51,6 % Landwirtschaftsflächen

2,4 % Wasserflächen

1,7 % sonstige Flächen

13,7 % Siedlungs- und Verkehrsflächen

M1 Bodennutzung in Deutschland (2015)

Boden – eine wichtige Ressource

Der Boden wird vom Menschen vielfältig genutzt. Es werden z. B. Flächen zum Bau von Wohnungen und Wirtschaftseinrichtungen sowie von Straßen, Gleisen, Flugplätzen oder Sportplätzen benötigt. Der überwiegende Teil aber wird land- und forstwirtschaftlich genutzt.

In Deutschland standen 2015 der Landwirtschaft 51,6 Prozent der Landesfläche (357 000 km²) zur Verfügung. Die Waldfläche betrug 30,6 Prozent. Gebäude für Wohn- und Gewerbezwecke sowie Flächen für Verkehrseinrichtungen nahmen 13,7 Prozent ein. Und nur 1,7 Prozent waren sonstige Flächen oder Unland.

Das sind Flächen, die nicht genutzt werden können, wie zum Beispiel Felsen in den Alpen oder Sandflächen an den Küsten. Durch die zunehmende Verstädterung verschärft sich der Nutzungskonflikt zwischen der Natur mit ihren Ökosystemen und den vom Menschen genutzten Flächen.

Die Versiegelung von Flächen verändert den Wasserhaushalt der Natur und das lokale Klima. So ist es durch die Speicherung der Sonnenenergie auf Verkehrsflächen einer Stadt bis zu zwei Grad Celsius wärmer als auf unbebautem Land.

Landwirtschaftsflächen	43,5 %
Waldflächen	32,4 %
Siedlungs- und Verkehrsflächen	9,1 %
Wasser/Unlandflächen	15 %

M2 Bodennutzung in der EU (2015)

Durch die menschliche Besiedlung und das Anlegen von Agrarflächen gibt es in Mecklenburg-Vorpommern nur noch rund 22 Prozent Waldflächen. Auf ca. 62 Prozent der Landesfläche wird Landwirtschaft betrieben. Rund acht Prozent sind Siedlungs- und Verkehrsflächen. Die Wasserflächen machen rund sechs Prozent aus. Zwei Prozent sind Unland.
Boden kann nicht willkürlich erweitert werden. Er ist eine Ressource, die unserer sinnvollen Nutzung und unseres Schutzes bedarf. Mehr als 80 Prozent der Fläche in Deutschland werden forst- und landwirtschaftlich genutzt und täglich gehen davon ca. 70 Hektar durch andere Nutzungsformen verloren.

M3 Bodennutzung in Mecklenburg-Vorpommern (2015)

Die Geosphäre – vom Gestein zum Boden

M4 Kraniche auf der Friedländer Großen Wiese

M5 Jugendliche entwässerten im Rahmen eines FDJ-Projektes die Friedländer Große Wiese (1958)

Friedländer Große Wiese

Nicht immer ist die Nutzung der Bodenflächen für die Landwirtschaft geeignet. Durch Fehlnutzung kann es zur Zerstörung von sensiblen Landschaftsräumen kommen. Ein Beispiel dafür ist die Friedländer Große Wiese. Auf 109 Quadratkilometern (vgl. Müritz 117 km²) erstreckt sich das ehemalige Niedermoor zwischen Ducherow, Ferdinandshof und Friedland. Die Fläche wird nicht durch Infrastrukturen zerschnitten. Bereits im 18. Jahrhundert versuchte man, dieses Niedermoor trockenzulegen. Dazu errichtete man den Weißen Graben, der zum Absenken des Wasserstandes im Galenbecker See führte und das Wasser des Moores aufnahm. Um 1900 wurde die Fläche durch Melioration und intensive Bewirtschaftung stark geschädigt. So baute man ab 1920 bei Mariawerth Torf ab. Im Verlaufe eines zentralen Jugendobjektes der FDJ in der DDR wurden die Friedländer Wiesen zwischen 1958 und 1962 trockengelegt. Das ausgedehnte künstlich angelegte Entwässerungsnetz und die intensive Nutzung führten zur Absenkung des Gebietes. Heute vererdet das Moor zunehmend und durch Auswaschung der Nähstoffe verarmt der Boden weiter. Der Moorkörper ist bis zu 2,5 Meter zusammengesackt. So kommt es, dass heute der Wasserspiegel des am südlichen Rand gelegenen Galenbecker Sees höher liegt als der Wasserspiegel im umliegenden Gelände. Der Galenbecker See ist ein Gebiet von großer Bedeutung. Dort rasten viele Vogelarten auf ihrem jährlichen Vogelzug oder sie überwintern dort. Außerdem besitzt es eine Vielzahl von Blütenpflanzen. Davon sind allein 14 vom Aussterben bedroht und 96 gefährdet.

Heute droht eine neue Gefahr. Man plant einen Windpark inmitten der Friedländer Wiesen. Dadurch würden die Nahrungs- und Rastflächen der Zugvögel, vor allem der Kraniche, gestört. Durch diese Baupläne wären die Chancen auf einen sanften Naturtourismus in der strukturschwachen Region Uecker-Randow vertan.

Aufgaben

1 Erstelle jeweils ein Säulendiagramm zur Bodennutzung in Mecklenburg-Vorpommern, Deutschland und Europa und vergleiche diese (M1 – M3).

2 Diskutiert in Gruppen Vorteile und Nachteile der verschiedenen Nutzungsmöglichkeit der Großen Friedländer Wiese (M4).

3 Erarbeite einen Schülervortrag über die Geschichte der Urbarmachung der Friedländer Großen Wiese (M5, Internet).

4 Das Buch „Egon und das achte Weltwunder" berichtet über das ehemalige Jugendprojekt Friedländer Großen Wiese. Lest das Buch oder seht euch den Film dazu an. Diskutiert im Anschluss darüber.

Bodengefährdung und -schutz

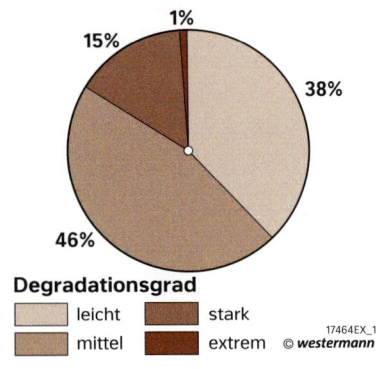

M1 Welt-Bodendegradation

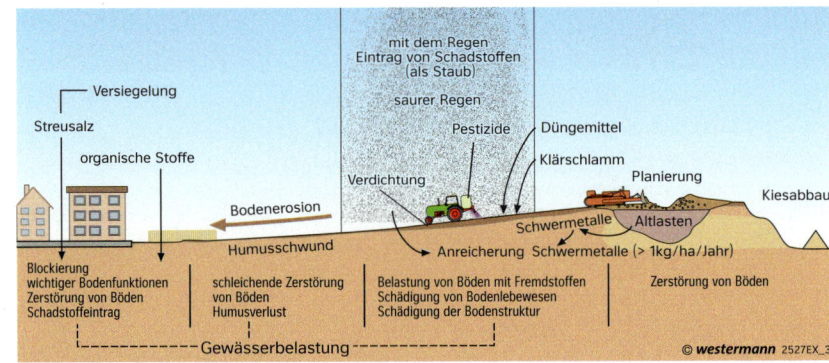

M4 Vielfalt der Belastungen des Bodens durch menschliche Nutzung

„A nation that destroys its soils destroys itself."

Franklin D. Roosevelt

M2 Zitat

Gefährdung des Bodens

Ständig verändern wir den Boden, sei es durch Gartenarbeit, den Abbau von Rohstoffen, das Anlegen neuer Straßenprojekte oder den Ausbau des Radwegenetzes.
Der Anstieg der Weltbevölkerung und ihre wirtschaftliche Aktivität sorgen für eine Übernutzung der Böden sowie für eine Versalzung und Vernichtung des Bodens. Einen Qualitätsverlust des Bodens durch menschliche oder natürliche Einflüsse bezeichnet man als Bodendegradation. Beispiele dafür sind die Bodenverdichtung, Bodenerosion und Bodenversiegelung.

Bodenbearbeitung mit dem Ziel, den Boden zu lockern, kann auch zur Bodenverdichtung führen. Durch häufiges Befahren mit schweren Maschinen wird der Boden ebenfalls verdichtet. Die meist unbewachsenen Fahrspuren wirken besonders erosionsfördernd. Diese stellen zusätzlich eine wassersammelnde Vertiefung dar. Bodenverdichtung beeinträchtigt den Wasserhaushalt sowie die Lebensbedingungen der Bodenorganismen.

In Mitteleuropa werden zwischen 0,5 und zehn Tonnen Boden je Hektar durch Erosion vernichtet. In Deutschland sind es im Mittel fünf Tonnen je Hektar. Im April 2011 kam es durch einen Sandsturm auf der A 19 bei Rostock zu einer Massenkarambolage. Vom an die Autobahn angrenzenden Acker wehte ein stürmischer Wind den Boden aus. Der Unfallort liegt in einem sehr winderosionsgefährdeten Gebiet. Weder Hecken noch Gehölze begrenzen die Autobahn.

Große Teile von Siedlungs- und Verkehrsflächen sowie auch zahlreiche Schulhöfe sind versiegelt. Diese Flächen werden mit wasserundurchlässigen Materialien bedeckt. Damit fehlt dem Boden der natürliche Wärme-, Wasser- und Stoffaustausch. Durch eine Versiegelung der Oberfläche kann kein Regenwasser mehr in den Boden einsickern. Es kommt zu einem erhöhten und beschleunigten Oberflächenabfluss. Das Rückhaltevermögen des Bodens verringert sich.

M3 Bodenverdichtung

M5 Bodenerosion

M6 Bodenversiegelung

Die Geosphäre – vom Gestein zum Boden

Eine vierköpfige Familie im Mecklenburg-Vorpommern-Urlaub setzt dabei etwa 850 kg Kohlenstoffdioxid (CO_2) frei (14-tägiger Urlaub, Mittelklassehotel, Anreise im eigenen Pkw). Durch eine neu aufgeforstete Waldfläche von 10 m^2 wird in der Wachstumsphase eine Biomasse von ca. 1 m^3 Holz produziert. Dieser Kubikmeter bindet im Durchschnitt 925 kg CO_2. Fazit: Mit der auf 10 m^2 Wald entstehenden Holzmenge kann die Familie ihre urlaubsbedingten Emissionen mehr als ausgleichen. Die Aufforstung und Pflege von 10 m^2 Wald kostet aktuell etwa 20 Euro. Wenn eine vierköpfige Familie also für jeden Urlaub zwei Waldaktien á 10 Euro für Aufforstungen kauft, ist dieser Urlaub CO_2-neutral. [...]

(Quelle: Die Waldaktie und der Urlaub in Mecklenburg-Vorpommern. www.waldaktie.de, 17.08.2017)

M7 Die Waldaktie und der Urlaub in Mecklenburg-Vorpommern

Schutz des Bodens

Der Schutz des Bodens wird mittlerweile auch international als eine wichtige Aufgabe angesehen. Seit 1998 ist in Deutschland der Bodenschutz gesetzlich geregelt. So werden der Verbrauch und die Bewirtschaftung der Böden bestimmt und Schutzmaßnahmen verlangt. Damit soll sichergestellt werden, dass der Boden seine Funktionen behält oder diese wieder hergestellt werden. Dazu gehört das Verhindern von Schadstoffeinträgen wie Benzin, Öl oder Abfälle. Der Boden ist eine Art Schatzkiste. Er bewahrt das Archiv der Menschheitsgeschichte und wichtige Rohstoffe.

Gut ein Jahr nach dem historischen Elbe-Hochwasser 2013 sind verstärkte Deiche an das Land übergeben worden. [...]
[...] die umgesetzten Maßnahmen sorgten für den besten Hochwasserschutz, den es an der Elbe-Elde-Wasserstraße jemals gegeben habe. Zwischen Neu Kaliß und Dömitz sind zwei Deiche auf einer Gesamtlänge von sechs Kilometern verstärkt worden. Dort errichteten Arbeiter für 800 000 Euro eine sogenannte Berme. Der horizontale Deichabschnitt soll Druck vom Deich nehmen und so ein Aufweichen verhindern. Auf diesem Weg können nun auch Autos fahren und so im Notfall Sandsäcke schneller an Ort und Stelle transportieren. [...] Der Ausbau [gibt] den Deichen zusätzlichen Halt, sodass ein Großeinsatz wie vor einem Jahr, als Freiwillige 600 000 Sandsäcke auf den Deichen verteilten, zukünftig nicht mehr nötig sein sollte.

Für eine längerfristige Verbesserung des Hochwasserschutzes aber seien weitere Maßnahmen notwendig [...]. Mecklenburg-Vorpommern werde gemeinsam mit Niedersachsen den Rückschnitt der Gehölze an der Elbe angehen. [...] Es gehe dabei um Flächen an der Sude-Mündung bei Boizenburg. Dort sollen auch neue Flutrinnen angelegt und Deiche zurückverlegt werden. Umweltschützer hatten das Abholzen oder Ausdünnen der Auwälder als falsche Maßnahme kritisiert.

Die Elbeflut vom Sommer 2013 hatte in Mecklenburg-Vorpommern Schäden von rund acht Millionen Euro zur Folge, davon gut zwei Millionen Euro an den Deichen.

(Quelle: Elbe-Region wappnet sich für künftige Hochwasser. www.ndr.de, 2014)

M8 Elbehochwasser 2013

Aufgaben

1. Nenne Beispiele aus deinem Umfeld, wo der Boden in Gefahr ist. Diskutiert Maßnahmen zur Gefahrenabwehr (M3 – M6).
2. Belege die Aussage von Franklin D. Roosevelt (M2).
3. Informiere dich über aktuelle Maßnahmen zum Schutz des Bodens in Mecklenburg-Vorpommern (M8, aktuelle Pressemitteilungen, Internet).
4. Recherchiere, ob man auch in anderen Bundesländern Waldaktien kaufen kann (M7, Internet).

Gewusst – gekonnt

1 Bilde zusammengesetzte Substantive und ordne sie paarweise.

Art – Boden – Boden – Eis – Erguss – Gestein – Gestein – Horizont – Klima – Kreislauf – Kristalle – Sediment – Trink – Wandel – Wasser – Wasser

2 Naturphänomene

Finde Bildunterschriften und benenne die exogenen Kräfte, die wirken.

3 Silbenrätsel

Gesucht werden acht Begriffe, die mit Klima und Klimawandel in Verbindung stehen. Schreibe die Silben ab. Suche dann die Begriffe. Streiche die Silben durch, die du bereits verwendet hast.

| at | brei | ef | fekt | ge | gel | glet | haus | kli | la | schutz | sphä | spie |
| ma | mee | mo | ozon | re | res | rung | scher | schicht | ten | treib | wit | te |

148

4 Geosphäre

a) Ordne den folgenden Begriffen die passenden Oberbegriffe zu.

Atmosphäre – Meer – Biosphäre – Basalt – Lithosphäre – Boden – Vegetation – Granit – Wolken – Schnee – Grundwasser – Waldkiefer – Höhenlage – Relief – Hydrosphäre – Wind – Temperatur – Bewölkung – Pedosphäre – Rothirsch – Talsperre – Lage zum Meer – Niederschlag

b) Erstelle aus den Oberbegriffen ein Schema. Gib deinem Schema eine Überschrift.

6 Klimawandel

Werte die Karikatur aus. Gehe auch auf die Ursachen und Folgen des Klimawandels ein.

5 Wetterbericht

Schreibe mithilfe der Wetterkarte einen Wetterbericht für St. Petersburg.

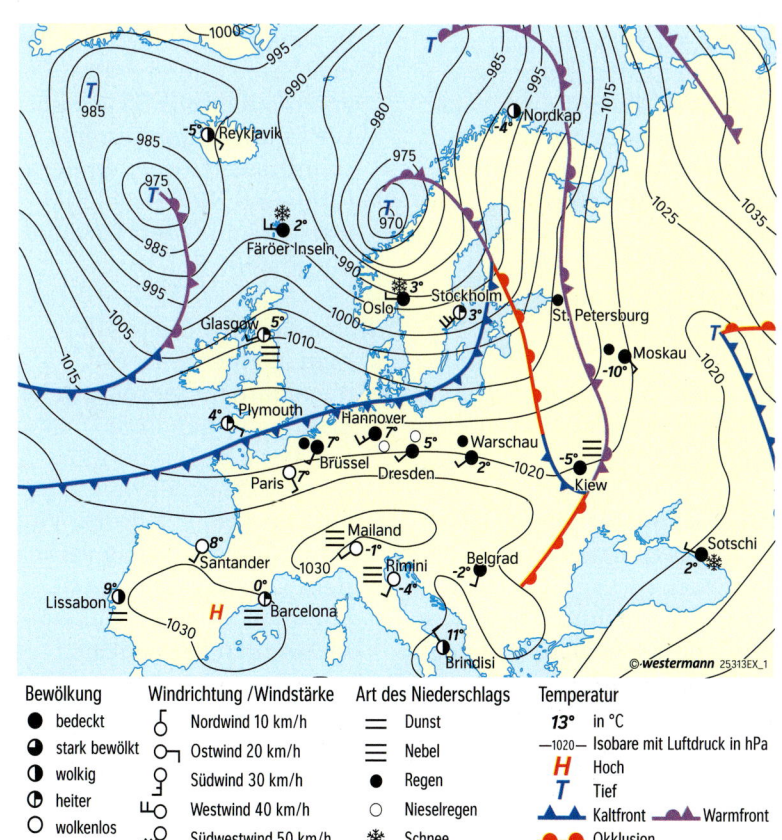

7 Wahrheit oder Lüge

Berichtige Falschaussagen.

a) Der Pazifik ist der größte Ozean.

b) Die Ostsee ist ein Nebenmeer.

c) Die tiefste Meeresstelle der Erde befindet sich im Atlantik.

d) Die Wassertemperatur am Äquator beträgt ca. 29 °C.

e) Das Weltmeer wird als Deponie genutzt.

f) In der Ostsee wird Salz gewonnen.

g) Baumwolle braucht zum Wachsen wenig Wasser.

h) Wasserdampf benötigt Schmutzteilchen als Kondensationskerne.

Minilexikon

Akkumulation (Seite 121)
Sammlung von Abtragungs- und Verwitterungsmaterial in Form von Ablagerungen.

alpidische Gebirgsbildung (Seite 14)
Beschreibt den Entstehungsprozess der Alpen und anderer Hochgebirge Südeuropas. Dabei entstand durch die Kollision von Lithosphärenplatten ein riesiger Hochgebirgsgürtel. In der Kollisionszone wurde das Gestein gefaltet und gehoben. Vulkanausbrüche und Erdbeben sind Belege für den noch andauernden Hebungsprozess der alpidischen Gebirgsbildung.

Atmosphäre (Seite 96)
Die Atmosphäre ist die Lufthülle der Erde. Sie besteht vorwiegend aus Stick- und Sauerstoff.

Bodenart (Seite 139)
Einteilung der Böden nach der Korngrößenzusammensetzung (z.B. Tonboden, Sandboden). Durch die Verwitterung des Ausgangsgesteins entstehen verschiedene Bodenarten.

Bodenhorizont (Seite 140)
Unterschiedlich mächtige, mehr oder weniger parallel ausgeprägte und mit verschiedenen Merkmalen ausgestattete Bodenschichten.

Bodentyp (Seite 139)
Endprodukt der Boldenbildung. Grundlegende Einteilung der Böden, die die Gesamtheit der bodenbildenden Faktoren berücksichtigt. Die Benennung eines Bodentyps orientiert sich zumeist an der im Bodenprofil sichtbar werdenden Abfolge der Bodenhorizonte. Durch Umbildungs- und Verlagerungsprozesse bilden sich verschiedene Bodentypen heraus.

endogene Kraft (Seite 138)
Endogene Kräfte bewirken Vorgänge im Erdinneren. Sie haben ihren Ursprung im Magma. Neben Magmabewegungen, Vulkanismus und Erdbeben zählen auch Krustenbewegungen und gebirgsbildenden Vorgänge dazu.

Erosion (Seite 14, 120)
Die Abtragung von Boden und Gestein durch fließendes Wasser, Gletscher und Wind.

exogene Kraft (Seite 122)
Exogene Kräfte wirken von außen auf die Erdoberfläche ein. Zusammen mit den endogenen Kräften gestalten sie Landschaftsformen. Exogene Kräfte sind zum Beispiel Wind, fließendes Wasser, Gletscher und die Meeresbrandung.

Föhn (Seite 22)
warmer, trockener Fallwind in den Alpen.

Hochdruckgebiet (Seite 102)
Luftmasse, in der hoher Luftdruck herrscht. Im Inneren eines Hochdruckgebietes herrschen schwache Winde, die Luft sinkt ab und Wolken lösen sich auf. Von außen fließt die Luft zum tieferen Druck hin ab, es kommt zum Druckausgleich.

kaledonische Gebirgsbildung (Seite 14)
Ist der Entstehungsprozess der ältesten Gebirge Europas. Der Baltische Schild, ein Gebirgsrumpf, driftete im Erdaltertum mit dem Grönländischen Schild zusammen. Dabei wurden an den Plattengrenzen Gesteinsmassen gefaltet, übereinander geschoben und gehoben. Heute sind Reste des kaledonischen Gebirges in Wales, Schottland und Skandinavien erhalten. Die ursprünglichen schroffen Hochgebirgsformen sind durch Verwitterung und Abtragung nach und nach abgerundet worden.

Klima (Seite 99)
Das Zusammenwirken von Temperatur, Niederschlag, Bewölkung, Wind und Luftdruck über einen Zeitraum von mindestens 30 Jahren. Die langjährigen Durchschnittswerte der Temperaturen und Niederschläge werden im Klimadiagramm dargestellt.

Klimaelement (Seite 100)
Klimaelemente sind messbare meteorologische Erscheinungen in der Troposphäre: z.B. Temperatur, Niederschlag, Bewölkung, Luftfeuchte, Luftdruck, Wind, Strahlung u.a. Diese verändern sich ständig und bestimmen durch ihr Zusammenwirken das Wetter.

Klimafaktor (Seite 100)
Klimafaktoren sind Eigenschaften eines Raumes, die das Klima beeinflussen: z.B.

Breitenlage, Höhenlage, Talverlauf, Hauptwindrichtung, Lage zum Meer, Bodenbedeckung oder Siedlungsdichte.

magmatisches Gestein (Seite 134)
Magmatische Gesteine entstehen durch die Abkühlung und Erstarrung von Gesteinsschmelzen, wie z.B. Lava oder Magma.

Metropole (Seite 82)
Größte Satdt und zugleich politischer und wirtschaftlicher Mittelpunkt eines Landes mit vielfältigem Warenangebot, Dienstleistungen und zahlreichen kulturellen Einrichtungen wie Theatern, Opernhäusern usw.

Metropolisierung (Seite 82)
Prozess der Konzentration eines hohen Anteils der Bevölkerung, der Wirtschaft und Verwaltung, der sozialen und kulturellen Einrichtungen in zumeist nur einer Stadt eines Landes, der Metropole. Ursachen für die Metropolisierung liegen in Entwicklungsländern vor allem in der Unterentwicklung der meisten Landesteile.

peripherer Raum (Seite 31)
(griechisch: peripher = „am Rande liegend") ist ein Gebiet mit einer geringen wirtschaftlichen Leistung. Es ist ein Abwanderungsgebiet und im Gegensatz zum zentralen Raum gibt es hier eine geringe Bevölkerungsdichte, kaum Arbeitsplätze und dadurch auch einen niedrigen Lebensstandard. Aus diesem Grund wandern vor allem junge Menschen aus dem peripheren Raum ab.

primärer Sektor (Seite 28)
Der Teil der Wirtschaft, der sich mit der Produktion von Rohstoffen beschäftigt: Landwirtschaft, Forstwirtschaft, Fischerei und Bergbau (ohne Aufbereitung der Rohstoffe).

Pull-Faktor (Seite 80)
Auslösende Ursache für die Wanderung von Menschen aus Räumen mit geringer Attraktivität in Räume mit vermeintlich hoher Attraktivität. Pull-Faktoren sind Anziehungskräfte des Zuwanderungsgebietes (z.B. Hoffnung auf Arbeit, auf Einkommen). Sie führen zur Verstädterung.

Push-Faktor (Seite 80)
Auslösende Ursache für die Wanderung von Menschen aus Räumen mit geringer Attraktivität in Räume mit vermeintlich hoher Attraktivität. Push-Faktoren (z.B. keine Arbeitsmöglichkeit, geringes Einkommen) bewegen die Menschen zum Verlassen einer Region.

Regenschattenseite (Seite 23)
Die Seite eines Berges oder Gebirges, die der Hauptwindrichtung abgewandt ist. Dort gibt es weniger Niederschläge. Die Wolken haben sich bereits auf der anderen Seite des Berges abgeregnet.

Sedimentgestein (Seite 135)
Aus dem durch Verwitterung zerstörten und durch exogene Kräfte abgetragenes Gestein oder aus abgestorbenen Organismen entstehende Ablagerungen. Durch den Druck der darüberliegenden Schichten und Bindemittel werden sie verfestigt.

sekundärer Sektor (Seite 28)
Der Teil der Wirtschaft, der sich mit der Aufbereitung, Bearbeitung und Verarbeitung von Rohstoffen beschäftigt: z.B. Industrie, Energiegewinnung, Handwerk, Bauwirtschaft.

Standortfaktor (Seite 32)
Grund für die Ansiedlung eines Betriebes. Standortfaktoren können sein: Rohstoffvorkommen, Absatzmärkte, Verkehrsanbindung, billige oder gut ausgebildete Arbeitskräfte, Steuererleichterungen. Dabei sind „harte Standortfaktoren" u.a. finanziell messbar (z.B. Arbeitskosten). „Weiche Standortfaktoren" liegen im sozialen und psychischen Bereich (z.B. Freizeitwert einer Region). Meist treffen bei der Ansiedlung mehrere Standortfaktoren zusammen.

Steigungsregen (Seite 23)
Niederschlag, der dadurch entsteht, dass feuchte Luft an einem Gebirge zum Aufsteigen gezwungen wird.

Strukturwandel (Seite 28)
Im Jahre 1949 beschrieb der Wissenschaftler Jean Fourastié die Entwicklung von der Agrar- über die Industrie- zur Dienstleistungsgesellschaft. Diese Entwicklung nennt man wirtschaftlichen Strukturwandel. In seinem Modell stellte er dar, wann sich die einzelnen Sektoren entwickeln und wie sich ihre Bedeutung im Laufe der Zeit verändert.

Minilexikon / Klimadaten

tertiärer Sektor (Seite 28)
Der Teil der Wirtschaft, der Dienstleistungen erbringt: Handel, Banken, Verkehr, Tourismusgewerbe, Verwaltung, Bildungs- und Gesundheitswesen, freie Berufe (Ärzte, Rechtsanwälte, Architekten u.a.).

Tiefdruckgebiet (Seite 102)
Gebiet, in dem verglichen zur Luftmassenumgebung tieferer Luftdruck herrscht. Die Luftströmungen führen demzufolge von außen nach innen, wobei sie durch die Rotation der Erde abgelenkt werden, also nicht auf kürzestem Weg in das Zentrum des Tiefdruckgebiets gelangen.

Tiefengestein (Seite 134)
(auch Plutonit genannt) Gestein, das beim sehr langsamen Aufstieg von Magma in der Erdkruste erstarrt. Es ist ausreichend Zeit, dass sich Kristalle bilden können. Daher weisen die Gesteine gut sichtbare Minerale auf.

Troposphäre (Seite 98)
Die Troposphäre ist der unterste Bereich der Atmosphäre. In der Troposphäre spielen sich nahezu alle Wettervorgänge ab. Sie erreicht eine durchschnittliche Höhe von etwa 12 Kilometer.

Urbanisierung (Seite 81)
Prozess der zunehmenden Konzentration der Bevölkerung in städtischen Randgebieten. Im weiteren Sinn wird darunter die Verbreitung städtischer Lebens- und Verhaltensweisen der dortigen Bevölkerung verstanden.

variskische Gebirgsbildung (Seite 14)
Ist der Entstehungsprozess von Gebirgen im Karbon in Mitteleuropa. Der damals gefaltete und gehobene Gebirgskörper wurde am Ende der Erdaltzeit bis auf den Rumpf abgetragen, im Erdmittelalter mehrfach vom Meer überflutet und von Sedimenten überlagert. Die heutigen Formen des Mittelgebirgsraumes entstanden im Paläogen, als der Gebirgsrumpf durch die Entstehung der Alpen in große Gesteinsschollen zerbrach. Die Bruchschollen wurden dabei gehoben, gesenkt oder gekippt.

Verstädterung (Seite 80)
Die Zunahme einer Stadtbevölkerung und Stadtfläche wird als Verstädterung bezeichnet. Dabei wachsen Städte in ihr Umland.

Wasserkreislauf (Seite 118)
Ständiger Kreislauf des Wassers vom Meer zum Land und von dort wieder zurück ins Meer. Wesentliche Teile des Kreislaufes sind: Verdunstung, Niederschlag und Abfluss.

Wetter (Seite 99)
Der augenblickliche Zustand der unteren Lufthülle an einem bestimmten Ort. Wetter entsteht durch das kurzzeitige Zusammenwirken von Luftdruck, Temperatur und Luftfeuchtigkeit. Man beobachtet und misst das Wetter in den Wetterstationen.

Wind (Seite 102)
Wind ist die Luftströmung von einem Gebiet mit hohem zu einem Gebiet mit niedrigem Luftdruck. Je stärker der Druckunterschied, desto stärker der Wind. Die Luft strömt immer vom Hoch- zum Tiefdruckgebiet.

Witterung (Seite 99)
Als Witterung wird eine abgrenzbare, für die jeweilige Jahreszeit typische Abfolge der atmosphärischen Zustände in einem Gebiet (meist mehrere Tage) bezeichnet.

zentraler Raum (Seite 31)
ist ein Gebiet mit hoher wirtschaftlicher Leistung. Es ist im Gegensatz zum peripheren Raum ein Zuwanderungsgebiet. Menschen ziehen hierher, weil in modernen Industrien gut bezahlte Arbeitsplätze angeboten werden. Anspruchsvolle Dienstleistungsberufe sind häufig vertreten. Der Lebensstandard ist höher als in anderen Gebieten.

Zyklone (Seite 106)
Ein wanderndes Tiefdruckgebiet mit einer Warmfront (Vorderseite), einem Warmsektor und einer Kaltfront (Rückseite).

Anhang

Station	Lage		J	F	M	A	M	J	J	A	S	O	N	D	Jahr
Asien															
Aral	62 m ü. M.	°C	-12	-12	-3	10	18	24	27	24	17	8	0	2,0	8
(Kasachstan)	46° N / 61° O	mm	11	8	14	17	12	11	9	7	8	17	15	12	140
Bangkok	20 m ü. M.	°C	27	28	29	30	30	29	29	29	28	28	27	26	28
(Thailand)	13° N / 100° O	mm	9	31	29	65	220	149	155	200	344	248	48	10	1507
Ulan Bator	1338 m ü. M.	°C	-25	-21	-10	0	9	15	17	15	7	-1	-13	-22	-2
(Mongolei)	47° N / 106° O	mm	1	2	3	8	13	42	58	52	26	6	3	3	217
Afrika															
Assuan	200 m ü. M.	°C	16	18	22	27	31	33	33	33	31	28	22	17	26
(Ägypten)	24° N / 33° O	mm	0	0	0	0	0	0	0	0	0	0	0	0	0
Kapstadt	44 m ü. M.	°C	20	20	19	17	14	13	12	12	14	16	18	20	16
(Südafrika)	34° N / 18° O	mm	15	18	21	41	68	94	82	77	41	33	16	17	523
Makokou	460 m ü. M.	°C	24	24	25	25	25	23	22	22	23	24	24	24	24
(Gabun)	0° N / 12° O	mm	85	110	198	194	193	51	8	31	144	398	231	116	1759
Amerika															
Antofagasta	120 m ü. M.	°C	20	20	19	17	15	14	13	14	14	16	17	19	16
(Chile)	23° S / 70° W	mm	0	0	0	0	0	0	0	1	1	0	0	0	2
Miami	4 m ü. M.	°C	20	20	22	24	26	27	28	28	28	26	23	21	24
(USA)	25° N / 80° W	mm	34	60	68	72	23	1	6	2	2	4	19	22	312
Saskatoon	501 m ü. M.	°C	-18	-14	-7	4	12	16	19	17	11	5	-6	-15	2
(Kanada)	52° N / 106° W	mm	0	1	2	8	25	71	118	131	60	10	2	1	431
Australien/Ozeanien/Polargebiete															
Brisbane	6 m ü. M.	°C	25	25	24	22	19	16	15	16	18	21	23	24	21
(Australien)	27° N / 153° O	mm	169	152	146	112	104	77	64	46	33	93	107	127	1230
Pago Pago	9 m ü. M.	°C	27	27	27	27	27	26	26	27	27	27	27	27	27
(Samoa-Inseln)	14° S / 170° W	mm	323	328	278	329	242	178	162	191	178	267	290	358	3124
Danmarkshavn	12 m ü. M.	°C	-23	-24	-23	-17	-7	1	4	3	-4	-13	-20	-22	-12
(Grönland)	76° N / 18° W	mm	11	11	17	10	4	5	14	14	11	12	10	13	132

Arbeitsmethoden Klasse 5/6

So findest du Objekte im Atlas

1. Schlage den gesuchten Namen im Register des Atlas nach.
2. Merke dir die Angaben hinter dem Namen. Sie verweisen
   - auf die Seite im Atlas,
   - auf eine Kartenseite des Atlas (= Kartennummer, nur bei mehreren Karten pro Seite),
   - auf das Planquadrat, in dem sich das gesuchte Objekt befindet.
3. Schlage nun die genannten Kartenseiten auf.
4. Suche das geographische Objekt im angegebenen Planquadrat.

So ermittelst du Entfernungen

1. Miss die Entfernung auf der Karte zwischen zwei Orten (Luftlinie) mit einem Lineal.
2. Ermittle die Entfernung in der Wirklichkeit
   - mithilfe der Maßstabsleiste der entsprechenden Karte,
   - durch Berechnung über den Maßstab.

   Beispiel: Die Entfernung zweier Orte auf der Karte beträgt 4 cm und der Maßstab ist 1 : 850 000.

   Du rechnest so:

   4 x 8,5 km = 34 km

   Die Entfernung beträgt in der Wirklichkeit 34 km.

So bestimmst du die Lage eines Ortes

1. Suche den Ort auf einer Atlaskarte.
2. Bestimme die geographische Breite. Suche diese auf der Karte, verfolge sie bis zum linken Kartenrand und lies dort die Gradzahl ab.
3. Bestimme die geographische Länge. Verfolge den nächstliegenden Meridian bis an den oberen Rand der Karte und lies dort die Gradzahl ab.
4. Schreibe die Gradangaben auf.

So wertest du einen Sachtext aus

1. Lesen

   Lies den Text genau durch. Schlage im Lexikon die Wörter nach, die dir unbekannt sind.

2. Gliedern

   Finde heraus, in welche Abschnitte sich der Text gliedern lässt. Schreibe eine Zwischenüberschrift für jeden Abschnitt.

3. Zusammenfassen

   Fasse die Aussagen des Textes Abschnitt für Abschnitt kurz zusammen. So erhältst du eine Inhaltsangabe des gesamten Textes.

So liest du eine Tabelle

1. Überschrift oder Unterschrift lesen
   Sie geben dir Auskunft über das Thema.
2. Inhalte in den Zeilen und Spalten erfassen
   Stelle dabei fest, was in jeder Zeile oder Spalte ausgesagt wird. Lies jede Zeile und Spalte einzeln.
3. Ergebnisse zusammenfassen

So wertest du statistisches Material aus

1. Informiere dich zuerst über den Titel und die Art der Statistik.
2. Lies anschließend die Inhalte und Maßeinheiten (Jahr, km^2, t, ha, Einwohner) aus der Statistik ab.
3. Formuliere aus den Einzelwerten mögliche Entwicklungen. Vergleiche die Angaben miteinander.

So führst du ein Rollenspiel durch

1. Planung des Spiels
   Macht euch mit dem Thema vertraut.

   Legt die handelnden Personen fest. Dabei können euch Rollenkarten helfen.

   Verteilt die Rollen und versetzt euch in die Lage der zu spielenden Personen.

   Besorgt Materialien, um das Rollenspiel bühnenreif gestalten zu können.

2. Durchführung des Spiels
   Spielt jede Szene. Jeder gestaltet seine Rolle spontan und ohne Drehbuch.

   Die Schülerinnen und Schüler ohne Rolle beobachten als Zuschauer das Spiel und machen Notizen.

3. Auswertung des Spiels und nochmalige Aufführung
   Besprecht die Szene: Die Spieler erzählen, wie sie sich in ihrer Rolle gefühlt haben, die Zuschauer berichten, was ihnen aufgefallen ist.

   Diskutiert, ob das Spiel in der Wirklichkeit so hätte ablaufen können.

   Macht Vorschläge für Änderungen.

   Spielt das Spiel noch einmal. Es können auch die Rollen vertauscht und andere Lösungswege aufgezeigt werden.

So sammelst du Informationen und erstellst einen Ländersteckbrief

1. Vorbereitung (Materialbeschaffung)
   Du kannst ein Land nach unterschiedlichen Gesichtspunkten untersuchen. Informationen erhältst du aus dem Atlas, dem Lexikon, dem Internet, Reiseberichten, Magazinen oder Zeitschriften, Reiseführern, Prospekten, DVDs sowie Büchern.

2. Durchführung (Materialauswertung)
   Ordne deine Informationen und mache dir Notizen. Schlage unbekannte Wörter im Duden nach. Drucke wichtige Internetseiten aus, die du weiter verarbeiten möchtest. Notiere dir wichtige Informationen, während du eine DVD oder Fernsehsendung anschaust. Überprüfe, ob das von dir ausgewählte Material wirklich zu deinem Thema passt.

3. So gestaltest du einen Ländersteckbrief
   - Name des Landes, Fläche, Bevölkerung, Bevölkerungsdichte, Hauptstadt und Einwohnerzahl (Vergleich mit Deutschland)
   - Lage, Grenzen
   - wichtige Städte, Flüsse, dazugehörende Inseln
   - Sprache(n), Mitglied der EU, Währung, Autokennzeichen, Internetkürzel
   - nationale Besonderheiten

   Ergänze deinen Steckbrief mit einer Karte des Landes, trage wichtige Informationen ein, suche passende Fotos für eine schöne Gestaltung.

Arbeitsmethoden Klasse 5/6

So zeichnest du ein Klimadiagramm

1. Zeichnen der Temperaturkurve

- Zeichne mit Bleistift eine waagerechte Achse (sogenannte Null-Linie), die 12 cm lang ist. Teile sie in 1-cm-Abschnitte ein. Beschrifte diese zwölf Abschnitte mit Bleistift mit den Anfangsbuchstaben der Monate.
  Hinweis: Wenn ein Ort Minus-Temperaturen hat, werden die Monats-Buchstaben unter der Abschluss-Linie eingetragen (siehe 3. Schritt).

- Zeichne mit Bleistift links eine senkrechte Achse (Temperaturachse) und markiere 1-cm-Abschnitte. Beschrifte diese Temperaturachse mit rotem Buntstift: bei 1 cm mit 10, bei 2 cm mit 20 und so weiter. Notiere darüber in Rot: °C.

- Markiere die Werte für die Monatsmitteltemperaturen durch rote Punkte in der Mitte der Monate. Verbinde sie zu einer roten Temperaturkurve.

2. Zeichnen der Niederschlagssäulen

- Zeichne mit Bleistift rechts eine senkrechte Achse (Niederschlagsachse) und markiere 1-cm-Abschnitte. Beschrifte diese Niederschlagsachse mit blauem Buntstift: bei 1 cm mit 20, bei 2 cm mit 40, bei 3 cm mit 60, bei 4 cm mit 80 und so weiter.
  Notiere darüber in Blau: mm.
  Hinweis: Bei dieser Einteilung steht 1 mm auf dem Papier für 2 mm Niederschlag.

- Markiere die monatlichen Niederschlagswerte durch blaue Querstriche über den Monatsnamen und zeichne in Blau die Niederschlagssäulen.

3. Beschriften des Klimadiagramms

- Trage mit Bleistift oben über dem Klimadiagramm den Namen des Ortes, die Höhenangabe und die genaue Lage der Station mit Koordinaten ein.

- Ergänze Jahresmitteltemperatur (rot) und Jahresniederschlagssumme (blau).

So bereitest du einen Kurzvortrag vor

Dein Kurzvortrag besteht aus: **Einleitung**, **Hauptteil**, **Schluss**.

1. Einleitung: enthält das Thema und die Gliederung
2. Hauptteil: enthält die Ausführungen zu den einzelnen Gliederungspunkten
3. **Schluss:** enthält eine kurze Zusammenfassung und den Schlusssatz

So gehst du vor:

- Sammle Material zu deinem Thema und lege die Gliederung fest
- Markiere wichtige Informationen und sortiere sie entsprechend der Gliederung
- Notiere Stichpunkte und formuliere daraus Sätze; verknüpfe sie sinnvoll
- Finde einen interessanten Einstieg
- Übe deine Vortrag, achte auf die Zeit

Beachte:

- ein Kurzvortrag wird frei gehalten
- Karteikärtchen mit Stichpunkten dienen der Unterstützung
- Sprich laut, deutlich und langsam

  Für deine Mitschüler fertigst du ein Handout (Handzettel) an.

  Es enthält: Die Gliederung, die wichtigsten Fakten kurz, knapp und übersichtlich, wichtige Begriffserklärungen

Anhang

So wertest du ein Klimadiagramm aus

Ablesen der Temperatur

1. Schritt: Beginne mit dem Januar (J). Lege deinen Finger auf den Buchstaben J.
2. Schritt: Fahre mit dem Finger senkrecht nach oben, bis du auf die rote Temperaturkurve triffst.
3. Schritt: Lies die Zahl waagerecht am linken Rand ab. Das ist die Monatsmitteltemperatur des Januar.
4. Schritt: Lies die Jahresdurchschnittstemperatur ab. Das ist die rote Zahl oben links im Diagramm.

Hinweis: Zur Vereinfachung werden die Monatstemperaturen in einem Liniendiagramm dargestellt.

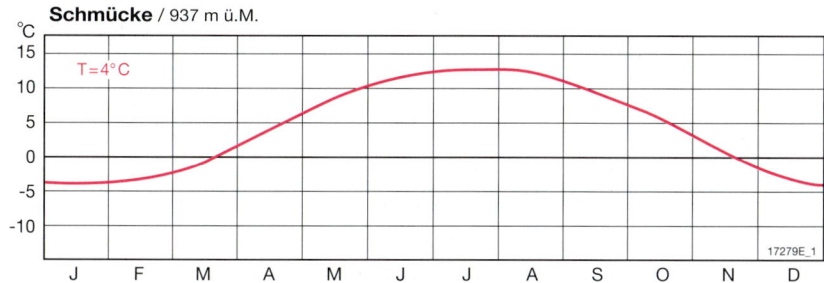

Ablesen der Niederschlagswerte

1. Schritt: Beginne mit dem Januar (J). Lege deinen Finger auf den Buchstaben J.
2. Schritt: Fahre mit dem Finger senkrecht nach oben, bis du auf das obere Ende der blauen Säule triffst.
3. Schritt: Lies die Zahl waagerecht am rechten Rand ab. Das ist der Monatsniederschlag des Januar.
4. Schritt: Lies die Jahresniederschlagssumme ab. Das ist die blaue Zahl oben links im Diagramm.

Hinweis: Zur Vereinfachung werden die Monatsdurchschnittsniederschläge in einem Säulendiagramm dargestellt.

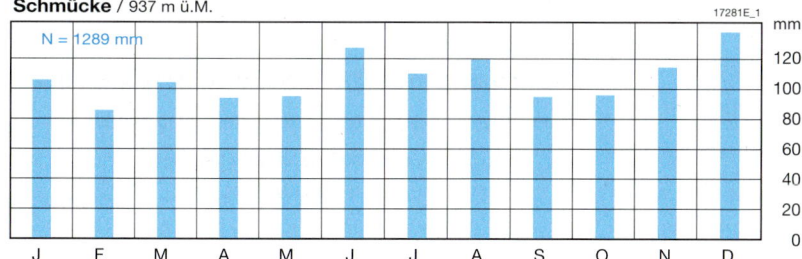

Arbeitsmethoden Klasse 7/8

So zeichnest du eine Faustskizze

1. Verschaffe dir im Atlas einen Überblick über das zu skizzierende Gebiet.
2. Zeichne zunächst mit Bleistift den Umriss des Raumes stark vereinfacht und freihändig auf dein Arbeitsblatt. Verwende beim Zeichnen der Umrisse einfache Formen (z. B. Geraden, Kreise, Ovale). Vergleiche nun noch einmal mit deinem Atlas. Zeichne den Umriss dann rot nach.
3. Trage mit unterschiedlichen Farben und Formen die geographischen Objekte ein.
   - braun: Gebirge
   - blau: Flüsse und Seen
   - gelb oder grün: Landschaften
   - rot: Siedlungspunkte
4. Beschrifte die eingezeichneten Objekte, finde eine Überschrift und lege eine Legende an.

So wertest du ein Bevölkerungsdiagramm aus

1. Betrachte das Diagramm gründlich (Achtung: Auf der x-Achse können absolute Zahlen oder Prozentanteile dargestellt sein).
2. Bestimme die Grundform des Bevölkerungsdiagramms (vgl. S. 74/M1).
3. Erläutere anschließend die Form. Welche Rückschlüsse auf die Bevölkerungszusammensetzung kann man ziehen? Dabei sollen dir folgende Fragen helfen:
   - Hat das Diagramm eine breite Basis? Das heißt, gibt es viele Geburten? Wächst die Bevölkerung stark? Wie hoch ist der Anteil der Kinder von 0 – 15 Jahre, der Erwerbsfähigen von 15 – 65 Jahre, der Rentner über 65? Wie groß ist der Anteil der Geschlechter?
   - Verjüngt sich die Pyramide nach oben extrem? Das heißt, sterben viele Menschen sehr früh?
   - Lebenserwartung (Werden viele Menschen alt?)
   - Weist die Pyramide starke Einschnitte auf? Was könnten die Ursachen dafür sein? Warum hat sich die Anzahl der Geburten oder die Anzahl der Sterbenden so stark verändert? Gab es zu dieser Zeit Kriege, politische Veränderungen oder Naturkatastrophen?
4. Nenne Folgen und Probleme, die sich aus dieser Alters- bzw. Bevölkerungsstruktur für das Land ergeben.
   - Ist eine Versorgung der Bevölkerung mit Nahrungsmitteln gewährleistet?
   - Werden in Zukunft viele Kindergartenplätze und Schulen benötigt?
   - Wie können die vielen älteren Menschen versorgt werden (Seniorenwohnungen, Altenheime, soziale Absicherung)?
   - Welche Maßnahmen müssen ergriffen werden, um einer ungünstigen Bevölkerungsentwicklung entgegenzuwirken?

Aufbau eines Bevölkerungsdiagramms

- waagerechte (X-)Achse: Anzahl der Menschen
  - Aufteilung der Achse: links männliche, rechts weibliche Bevölkerung
  - Die Anteile können in absoluten Zahlen (Anzahl der Personen) oder in relativen Werten (Prozentanteile an der Gesamtbevölkerung) angegeben werden.
  - Ein Balken stellt die Menschen einer Altersgruppe (Jahrgang) dar.
- senkrechte (Y-)Achse: Lebensalter der Menschen

So erstellst du eine Mindmap

1. Schreibe das Hauptthema in die Mitte eines Blattes und umkreise es.
2. Zeichne von dort ausgehend Hauptäste und benenne sie mit Schlüsselwörtern.
3. Trage von den Hauptästen abzweigend dünnere Nebenäste mit weiteren Schlüsselwörtern ein, die zum Hauptast passen.
4. Zweige gegebenenfalls davon weitere untergeordnete Nebenäste ab. Jeder Hauptast bildet so ein zusammengehörendes Teilthema.

So zeichnest du ein Profil

1. Festlegen der Profilstrecke
   - Ermittle in der physischen Karte die Endpunkte A und B des Profils.
   - Verbinde sie durch eine Linie – die Profilstrecke.
2. Übertragen der Profilstrecke
   - Falte ein kariertes DIN-A4-Blatt oder Millimeterpapier quer.
   - Lege die Faltkante auf die Profilstrecke deiner Karte.
   - Markiere beide Endpunkte A und B und verbinde sie. Du erhältst die Profilgrundlinie.
   - Gib den Längenmaßstab des Profils an. Orientiere dich dazu an der Maßstabsleiste in der Karte.
3. Höhenschnittpunkte übertragen
   - Markiere die Schnittpunkte der einzelnen Höhenlinien auf der Faltkante deines Blattes.
4. Höhenmaßstab übertragen
   - Falte das Blatt auf.
   - Zeichne über den Endpunkten jeweils eine Senkrechte ein.
   - Trage auf den Senkrechten den Höhenmaßstab ab. Wähle dazu eine geeignete Überhöhung.
5. Profillinie zeichnen
   - Markiere für jeden Schnittpunkt die genaue Profillage auf deinem Blatt.
   - Verbinde die Höhenpunkte freihändig miteinander. So erhältst du die Profillinie.
   Beachte: Für die Profillinie wird kein Lineal verwendet.
6. Schritt: Profil beschriften
   - Beschrifte das Profil mithilfe der Karte in Druckschrift.
   - Benenne auffällige topographische Objekte wie Gebirge, Berge, Tiefländer, Städte, Gewässer.
   - Gib deiner Profilzeichnung eine geeignete Überschrift und trage die Himmelsrichtungen ein.

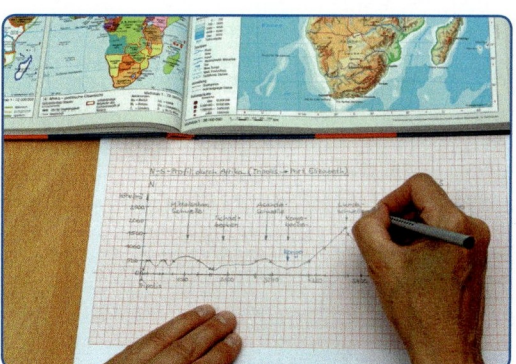

Bildquellenverzeichnis

|123RF.com, Hong Kong: Titel.(Hintergrund), 24.2; 3drenderings 25.3; andreslebedev 8.1; arsty 116.2; arthdesign 43.1; asife 121.1; azjoma 114.2; bloodua 60.2; burben 15.3; casadaphoto 83.1; conceptw 110.3; copit 17.2; dach83 8.2; delmonaco 123.3; diagon 5.4, 5.7, 135.1; eyewave 128.1; fyletto 148.2; gegelaphoto 76.2; hikrcn 116.1; icholakov 102.1; jacameron 14.1; jakobradlgruber 100.1; jovannig 137.3; Khampanya, Kan 122.1; marclschauer 135.2; Marina Kuchenbecker 48.1; martm 5.3, 5.6, 123.1, 125.1, 127.1; maxoidos 130.1; mazzu88 14.3; micchaelpuche 38.1; mskorpion 24.1; photolike 134.1; pljvv 148.1; pupunkkop 86.1; rawpixel 85.1; Risto Hunt 148.4; saiko3p 8.3, 137.4; scis65 25.1; scorpp 8.4; server 129.2; shaunwilkinson 126.1; skellen 5.2, 5.5, 99.2, 99.3, 99.4, 101.1, 115.1; skyman 127.3; travelpeter 44.1; vichie81 21.2. |Anders, Uwe, Cremlingen/Destedt: 143.1. |Arend, Jörg, Wedel: 134.2, 134.3. |Atelier Rissler, Heidelberg: 139.1, 139.2, 139.3. |Bergmoser + Höller Verlag AG, Aachen: Vorlage 79.2. |Biokreis e.V., Passau: 48.2. |Bioland e.V., Mainz: 48.6. |Biopark e.V. - Ökologischer Landbau, Güstrow: 48.4. |Bräuer, Kerstin, Leipzig: 159.1. |Bund für Umwelt und Naturschutz Deutschland e.V. (BUND), Berlin: 131.3. |Cargolux Airlines International S.A., Luxembourg: 63.2. |Clipdealer GmbH, München: stu99 85.2. |CNH Deutschland GmbH, Heilbronn: 28.1. |Colourbox.com, Odense: Titel.(Jugendliche); Pindyurin Vasily 107.3. |Das Bundesarchiv, Koblenz: Zentralbild/Schwankler 145.2. |Demeter e.V., Darmstadt: 48.3. |Demmrich, André, Berlin: 127.2. |Deutsche Lufthansa AG, Frankfurt/M.: Gerd Rebenich 98.3. |dreamstime.com, Brentwood: 7xpert 30.1; Anacoimbra 121.2; Casadaphoto 83.2; Jdanne 144.5; Sereda, Tomas 148.3; Yobro10 72.1. |Earth at Large, Huizen: Daten: Eumetsat 106.1. |Eck, Thomas, Berlin: 19.5. |Eckert-Schweins, Werner, Ingolstadt: 103.1. |ECOVIN, Oppenheim: 48.5. |European Commission - Directorate-General for Agriculture and Rural Development -, Brüssel: 48.7, 67.7. |Fairtrade Deutschland e.V., Köln: 91.1, 91.2. |fotolia.com, New York: A_Bruno 144.4; aotearoa 122.2; Bartussek, Ingo 107.1; Ben 40.2; Blakkolb, Andreas 98.4; by-studio 40.3; chetianu 89.1; Christa Eder 40.10; Cmon 96.3; crimsoncrow 104.5; cunico 76.3; dd 107.2; dinamofob 96.6; etfoto 5.1, 95.1; eyetronic 81.1; fhmedien.de 67.3; Friedberg 12.1; gfgruppe 35.2; guentermanaus 114.7; JWS 135.3; kameraauge 67.4; Kitigan 40.6; Krautberger, Gernot 29.2; leestat 77.3; Lotse77 40.9; Lottchen 28.2; MARCELO 65.1, 126.2; MAXFX Titel; Mazuryk, Mykola 96.1; mije shots 137.2; Nadalina 105.1; pchristen 118.1; Pixelshop 40.4; S. Engels 34.1; Smith, John 144.1; Sokolo, Olga 25.2; Strauch, Daniel 127.4; thecarlinco 98.2; Thiermayer, Stefan 104.3; thorabeti 67.5; Ullrich, Rudolf 144.3; vidom 97.2; Zorro12 132.2. |Frankfurter Allgemeine Zeitung GmbH, Frankfurt/Main: FR-Karikatur/Thomas Plaßmann 75.2. |Fraport AG, Frankfurt/Main: Stefan Rebscher 146.3. |Geologischer Dienst Nordrhein-Westfalen - Landesbetrieb -, Krefeld: 96.2. |Getty Images, München: Antoine Gyori 133.3; Bettmann 130.2. |Griese, Dietmar, Laatzen: 143.2. |Güttler, Peter - Freier Redaktions-Dienst (GEO), Berlin: 15.1, 15.2, 127.5. |Haitzinger, Horst, München: 79.1, 84.2. |Hof-Medewege OHG, Schwerin: 49.1. |iStockphoto.com, Calgary: a. beesley 131.1; agnormark 125.2; alexandrumagurean 22.1; amriphoto 19.4; armiblue 124.1; Bartosz Hadyniak 76.1; Bestgreenscreen 56.2, 64.1; Bianchi, Roberta 114.6; bizoo_n 30.3; bluejayphoto 58.1, 65.2; CDH_Design 113.1; CoreyFord 25.5; delectus 129.1; DieterMeyrl 110.1; fcafotodigital 49.2; garyshiu 82.1; GCShutter 123.2; Guni, Guenter 88.1; I. Stramyk 142.1; Jason Lugo 93.1; Juhla 60.1; kaetana_istock 81.2; KathrynHatashitaLee 78.2; Leontura 98.5; LianeM 42.1; Marek Mnich 104.2; Nasared 64.3; Naylor, Matt 114.3; Nikada 67.2; Oks_Mit 19.2; Ondine32 33.1; Pavone, Sean 30.2; photo75 67.6; pixzzle 19.1; pop_jop 78.3; RelaxFoto.de 44.2; Reniw-Imagery 115.3; RicoK69 97.1; Rolphus 137.1; Rzezuchowski, Wiktor 40.8; sabrina72 24.3; sara_winter 96.4; senorcampesino/ Getty Images 145.1; Sergeev, Evgeny 21.3; Silvan-Bachmann 120.4; Sloot 64.2; Teka77 13.1; thefurnaceroom 78.1; Warpaintcobra 25.4; Weekend Images Inc. 75.1; Wlad74 14.2; zilli 102.2; ZU_09 19.3. |Jenni Energietechnik AG, Oberburg: Orlando Eisenmann 93.2. |Karto-Grafik Heidolph, Dachau: 8.5, 22.2, 56.1, 104.1, 109.1, 110.2, 130.4. |Kreuzberger, Norma, Lohmar: 114.5. |Kuhli, Martin, Oerlinghausen: 92.1. |laif, Köln: Brun, Jacana 130.3. |Lars, Mario, Gneven: 87.1. |Leiner, Roger, L-Rollingen-Mersch: 3.1. |Leipziger Messe GmbH, Leipzig: 37.1. |mauritius images GmbH, Mittenwald: Rust 62.2. |Mithoff, Stephanie, Ahorn: 140.1. |Mitteldeutscher Rundfunk (MDR), Leipzig: Stephan Flad 37.2. |Möws, Reinhard/www.grosssteingraeber.de, Rostock: 15.4. |NABU Naturschutzbund Deutschland e.V., Berlin: 131.4. |NASA, Washington: 96.5, 114.1. |NASA - Earth Observatory: 133.1, 133.2; image by Robert Simmon, using Landsat 5 data from the U.S. Geological Survey Global Visualization Viewer 120.1; image created by Jesse Allen, using data from NASA/GSFC/METI/ERSDAC/JAROS and the U.S./Japan Aster Science Team 120.3; USGS 120.2. |OKAPIA KG - Michael Grzimek & Co., Frankfurt/M.: 77.1. |Peterhoff, Dr. Frank, Lenggries: 135.4. |Pflügner, Matthias, Berlin: 154.1. |Picture-Alliance GmbH, Frankfurt a.M.: AP Photo/Pisarenko, Natacha 68.1; AP/Pisarenko, Natacha 4.6; Baumgarten, Ulrich 35.1; dpa-infografik 39.1; dpa-ZB/Büttner, Jens 54.2; dpa-ZB/euroluftbild.de/Grahn, Robert 57.1; dpa-ZB/Pleul, Patrick 17.1; dpa-ZB/Sauer, Stefan 54.1; dpa/epa afp 84.1; dpa/epa Hiro Kuraoka 98.1; dpa/Kembowski, Sophia 99.1; dpa/Koch 77.2; dpa/Wüstneck, Bernd 47.1, 146.2; ZB/Grubitzsch, Waltraud 36.1. |Schönauer-Kornek, Sabine, Wolfenbüttel: 4.1, 4.4, 4.5, 21.1, 31.1, 59.1, 155.1. |Schoßig, Uwe, Leipzig: 29.1. |Shutterstock.com, New York: Arthimedes 4.2, 6.1; Aunion, Juan 144.2; Cardaf 67.1; Pattakorn Uttarasak 40.1; Pavel L Photo and Video 40.7; Phonix_a Pk.sarote 131.2; Silent Corners 32.1; Szwaj, Lukasz 40.5; Vytautas Kielaitis 62.1. |Silis-Hoegh, Ivars, Qaqortoq: 115.2. |Speth, Frank, Quickborn: www.kunstsam.de 149.1. |Stiftung Thür. Schieferpark Lehesten, Lehesten: 13.2. |Stiftung Zollverein, Essen: Thomas Mayer 4.3, 27.1. |Stonjek, Diether, Georgsmarienhütte: 114.4. |Stuttmann, Klaus, Berlin: 112.1. |Tegen, Hans, Hambühren: 104.4. |Timeline Images, München: Zeilmann 72.2. |Tourismusverband Mecklenburg-Vorpommern e.V., Rostock: 147.1. |Tupeit, Claudia, Altkalen: 52.1. |ullstein bild, Berlin: ddp 138.1. |United Nations Photo Library/Department of Public Information, New York: Eskinder Debebe 132.1. |Wienrich, Bernd, Nordhausen: 146.1. |wikimedia.commons: Ernst Barlach/Foto: Jens Burkhardt-Plückhahn/Lizenz: CC-BY-SA 3.0 57.2. |© duisport – Duisburger Hafen AG, Duisburg: Reinhard Felden 63.1.

Dieser Band enthält Beiträge von:

Thomas Brühne, Margit Colditz, Horst Gräning, Sabine Geisler, Wolfgang Gerber, Steffen Hänel, Gudrun Kort, Ute Liebmann, Frank Müller, Jürgen Nebel, Notburga Protze, Karin Richter, Ines Rittemann, Carola Schön, Bärbel Schönherr und Grit Töppner.

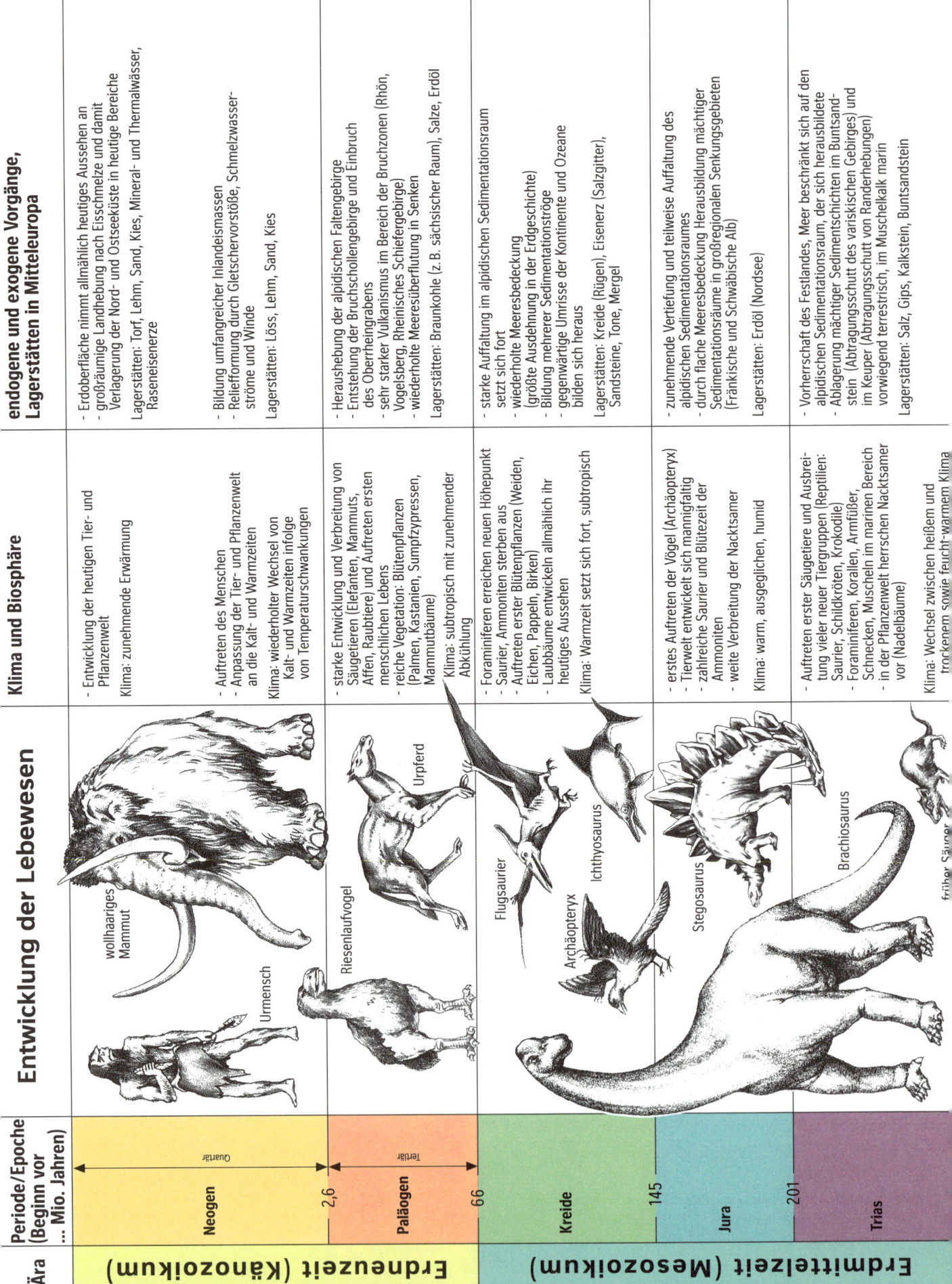